U0781506

ON THE WAY UP

一路向东

高途十年刷新之旅

王芳洁 / 刘宇翔　著

台海出版社

图书在版编目（ＣＩＰ）数据

一路向东 / 王芳洁 , 刘宇翔著 . -- 北京 : 台海出
版社 , 2024.6
ISBN 978-7-5168-3854-9

Ⅰ . ①一…… Ⅱ . ①王… ②刘… Ⅲ . ①企业管理—通
俗读物 Ⅳ . ① F272-49

中国国家版本馆 CIP 数据核字 (2024) 第 094686 号

一路向东

著　　者：王芳洁　刘宇翔	
出 版 人：薛　原	责任编辑：王慧敏

出版发行：台海出版社
地　　址：北京市东城区景山东街 20 号　　邮政编码：100009
电　　话：010-64041652（发行，邮购）
传　　真：010-84045799（总编室）
网　　址：www.taimeng.org.cn/thcbs/default.htm
E - m a i l：thcbs@126.com

经　　销：全国各地新华书店
印　　刷：天津联城印刷有限公司
本书如有破损、缺页、装订错误，请与本社联系调换

开　　本：710 毫米 × 1000 毫米　　　　1/16
字　　数：240 千字　　　　　　　　　印　张：17
版　　次：2024 年 6 月第 1 版　　　　印　次：2024 年 6 月第 1 次印刷
书　　号：ISBN 978-7-5168-3854-9

定　　价：79.00 元

前　言

十年创业，有时饮冰，始终难凉热血

2014 年 5 月下旬，天气已经开始转热，北京中关村创业大街熙来攘往，体感温度比别的地方还要高一些。尽管此时，"大众创业、万众创新"的说法尚未正式提出，但移动互联网时代下的创业热潮，已经从这里率先涌起。抖音的张一鸣、快手的宿华和程一笑就在这条街附近租下了第一间办公室，滴滴程维的创业故事也是从创业大街的咖啡厅里开始的。

几个月前，正式辞任新东方执行总裁的陈向东，也在一个晚上走进了创业大街附近的一家咖啡厅，他和一个并不太熟的投资人约好了在这里见面。几天前，他们刚刚在中关村软件园孵化器里匆匆见过一面。当时陈向东是为他的创业项目去找办公室的，而那位叫顾凯的投资人，就在软件园办公，没事就喜欢溜达过来喝茶。

正是在这样的机缘巧合下，两人互加了微信。原本，这只是一次普通的邂逅，陈向东也没太在意。但在这之后，顾凯却接连不断地给他发来微信，约他见面。陈向东无奈之下，只好答应与顾凯在咖啡厅见面，时间定为半个小时。当时他根本没想融天使轮，于是就报出了一个足够吓退 90% 投资人的天价——投后估值 6000 万美元。

但是顾凯想都没想，就说"好"，随后就给这家当时名叫"跟谁学"，后更名为高途教育科技集团的公司注资了 1000 多万元人民币。也许是因为"陈向东"这三个字至少值这个数字，也许是因为那晚的创业大街热浪袭人，也许是因为站在大众创业时代的开端，热血开始涌动，投资人有些上头了。

十年后，有人拍了一张中关村创业大街的照片，此时繁华褪尽，人迹寥寥，该有多少个故事在这十年里悄然谢幕。

但是有些故事还在继续，比如高途的故事。它在五道口的一间地下室里集结完初始队伍后，就从中关村软件园里正式出发了，然后"一路向东"，探索科技改变教育的可能性。它经历过至暗时刻，多次遭遇足以被载入史册的战役。当然，它也有高光时刻，比方说，高途是在线直播双师大班课的定义者，也是唯一一家实现规模化盈利的在线教育公司。

这不是一本书写成功史的书，因为高途的故事里充满了挫折。如果说创业是一趟取经路，那么高途这一趟，真的像在经历"九九八十一难"。我敢保证，你一定会对此有所共情。因为我们每个人，即便是不创业的人，谁能说不曾因为短期的困顿而沮丧，因为一时成功而迷失，因为被误解而愤怒，因为被巨大的外力左右而无可奈何呢？但高途的故事告诉你，千万别下牌桌，持续地精进，诚实地反思、努力，并且保持热血。然后，你会在某一天，比方说十年后，收获一个更好的自己。

由于本书采用了倒叙的方式，因此在你踏上这趟旅程之前，我们建议你先快速浏览一下高途的成长历程，这将有助于你更好地理解并跟随高途的脚步，立足当下，回首过往，展望未来。

2014 年 6 月 16 日，在北京"九十九顶毡房"餐厅最大的蒙古包里，高途庆祝正式成立。这是一家以"让教与学更平等、更便捷、更高效"为使命的在线教育公司。最初以"跟谁学"为名字，以教育 O2O（从线上到线下）为主营业务。但陈向东后来说，当时他所理解的在线教育，并不仅仅指 O2O 模式。高途的创始团队当中，不仅有资深教育行业专家，还有来自百度等大厂的互联网精英。

2014 年 7 月，也就是公司创立的第二个月，高途组建了音视频直播技术团队。2015 年 3 月，该直播产品可以满足 3000 人同时在线。同年 9 月，高途开展了万人在线直播课。

2015 年 3 月 30 日，高途完成 5000 万美元 A 轮融资，创当时中国创业公司 A 轮融资之最。但是很可惜，这家当之无愧的明星创业公司，出师未捷，在实际推进过程中，教育 O2O 因为无法实现正向现金流，商业模式没有跑通。2015 年 11 月，陈向东明确公司的主题是"变现、变现、变现！"随后，高途先后推出了会员服务、商学院、天校、U 盟、百家云等业务。

但此时的陈向东认为，B2C 的在线教育并非没有机会，自从公司尝试开展万人在线直播课之后，他一直念念不忘。2016 年年初，由陈向东个人出资，高途开始在体外孵化直播大班课产品——"高途课堂"。2016 年 11 月，公司的一个团队跑通了微信公众号导流获客模式。至此，在线直播大班课场景下，高途全面掌握了从前端获客到产品服务的初代能力。

然而，在不断突围的过程中，高途的创业资金几近耗尽。2016 年年底，公司遭遇了至暗时刻，陈向东一边告诉伙伴们，"我们是不会缺钱的"，一边连夜飞往香港，从私人账户拿出 1000 万美元，仅用一个上午就打到公司账户，作为后续运营资金使用。

2017 年 2 月，高途在内部成立多个创新小组，向在线直播双师大班课模式发起总攻。同年 6 月，老"高途课堂"与公司内部的创新小组合并，共同组建高途课堂项目部，覆盖从小初到高中阶段。在此期间，高途还跑通了以技术驱动的微信流量裂变获客模式，并由此把握住了为期两年的微信流量红利期。

2017 年 8 月，高途的第二次创业拉开帷幕。陈向东力排众议，决定关闭或剥离所有 to B 业务，全面聚焦在线直播双师大班课模式。公司形成面向 K12 群体的高途课堂，以及覆盖多年龄段群体的"跟谁学好课"两大业务品牌。2017 年 9 月，高途实现单月盈利。

2018 年，高途实现 6.55 亿元现金收入，3.97 亿元营业收入，净利润 1965 万元，是当时唯一一家实现规模化盈利的在线教育公司。

2019 年 6 月 6 日，高途在纽交所主板上市，股票代码 GSX。同年 11 月，公司成功增发 2070 万股 ADS，价格比首次公开募股高出 33%，是当时中国 ADR 教育公司中规模最大的增发项目，也是自 2014 年以来第一个实现在 IPO 锁定期到期前解锁成功，并完成增发的公司。但在上市不到一年的时间内，高途遭遇了空前绝后的做空大战。自 2020 年 2 月起，美国做空机构先后 16 次对公司股票进行做空，并发布多份指控高途造假的做空报告。2021 年 3 月，针对做空机构指控，独立第三方调查机构出具调查结果——未发现对公司历史财务报表有重大不利影响的证据。2022 年 10 月 19 日，高途收到了 SEC 的调查终止信函，表示 SEC 对公司的相关调查已经结束，且基于已经获取的信息，不会对公司进行指控。

被做空期间，高途的股价最高飙升到 149.05 美元，市值达到 381 亿美元。陈向东的身家也因此暴涨到近 200 亿美元，2021 年在福布斯全球实时富豪榜排名第 102 位。

2020 年年初至 2021 年年中，新冠肺炎疫情加速了在线教育行业的变革，一场营销大战随之爆发。在此期间，高途实现了超高速的规模增长，连续 7 个季度收入增长超过 2 倍。但同时也因为大开大合的投放策略，损失了健康度。2020 年，高途实现收入 71.25 亿元，同比增长 236.9%，但净亏损也达到了 13.929 亿元。

2021年4月22日，基于行业的高度竞争，陈向东决定采取品牌聚焦战略，宣布公司统一品牌为"高途"，其中K12业务的品牌名为"高途课堂"，成人业务的品牌名为"高途在线"，同年5月6日，公司股票代码更改为"GOTU"。

2021年7月24日，"双减"文件正式发布，针对教培行业的大整顿正式启动。此后，所有教育股股价都发生严重下调，高途也不例外。2022年11月，高途股价触达0.64美元底部，陈向东的个人财富也因此缩水99%，被称为当年"最惨富豪"。

但也是在"双减"落地后，高途开启了第三次创业。在这趟创业历程的前一年半里，公司的主旋律是"活下来"，休养生息，修身养性，回归盈利性增长。

在此期间，高途聚焦组织和业务调整，展开了面向未来的业务探索和突破，以"人人乐用的终身学习服务平台"为愿景，旨在打造覆盖全年龄段的教学服务产品。

2021年四季度，高途恢复了盈利。

2022年11月，作为公司的第二增长曲线，直播电商公司高途佳品成立。但在最初的一年时间里，高途佳品经历了漫长的冷启动期，直播间观众经常只有十几个人。

2023年12月11日，高途佳品迎来了大爆发。当晚，共有30万人涌进了高途佳品直播间，同时在线人数从几十人暴涨到了上万人。截至2023年年末，高途佳品直播间的粉丝数超过250万人，成为抖音平台上的准头部直播带货账号。

同样在2023年，作为公司的主航道，教培业务完成了"活下来"的阶段性目标。同年6月，陈向东将公司的主旋律更迭为"敢于冲锋，敢于胜利"。当年，高途实现了年净营收29.608亿元，同比增长18.5%，并且，现金收入达33.39亿元，同比大幅增长31.7%。

进入2024年，有关教育培训行业的政策基本面终于在"双减"后迎来改善。2月9日，教育部发布《校外培训管理条例（征求意见稿）》，明确了校外培训是学校教育有益补充的基本定位。伴随着政策基本面的改善，一系列教培中概股的估值得以修复。3月1日，高途的股价上涨至8.09美元。

2024年6月16日，高途即将迎来自己十岁的生日。一个创业公司的十年，是3650个奋斗的日日夜夜。陈向东和所有的高途伙伴们一起，走在"向往美好，创造美好，成为美好"的路上。他们高举着生命的火把，向着共同的目的地出发。

那个目的地的名字叫真北。但是你知道，真北是高悬在天空中的北极星，它指引方向，但并不可真正抵达。

所以，这群人还会继续前行，走进下一个十年。

目　录

第一部分

刷新：第三次创业

1
开始刷新

1.1 只为一件大事而来

2021 年年末，陈向东再次坐上了前往美国波士顿的航班。这本是一趟温情脉脉的探亲之旅，然而，这位中国企业家刚刚度过了一段惊心动魄的艰难时期，这让这趟探亲之旅增添了几分沉重的色彩。几个月前，他所创立的中国头部教培企业高途集团，经历了一场"双减"后的行业大整顿。

高途集团是陈向东创立的第一家也是唯一一家企业，这位与马斯克同年同月同日出生的中国河南人，直到 43 岁才开始他的冒险。

飞机开始滑行，陈向东闭上了眼睛，他睡着了。很多企业家都有一些奇怪的天赋，比如陈向东会在飞机滑行时立刻入睡，但等飞起来了，又会立刻清醒。清醒后是一段宝贵的、与自己对话的时间，没有电话、短信，以及各种会议。一般在这个时候，读书的效率和思考问题的深度都会更高、更深，他十分珍惜。

果然，等他再次睁开眼睛，飞机已经升空，从舷窗往外看，一轮明月平行于夜。坐过夜航飞机的人都知道，尽管飞机在以 900 公里的时速飞行，但月亮似乎永远都在一个位置。那是一个恒数，就像这些年陈向东一直确信的"真北"。

人的一生只为一件大事而来，那是一件你热爱的，并愿意一辈子为之奋斗的事情。他笃定，北极星就在那里，应为之将心注入，全力以赴，寻死觅活般全情投入。

有意思的是，过去很多次，陈向东总是在大西洋彼岸，更真切地感受到那颗北极星。这也并不奇怪，人们有时候会陷入某个问题当中，物理尺度上的抽离，可以帮助人们将答案抽象出来。

2012 年，当时还在新东方任执行总裁的陈向东，正处在职业的迷茫期。管理这家已经非常成熟的教培巨头，对于此时的他来说，已经驾轻就熟。但驾轻就熟也就意味着缺乏挑战，何况此时，移动互联网浪潮已经涌起，无论是阿里、京东这样的互联网巨头，还是王兴、程维这样的创业新星，都已经做好了放手一搏的准备。而新东方一直以线下业务为主，尽管集团旗下的在线业务平台——新东方在线成立多年，但由于决策层的认知差异，线上业务一直没有成为它的重点。当然，这种路线选择并非陈向东一人能够左右。

当年 12 月，陈向东决定干脆再去哈佛商学院读书。哈佛商学院有一门叫作"真诚领导力"的课，教授叫比尔·乔治，以前在医药公司美敦力做董事长，十年就把公司规模从 10 亿美元做到 600 亿美元。57 岁时，乔治辞职到哈佛商学院来教书。

课堂上，已经 70 多岁的乔治提了一个问题：假定你有 5000 万美元，是依旧做现在的工作，还是会选择去做一件不同的事情？

全班 86 个人几乎都是来自世界各地大公司的高管，80% 以上的人都举手，表示自己会去做一件不同的事情，但陈向东没有举手。

下课后，陈向东迫切地问乔治："你辞职10多年了，后悔吗？"

乔治教授的回答先是让他内心一沉："还是有些后悔。"

但教授接着说："我后悔的是离开得太晚了。如果是一个职业经理人，可以选择干到65岁或者45岁。如果65岁离开，别人会认为你已经彻底老了。但如果45岁离开，别人会认为你还有无限多种可能。"

这个回答像闪电一样击中了他。

那个夜晚，哈佛大学里，查尔斯河波光粼粼，陈向东沿着河畔走了几个小时。他反复逼问自己，是否有勇气去做一件具有颠覆性的事情？如果具有颠覆性的创新很难在企业内部实现，那是否应该走出去？

正是在那一刻，他决定和过去告别。

回到北京之后，陈向东就和俞敏洪进行了深入沟通，并且为之做了长达一年的交接准备工作。2014年1月，他结束了新东方的执行总裁工作。在有关此次人事变动的全员邮件里，俞敏洪写道："一只长好了翅膀的鹰，飞向他应该有的更加广阔的天空。"

但是这只鹰并没有选择马上翱翔天空，而是先在地上磨了磨爪子。

辞职后，陈向东去了美国，希望休一个"相当长"的假期。到了美国，邮件没有了，电话也不用打，什么都不用处理了，一切真的都放下了。他从14岁读师范学校开始，就没有如此清闲的日子。大概过了一个月，他晚上突然睡不着觉了。他爱人半夜醒来，常看见他坐在客厅里发呆。问他怎么了，陈向东让她先睡，自己就一个人去大街上跑步。纽约的冬夜是冷色调的，树木凋敝，行人稀少，店铺也都熄着灯，寒风像刀子一样割在他的脸上。

凌晨5点多的时候，街边的星巴克突然亮起灯来，一些人像约好了一样，准时走进暖黄的灯光里，然后取走一杯咖啡。

站在街边的陈向东料定，这些人一定还在为什么而忙碌，他们急切地投入热气腾腾的生活当中。而自己呢？一个 42 岁就实现了财富自由，并且退休了的人，已经没有什么可以为之奔忙的了。也许有人会对此感到羡慕，但陈向东觉得一切都糟糕透了，就像自己已经死掉。

悲哀像一盆冷水，浇在这个中年人身上，带来巨大的清醒。他想起课堂上，乔治背诵的塞缪尔·厄尔曼的《青春》里的一句话："人人心中皆有一台天线，只要你从天上人间接受美好、希望、欢乐、勇气和力量的信号，你就青春永驻，风华长存。"

该是重拾勇气和力量的时候了。几天后，陈向东坐上了返回中国的航班，当飞机降落在首都机场，一场名叫创业的旅程正式开启了。

从一开始，这就不是一趟一帆风顺的旅程。2014 年 6 月 16 日，以教育 O2O 为主要模式的公司"跟谁学"（高途曾用名）创立。但两三年后，教育 O2O 赛道的大战就像一场猛烈的大火，将整个赛道几乎烧为灰烬，很多创业公司都倒下了，高途同样岌岌可危。每个伙伴都在穷尽一切办法，想探索出一套能够跑通的商业模式，包括"在线直播双师大班课"，当然也还有其他模式，例如给其他教培机构提供工具和课程。陈向东没有告诉大家，其实公司的账上已经没钱了。

2017 年年中，陈向东做了一个改变了这家公司命运的决定，关停所有 to B 业务，聚焦在线直播双师大班课。

正是从那时起，高途成了中国在线教育大班课赛道的开创者，并于 2019 年 6 月在美国纽交所顺利上市，此后一直是中国规模最大的三家教培中概股企业之一。

"真是撞上了千载难逢的好运气"，这句话几乎成为陈向东的口头禅，他更愿意高途将成功一部分归因为站上了时代的电梯，这样就不会盲目骄傲，时刻对自身的能力保持清醒。但是接下来的几年，高途过得并不容易。

2020 年，尽管新冠肺炎疫情在客观上加速了在线教育的发展，但很快，这家明星中概股公司就遭遇了连续做空，前后一共 16 次，创造了世界纪录。2021 年 4 月，在主题为"从此高途"的发布会上，公司品牌被统一为高途。仅两个月后，"双减"正式拉开帷幕，整个教培产业迎来了史无前例的挑战。

这是一段过山车式的历程。在不到两年的时间里，高途的市值一度高达 381 亿美元，又在剧烈下跌后只剩下 7 亿美元，被称为 2021 年"最惨的在线教育公司"。

这样的岁月对于这家年轻的公司来说，难吗？当然难。但陈向东并没有反复咀嚼其中的痛苦。每天晚上睡前，他都会说一句"真好"，为没有虚度的一天；每天早上醒来，他还会说一句"真好"，为即将到来的崭新的一天。

然后，他会收拾好所有的心力，全身心投入新一天的工作当中。这些年，高途的组织精神一直是"将心注入，全力以赴"，这句口号贯穿于这家公司的生命线当中，开会的时候喊，团建的时候喊，打胜仗的时候更要喊，出于各种原因，暂时没办法攻下"上甘岭"时，更要喊。

在 2023 年 1 月 1 日的全员邮件中，陈向东写道："为真北的全力以赴，不仅是在顺境当中，更多是在困境、逆境和险境当中。"

1.2 他决定重新开始

正式的"双减"文件流传出来，是在 2021 年 7 月 23 日，一个星期五，更具体点来说，是临近下班的时候。

那时，高途的同事们正在一家 KTV 里为即将离职的伙伴举行告别聚会。事实上，有关"双减"政策的传闻已经在行业里流传。

5 月 21 日下午，中央全面深化改革委员会会议审议通过《关于进一步减轻义务教育阶段学生作业负担和校外培训负担的意见》，强调要明确培训机构收费标准，加强预收费监管，严禁随意资本化动作，不能让良心的行业变成逐利的产业。

然而，最后的那一槌迟迟没有落下。随着时间的推移，许多教育培训行业企业逐渐放松了警惕。大规模的投入仍在继续，行业内的竞争也从未停歇。尤其是在夏季，作为整个教培行业的招生黄金期，各家企业再次将预算和人力资源的弓弦拉满，谁也不想因为过度悲观的判断，让自己的企业在这场竞争中落后一步。

总体来说，整个教培行业就像那个周五下午的 KTV，一曲接着一曲，带给人们歌舞升平的幻象。

和一些公司创始人的绝对乐观不同，陈向东没有抱任何侥幸心理。在超大规模企业的多年高管经历，让他对于风向的变化异常敏感。在 7 月份之前，提前了两三个月，高途就成立了作战小组，由公司最高管理层和核心业务负责人组成，大家在每天下午 5 点钟碰头，就像打仗一样对表。

战线的收缩也在提前进行。陈向东要求每个部门都要盘点自己的团队，并根据员工过往的表现和发展空间，去做一定比例的优化，也就是裁员。如果优化难以进行，那么陈向东会亲自介入，参加一些部门的述职，并帮那些犹豫的管理者下决心。

陈向东已经预判，行业将不可避免地进入冬天。

2020 年 10 月 17 日，第十三届全国人民代表大会常务委员会第二十二次会议第二次修订了《中华人民共和国未成年人保护法》，其中规定，幼儿园、校外培训机构不得对学龄前未成年人进行小学课程教育。

按照计划，新版《未成年人保护法》自 2021 年 6 月 1 日起施行。5 月 28 日一大早，陈向东就来到小早启蒙项目的办公区，亲自向大家宣布了关停的决定。几天后，大部分小早的员工离开了高途，还剩下一小部分人，他们需要坚守一段时间，完成已付费用户的课程交付。

现任高途产研负责人的卢佳，在 2020 年，被任命为小早启蒙项目的负责人，这个面向幼儿阶段的互动 AI 课程项目从成立的第一天起，就面临着激烈的市场竞争。彼时，在亏损压力下，几乎所有在线教育公司都努力将获客阶段前置，以尽量延长用户生命周期，为后期能算过账来腾挪空间。但高途很早就实现了正向经营性现金流和利润，所以一开始并没有加入幼教战局当中。

这也意味着，小早启蒙打一出生起，就面临着被激烈竞争抬高了的成本压力，包括制作和投放成本。尽管卢佳一直克制着大投放的欲望，但为了保证产品质量，AI 课程以分钟计算的高昂制作成本却不可规避。"以前一个动画设计人员的工资差不多七八千元，后来就变成了两三万元；一分钟动画的制作成本也从四五千元，直接干到了两万元。"至今，卢佳对那段非理性的竞争都记忆犹新，她看不到盈利的那一天，考虑小早启蒙的命运也并不比陈向东更晚。早在 2021 年年初，她已经和陈向东沟通，希望在投放和销售端进行收缩。

所以，当陈向东提出要关停小早启蒙时，卢佳没有任何异议。"那就关掉吧。"她说。其实，她也想过，要不就把小早启蒙剥离出来，单独干。但理智告诉她，学龄前教育的发展空间已经被极度压缩，无论是站在公司还是团队角度，此时都不应该再在这个领域投入太多的精力。

就这样，小早启蒙项目在管理层的高度共识下结束了。那时，"双减"政策还没正式出台，行业热度仍然很高，一家在线教育公司不仅直接租下了小早启蒙的场地，还留下了他们的一支顾问团队，等于把招牌一换，就直接开干了。但不久后，这家公司就倒在了行业下调的压力下。三年后，当人们再对那段时间进行复盘，就发现，一个企业对于危机的嗅觉是多么重要。

时间很快就来到了 2021 年 7 月 23 日。在那个 KTV 包间里，突然有人喊道，"'双减'文件下来了"，然后给点歌系统按下了停止键。手机里传来的是几页影印文件，看起来甚至不像一份正式的文件。一时间，大家都抱有一种侥幸的心理，觉得也许不是真的。

此刻，陈向东也看到了这份文件，他知道，这是真的了，歌声真的停了。对于这一天的来临，他早有预感。2019 年年底开始的疫情，客观上加速了在线教育产业的发展。但是到了 2021 年，整个行业已经出现了过热的情况，资本疯狂下注，企业激烈竞争。"当舞池里所有人都疯狂起来，歌声就要停了。"他对此感到忧心忡忡。

CEO 办公室兼会议室的门关上了，陈向东需要让自己静下来，花一些时间去思考。与此同时，他还让助理通知高途业务经营例会（BOC，高途的经营最高组织）成员，让大家也都回去想一想，第二天开会，要把应对方案拿出来。

当时核心创始团队成员罗斌正在合肥出差，当天晚上就赶了回来。会前，陈向东问他想好了没有，他把自己的想法发了过去。本来罗斌觉得自己的方案已经够严苛了，但他没想到的是，陈向东的方案比他的还严苛。因为形势太严峻了，陈向东知道，此刻不能做任何幻想，必须赶紧保留现金，做好应对寒冬的准备。要面对一个不知道要持续多少年的寒冬，"而我们唯一要做的就是活下去"。

7 月 24 日，正式的"双减"文件下发。陈向东在下午 3 点 59 分走进会议室，召开业务经营例会，他没提前和任何人商量，直接宣布了自己的决定。公司紧急通知全国各地城市运营中心负责人 7 月 26 日到北京开会，宣布将原有的 14 个城市运营中心裁撤掉 11 个。

接下来，公司将所有经理和总监级管理干部分为 11 组，每组 3 到 5 人，奔赴 11 个城市运营中心。7 月 31 日，所有前期准备就绪后，大家统一行动，一天之内就将人员遣散，并把设备回收事宜全部处理完毕。

除了郑州、武汉、成都，高途的另外 11 个运营中心，在 8 月 1 日前全部关闭。

这次裁员被高途命名为"青山计划",意思是"留得青山在,不怕没柴烧"。

在各组高管分赴全国各地之时,陈向东留在了北京总部。大多数时候,他都在一个人不安地踱步。后来他决定,要给大家写封邮件。7月30日晚上11点多,这封内部信发出。从严格意义上来说,这不是一封人们经常看到的由CEO发出的、具有管理意图的信件,这是一封道歉信。

陈向东永远记得,小时候家里鸡蛋不够的时候,母亲就让他去邻居家借,鸡蛋借回来后,母亲每次都会先比量一下大小,如果自己家鸡下的蛋比较小,就先不还,等过几天有了更大的鸡蛋再还。

母亲的这个示范,后来成为陈向东做人的原则——要给别人超过对方付出的回报。经营高途的十年间,这几乎就是他的信条——要给伙伴超越市场水平的待遇,要给投资人超越市场预期的回报。直至2019年高途上市,大量伙伴和投资人因此实现了超额回报,他才觉得肩上的担子卸下来了。

只是在2021年的夏天,陈向东发现自己没办法还更大的鸡蛋给大家了,这正是他的痛苦之源。

全员信里,他写道:

非常非常抱歉,我们不得不做出如此艰难的决策。

非常非常难过,我们的不少小伙伴将不得不离开。

非常非常伤心,我们必须割舍那么多不得不割舍的情感。

这几句话在整封信里不断重复。你很难想象,一个企业家能够如此展示自己最深层的情感。那一刻,一定有一条鞭子在鞭挞着他的内心。

这一天,的确是陈向东认为自己迄今为止最痛苦的一天。在做出决定时,他的内心满是撕裂和煎熬,以至于和伙伴谈起时数度流泪。"很多伙伴第一份工作就选择了高途,他们因为相信高途、热爱教育,才加入了我们,但是我们并没有做得很好。"他说,"我觉得这份痛苦可能会伴随我一辈子。"

2021年8月,高途离开了北京博彦科技大厦的工区。对于高途和陈向东来说，博彦科技大厦充满了意义。尽管这家公司从五道口的一间地下室里开始，但真正的运营几乎就是从 2015 年 11 月入驻博彦科技大厦开始的。所以有段时间，同事们开玩笑说，博彦科技大厦是高途的"龙兴之地"。

理论上来说，高途并不需要退掉博彦科技大厦的工区。"双减"政策出台后，公司在北京的办公人员仍有 3000 多人。但陈向东下决心要离开这里，搬到同在一条街上的文思海辉大厦。

他决定要重新开始。

1.3 知真思维模式

2021 年 10 月 9 日，陈向东去参加了高中部在北京植物园的团建活动。他到得很早，恰好植物园里的曹雪芹故居开设了芹圃学坊书店，他就在那里等大家，顺手拿起一本《道德经》来看。

其实以前他一直不怎么看这类书，但这一天，他一下子就看进去了。第二天，陈向东花了 6 个小时，一口气把这本书读完了。

《道德经》阐述的是老子的哲学思想，其中有两个关键字，一个是道，一个是无。有意思的是，高途很早就有两个会议室，一个叫道，一个叫无。按照陈向东的本意，道指的是道路，高途要知道自己从哪里来，到哪里去；无则是劝勉高途人要常怀空杯心态。

冥冥中，这两个字早早就存在了陈向东心里。仔细想来，此道即彼道。陈向东常把一句话挂在嘴边，"艰难的道路不拥挤"，因为在这条路上，走的人不多，所以成功的概率会大一点，这不就是《道德经》上所说的，"道可道，非常道"吗？

　　对于 2021 年夏天的陈向东和高途来说，踏上第三次创业的征程，也就意味着要走上一条难而正确的道路。

　　后来，陈向东想起了一句话，任何一家伟大的公司，要成就伟大的话，一般至少经历两次危机。高途在 2016 年经历过一次，后来又经历过一次，短短七年，就折腾了两次，最后还能完成挑战。他确信，以后的高途会变得越来越好，越来越强大，越来越有韧性。

　　这种信心在大量的人员沟通和座谈会中，被传递了出去。陈向东反复表达自己的观点："这件事儿从短期看，大家会觉得很痛苦，从长期来看，肯定是件好事。"因为人生最大的财富都来自复利，而复利就在于选定一个赛道之后，"咬定青山不放松"。

　　陈向东一直清晰地记得一个场景，小时候家里穷，父亲带着他扛着 100 斤化肥，从 3 公里外的镇子上扛到家，这样能省 5 毛钱搬运费。山路走到一半，他坚持不住了，但父亲说，走到山顶再休息。等真正到了山顶，父亲让他靠着墙，化肥的一半重量顶着墙，一半靠在身上——这就是休息，因为"如果真的放下了，很可能再也背不起来了"。总有某个瞬间，你会被命运击中，但就像父亲说的那句，"如果真的放下了，很可能再也背不起来了"。

　　创业又何尝不是如此？你为"真北"而来，但在通往"真北"的路上，你会经历起伏，身负重累。即便如此，任何时候都不能迷失，不能卸力，你唯有快速反馈、快速尝试和快速调整。

　　所以，一切的起点在于知真，知道最真实和最根本的东西在哪里。"如果我们每个人都知道什么是真的，那我们做的决策和我们做的规划就是好的，向上的。"陈向东说。在他看来，人一辈子的最终格局、最高境界就是知真。

　　毫无疑问，人跟人之间最大的差异就是认知。当一个人认知了自我，也就能超越自我。正如《第五项修炼》作者彼得·圣吉曾说的，自我超越的起点是心智模式的刷新。

陈向东迫不及待地走上了知真的路。那段时间，他阅读了大量的书籍，研究韩国和日本的教育变迁，也研究了很多国际企业的案例。这些几十年，甚至上百年的企业，发生过很多次的巨变，有的是因为外力，就像这次"双减"，也有的是因为内部信心的匮乏，又或者兼而有之，互为因果。

在那趟飞往美国的航班上，陈向东带了 22 本书，其中有一本是艾尔佛雷德·P. 斯隆的《我在通用汽车的岁月》。飞机刚一起飞，他就迫不及待开始阅读，一个企业的五十年历史徐徐展开，行业兴衰、周期更迭，企业的发展固然是与时代的共振，也是向内归因、寻求真我的独白。

刹那间，一个恢宏的空间出现在他的面前，"一叶障目""只见树木，不见森林""坐井观天""鼠目寸光""浅尝辄止""掩耳盗铃""独断专行""刚愎自用""欺上瞒下""好了伤疤忘了痛""不长记性""没有成长，只有变老""排兵布阵""锦旗招展""摇旗呐喊"……这些词一下子出现在他的脑海里。

这些词没有一个与外因有关，陈向东知道，一个企业的成功与失败，最终原因只能是在它自己身上。

那天读完《道德经》，他就认识到了一个真理，外在可能会发生很多的变化，但是不能变的还是你自己，你的初心是不能变的，你自己对于美好的向往是不能变的。

在美国的时候，陈向东花了很多时间与家人相处。创业这些年，他们天各一方，能共处的时间太少了。尤其是他的儿子，整个青少年阶段都在美国，父亲对于他来说，已经变得陌生。有段时间，儿子是拒绝和陈向东沟通的，这让这位中年企业家，在事业的挫折之外，又遭受了另一重打击。

他决心要扭转这样的局面。疫情刚一结束，他就赶紧收拾行李，飞往美国探亲。那段时间，他花了很多时间与孩子沟通。两人聊天时，自然而然地，就会聊到公司，聊到股价。儿子也问他，什么时候股票还能再涨回去？

这当然是人之常情。陈向东就告诉他：第一，股票价格会永远波动；第二，外部总会有突如其来的变化；第三，能不能回去，需要努力，也需要时间。"很多东西可能说没有就没有了，但是有一个东西就在那里——你爸爸的能力、投入、情感和构建的信任，有了这些，我们未来仍然可以把事情做到更好，这是不会变的。"

"所以你也要去构建一些任何外在不能影响你的东西。"这是陈向东希望从这件事中，让孩子得到的认知，也是过去的两次危机，给他自己和高途核心骨干所贡献的认知。

陈向东怀着迫切的心情，想要将他对于认知的深入思索记录下来。2021年12月19日，身处美国的他，顺利地完成了"知真思维模式"的初稿，这是一套从问题出发再到自我刷新的认知修炼的底层逻辑以及逻辑范式。

知真思维模式由8个步骤组成，分别是：

问题捕捉——真问题——深度思考——多样化沟通——高质量决策——高效执行——回归内省——自我刷新。

陈向东认为，无论是一个组织还是一个个体，都需要从问题出发，从问题的捕捉出发，从问题的现场出发。但有关问题的问题是，如何辨别真伪，只有好的问题、本质的问题、基于第一性原理的问题才配成为认知的起点。所以，人们需要不断去问为什么，才能找到最重要的问题根源。

丰田生产方式创始人大野耐一曾在丰田提倡"问5个为什么"理念，但陈向东认为，不妨问10个。假定一名学生退费了，那么首先可以问5个问题：

1. 为什么学生的数学课退费了？因为学生的时间不合适。

2. 为什么学生的时间不合适？因为周五晚上没有陈老师的数学课。

3. 为什么周五晚上没有陈老师的数学课？因为陈老师不愿意在周五晚上开课。

4. 为什么陈老师不愿意在周五晚上上课？因为陈老师的薪酬计算是与学生人数挂钩的，二讲老师都让学生报陈老师周日上午的数学课。

5. 为什么陈老师的薪酬计算是与学生人数挂钩，而不是满足学生的学习需求？因为排课时没有考虑学生周五晚上上课的需求，只考虑了如何最大化陈老师周日上午的班级人数。

当问到第五个为什么，组织就可以进行改善了。但是陈向东认为，还可以继续追问下去。

6. 为什么排课时没有考虑学生的需求？因为决策时没有践行客户为先的价值观。

7. 为什么决策时没有践行客户为先的价值观？因为之前没有想过客户为先的价值观还可以真正应用于业务。

8. 为什么之前没有想过价值观还可以应用于业务？因为没有接受过相关的思维训练和相关的深度复盘。

9. 为什么没有提供相关的培训、训练和复盘？因为培训课程的设计没有做到很好。

10. 为什么培训课程的设计没有做到很好？因为负责培训的伙伴不懂业务、不懂现场。

由此可见，捕捉问题是发起一切思考的起点。接下来，陈向东认为，人们需要能够直击问题本质的思考。然而，要在一个组织里解决问题，单纯地思考是不够的，它需要全体成员的协同合作来实现。因此，通过多样化沟通，达成共识和解决方案至关重要。然后，我们需要做出高质量的决策，并高效地执行这些决策。

在很多组织里，执行都像是一个 Enter 键，是任何一串代码的终点。但是陈向东认为，仅止步于执行远远不够，领导者要能够第一时间对整个事件进行回归和内省，这样才能够到达这个认知逻辑的终点——自我刷新。

"在今天的巨变时代，我们每一个人都应该能够实时刷新，甚至有时需要重启；高途也应该能够实时刷新，甚至有时需要重启。"陈向东说。

毫无疑问，面对"双减"政策带来的行业巨变，他决定要带领这家公司再次刷新。

2
保存核心

2.1 极致的乐观主义者

由于"双减"政策对义务教育阶段的学科校外辅导进行了严格的限制，包括相关培训机构必须登记为非营利机构，且包括北京、上海、广州在内的多地政府规定，在"双减"范围内的课外学科辅导，每课时的收费不得高于22元，这就意味着大部分教培企业，包括高途在内，都遭遇了"撞墙"事件，因为大家的业务结构当中，在"双减"调整范围内的比例非常大。

对于很多公司来说，"撞墙"必然带来迷茫、困惑、纠结和挣扎，其中既包括当下组织和业务剧烈调整带来的肉体痛苦，也包括对于前路漫漫感到的心理焦虑，但是站在墙根下的陈向东，更多感到的是庆幸。

他坚信一件事，对于一家公司而言，如果必须遭遇"撞墙"事件或重大危机，越早经历越好。就像孩子一样，小时候跌倒、撞一下并不会有太大问题，但如果等到长大成为庞然大物后再遭遇重创，就很容易一蹶不振，甚至彻底垮掉。因此，他认为公司应该尽早面对和解决潜在的问题，以避免未来更大的风险。

并且，过往的经验告诉陈向东，经历了"撞墙"之后的人和组织，都会迎来蜕变。

陈向东出生在河南省洛阳市新安县石井镇潭上村的一户农家，父亲是老三届毕业生。但在20世纪70年代，知识对于一户农村家庭的帮助并不大。由于父亲不擅长干农活，14岁之前的陈向东，记忆的底色是贫穷。那时，每隔一段时间，他的母亲就会拉着姐弟几个人，走15里的山路，到姥姥家吃顿饱饭。

尽管陈向东的父亲后来在乡村小学担任了民办教师，但每个月只有4元的工资，这对于一个大家庭来说，简直是杯水车薪。然而，困难的家庭条件并没有让陈向东屈服，反而激发了他要强的性格，他不愿意让别人看不起自己。童年的陈向东，是潭上村最会爬树的人，别人爬不了的树，他爬；别人掏不了的鸟窝，他掏。有一次，他爬上了几米高的电线杆，下面一群人围观，每个人都仰头看，并发出赞叹，这孩子真是大胆，也真是灵巧。那一刻，陈向东感到非常自豪，即使后来他的母亲闻讯赶来，差点晕倒在电线杆下，并且之后狠狠地打了他一顿，他也觉得那是值得的。

随着时间的推移，陈向东在逐渐深入了解自己的过程中，不断回忆起这些人生中的点点滴滴。他最终确信，自己是一个对成功怀有极度渴望的人。

陈向东从小就是孩子王，并且天资聪颖，哪怕不怎么学习，也能轻松地拿到全班第一名。这时候的陈向东自信极了，他毫不怀疑自己会沿着父亲一直描绘的人生轨迹往前走，去读高中、读大学，然后帮助家庭走出大山，走出贫困。但是在他14岁那年，命运的转折点出现了。

当时他正读初三，临近中考的前四天，准考证发下来，他才发现，自己的志愿被父亲偷偷改成了师范中专。因为家里实在太穷了，此时陈向东的大姐已经上了高中，家里实在没有办法再承担另一个高中生的费用。

那一刻，陈向东感到了前所未有的绝望。然而，他深知事已至此，再多抱怨也无济于事。尽管如此，他仍然坚信自己的人生不会就此止步，他决心寻找其他的出路，去改变自己的命运。

1985年的秋天，14岁的陈向东成为洛阳市第一师范学校新安分校的学生，而且是班上最小的一个学生。入校第一天，校长就宣布了一个好消息，全年级第一名将在3年师范毕业后，获得保送大学的机会。

陈向东内心重新燃起了希望，并全身心地投入刻苦的学习之中。自那时起，他再也没有偷过一刻懒，每天清晨他都是第一个起床，深夜则是最后一个入睡，中午也从不休息。

他在心里把读高中的姐姐当成了榜样，自学了高中课程，包括英语。当年的师范中专是不教英语的，陈向东手头上也没有教材，他就跟同学借，然后把高一的英文教材全部抄下来。那时正值冬季，陈向东衣着单薄，他就在山中寻找一个避风的地方，专心背诵英语单词和课文。他每天坚定地告诉自己，一定要超越那些正在读高中的学生，成为全校唯一一个被保送进大学的人。

然而，在三年之后，尽管他年年稳居年级第一，保送名额却落到了其他人头上。

大概就是从那时候开始，"忘掉"这个词便在这个年轻人的心中生根发芽，并逐渐成为他未来几十年里的口头禅。被改了志愿，忘掉它；被撬走了保送名额，忘掉它；高途的股票涨到了100美元，忘掉它；高途的股票因为"双减"落地，下跌了99%，也忘掉它……After all, tomorrow is another day。

他成了一个极度乐观主义者。回头看去，不能上高中，没有保送上大学，哪一次不是在撞墙？但也正是因为撞上了墙，他的斗志被一浪又一浪地激得更高。"浪子回头金不换",他的人生开始了一次又一次的蜕变。

高途的经历又何尝不是这样?无论是 2016 年的至暗时刻,还是 2020 年的做空事件,高途都撞过墙。就像动物一次又一次蜕皮那样,高途变得更加成熟,也更加强壮。

"双减"后,几乎没有留任何窗口期,陈向东就在高途内部宣布,开启第三次创业,"蝉蜕"又开始了。

在不少的场合里,陈向东反复讲过,当下是高途创业七年多以来"最好的时刻"。

2021 年 10 月 28 日的高途全体伙伴会议上,他详细解释了为何此时是高途的最佳时刻,并指出了五个核心原因:

第一,在应对大时代的变革时,高途在组织、架构和团队上做出了极为出色的调整;第二,高途过去所积累的经验和认知,犹如一道宽广的护城河,在当下成为其稳固的竞争优势;第三,某种意义上讲,即使没有"双减"政策的影响,高途也亟须进行许多必要的变革,而"双减"政策的实施则为这些变革提供了外在的推动力;第四,过去几个月里,高途的很多业务都开始回归商业本质,回归创业常识,回归创业初心,回归到讲了很多年的有利润的增长,有现金流的利润,有效增长和盈利性增长的正确轨道上来。当然,最重要的是,回归到了在整个中国的大变革时代里,真正有志于成为一家伟大教育公司的愿景当中。

对于最后的一个理由,陈向东说,作为创始人和 CEO,他已经好多年没有体会到像那一刻那样的从容和平静,他确信于自己的信念与决断力,并像艺术家那样建构,让这个组织"既有柔的一面,又有刚的一面,既有慢的一面,又有快的一面,既有谨慎的一面,同时有勇气冒险的一面"。

每个企业家都是天生的冒险家。小时候,在别人家看了电视剧《霍元甲》《陈真》之后,陈向东决定要去改变世界。为了实现这个目标,他首先要练会飞檐走壁。于是，他每天都爬到山上去，山上有梯田，每一层都有两米多高的堤堰，他就先从最高处开始飞跑，然后从堤堰上一层层跳下去。

他真的飞起来过。

2.2 留下来的人

"双减"政策出台后，每个业务经营例会的成员都被分配到了一个特定的地方——集团或者一个地方运营中心，去负责裁员的事情。其实离开的人也都知道，这是一次由不可抗力导致的震荡，所以裁员的整体接受度是非常高的。尽管如此，具体到执行人层面，还是非常难的事情。高途一直以来都倡导伙伴文化，员工们在共事期间已经结下了深厚的友谊。在大刀阔斧式的裁员后，高途的员工规模迅速从近4万人减少到了1万人，这无疑会给每个人带来巨大的心理冲击。罗斌能感觉到，在那个时期，每个人的内心都遭受了不同程度的创伤。

直到那年的十一假期，大家才回过味儿来，接下来该怎么办？

2021年的十一假期刚过，陈向东就率领业务经营例会的成员去了一趟大理。虽然明面上是讨论2022年的公司战略，但主要目的还是稳人心，找一个风景好的地方，让大家一起去寻找一些能量，或者说构建一些共识。

对于那时的高途来说，保存核心太重要了，不管外面如何风雨飘摇，只要组织的核心稳定，就能等到晴天的到来。

其实陈向东也没有做什么刻意的动作，就是和核心骨干做充分的沟通。事后来看，保存核心的定力并不来自路上，而是在出发之前。"找到那些眼里有光，愿意冒险，愿意全力以赴，愿意奋力一搏的人。"这是一个企业家的直觉。

从结果来看，比起行业里的其他公司，高途的核心团队是最稳定的，绝大多数的高级管理者都选择留下来。"一部分人留下的原因是责任，但对另一部分人来说，还是有仗可以打。"罗斌说。

作为高途的核心创始团队成员，罗斌是一位技术大拿。2014 年加入高途之前，他供职于百度，是知名的凤巢系统的奠基人之一。在高途，罗斌带队研发了独步江湖的私域工具，并打造了一套私域增长的方法论。可以说，他是流量时代皇冠上的人才。但是十年过去了，无论是在教育 O2O 被证伪使公司遭遇了生死困境时，还是 2021 年整个行业遭遇"双减"动荡时，罗斌都没有离开公司。

在高途的核心管理团队中，罗斌算得上是最温和的一个。但若问他为什么要留在高途，他会给你一个充满了胜负欲的答案——

他要赢。

只是罗斌的赢，和通俗意义上具有对抗意义的赢，并不完全相同。它更接近于杰克·韦尔奇在《赢》这本书中的概念——杰克·韦尔奇认为，公司应在管理中赢得信任，在竞争中赢得机会，而作为管理者，也应在人生历程中赢得价值感。

在罗斌看来，高途版本的"赢"同样具有三个维度：第一是赢得客户，第二是赢得竞争，第三是赢得市场，让更多的用户去拥抱在线教育。目标当然是 10 环，但现在在罗斌看来，差距还很大。既然有差距，也就有了动力，这就是他留下来的理由，也可以是更多人一起战斗的理由。

想要赢的人又何止罗斌。"双减"之后，消费互联网行业仍保持高位运行，其他行业的数字化也都还在进程当中，所以市场对于研发人员仍然有强劲的需求，尤其是那些打过胜仗的资深研发人才。所以有一段时间，高途助理副总裁伍新春的微信上会收到各种各样的加好友申请，都是猎头。后来，他干脆把通过手机号加好友的功能关掉了。

"跟公司一起经历过低谷，也经历了辉煌，在这样一个困难时刻，大家肯定要一起奋斗，和公司一起东山再起。"伍新春这样想。他同样是高途的元老，2015 年就已经加入公司。在此之前，他是金山游戏的技术骨干，不到 30 岁时，年薪已经有 200 万元。

当时的高途当然给不了这样的薪酬。更糟糕的是，到了 2016 年，因为教育 O2O 模式被证伪，公司遭遇了第一次生死考验。一些创业期的伙伴正是在这期间选择了离开，但是伍新春没有，他非常不喜欢做败兵之将，"灰溜溜的"。

更深层次的驱动力还是对成就感的一种预期。虽然伍新春并非教育培训行业出身，但经过在行业内九年的深耕，他对该行业有了自己独特的见解。他认为，教育是一个能够改变人的行业，交付的就是人的改变，让人从精神和认知层面提升自己，变得更为优秀。如果能够将教育工作做好，他将从内心深处感到自豪。伍新春深知，这是一项既能让企业找到价值，也能让个人实现自我价值的事业。他不仅自己深信不疑，而且在历经种种波折的过程中，也不断地将这份信念传递给身边的伙伴们。

一家企业在发展过程中，肯定会遇到风浪，如何保证船不被风浪打翻，是所有企业都要思考的恒久命题，尤其是那些有着几千人、几万人的超大规模企业，更是如此。其实，在很多场景下，这些企业不是由于外力倾覆，而是内部先动荡不安。所以，在这样的企业当中，是需要有"传教士"的，当他们把自己的理念和信念传递出去，就能团结一大批人。

比如，在内部，罗斌分享过他对于赢的理解，就是要不断去拉齐组织的认知，实现组织共识。他认为组织共识非常重要，有了北极星的团队，是不容易散的。

在不断构建共识的过程中，那些组织需要的人才被留住了。2015 年，刘俊豪通过大学室友介绍，加入了高途。但在 2017 年，介绍他的这位室友就已经离开了公司，而刘俊豪则留了下来，深度参与了私域工具 U 群的开发，该工具在日后成了高途高速增长的发动机。现在，刘俊豪在整体负责高途市场部的工作。

在最艰难的时候，产研小伙伴王余洁、邹洋、孙永、唐文波、李剑翔、王志刚、陶宏玉、郑涛、王希涛、王成都、金欣、王宏扬、黄添来、许志浩、霍美亭、杨小运、黄文锋、赵少敏、聂建辉、张照等，也从未动摇过留在公司的决心，因为他们在陈向东等人的身上看到了信念和力量。陈向东常年坚持早上六点多钟起床，晚上十一二点才下班；为了更有效地利用时间，他很少回家，而是住在公司附近的临时居所中；他也几乎没有任何娱乐，唯一的爱好就是看书，过着一种类似于清教徒的生活。对他来说，创业就像一场修行，向东去两万六千里，爬雪山、过草地，总会到达自己的圣地。

很大程度上，修行在于修心，要相信相信的力量。

在那次大理会议中途，大家专门安排了半天时间去爬苍山。但那是一个雨天，云南多云，一下雨能见度就很差，和此类似的还有这群游人的心情。站在山下，已经有人打起了退堂鼓，他们觉得，这样上山，也一定看不到什么风景了。

陈向东就劝大家："既然来了，就上去看看。"仿佛一种隐喻，坐缆车上山之后，前后都已看不见路，孤零零的小车厢坠入云雾当中，仿佛迷失了一样，这正是当下这群人的现实处境。

但是到了山顶，突然雨过天晴。眼前的风景清晰了起来，抬头是蓝天白云，山上绿荫葱茏，山下的洱海像镜子一样闪闪发光。

其实陈向东也并不知道雨会停，但"放弃"从来不在他的人生字典当中，他从来都是做了决策之后，就要往前走，哪怕前面是悬崖。

这样的性格多少让陈向东有了些赌性，这种特质在很多企业家身上都有体现。著名经济学家张维迎在阐释中国当代企业家精神时，用过两个名词，一个是创新，另一个是冒险。因为敢于冒险，企业家在很多时候看起来近乎赌徒。

2015 年 6 月 16 日，高途在成立一周年这天，举办了一个"616 学习狂欢节"，创造了 5832 万元线上成交额。陈向东决定，6 月 17 日在公司的天台上举办庆功会以及周年庆典。当时就有同事反对，理由是第二天可能会下雨。

第二天下午，果然下雨了，但是傍晚天居然晴了。有人问陈向东："如果晚上雨没停，怎么办？"他回答说："创业赌的是什么？是晴天。"

其实陈向东并不是在赌晴天，他只是相信，只要有愿力并足够努力，就一定能迎来晴天。

就像那天，在苍山之巅，他对大家说："原本我们都想放弃了，但是继续走上去，经过了云雾，再往上就是绿色，就是阳光灿烂，就能看到很多人都没有看过的美丽景色。"

他是晴天的信徒。

2.3 前所未有的人才厚度

虽然正式的"双减"文件是在 2021 年 7 月出台的，但实际上，针对教培行业的整顿早在 2021 年年初就已经开始。所以从那时起，一些教培企业遭遇了搁浅。根据 2021 年年末教育部统计，在这次整顿当中，线下校外培训机构的压减率达到了 83.8%。

很多资深的教培人才也因此被震荡到市场当中，在随后三年里，他们其中不少人加入了高途，这也令今天的高途拥有了前所未有的人才厚度。陈向东心里很清楚，如果没有"双减"，这些人是不可能来公司的。但现在，这些见过，也建设过好东西的行业顶级人才来到了高途，也把他们的经验带到了这家公司，这就是最好的时刻。

现任高途人力资源副总裁的张如国原先在朴新教育任职。

2014年7月，也就是高途成立的一个月之后，陈向东的好朋友，新东方原高级副总裁沙云龙也宣布离职创业，成立了朴新教育，这是一家以投资并购和投后管理为主要模式的教育集团，一度发展迅猛。

原本在新东方任副总裁兼人力资源总监的张如国，在2017年加入了朴新教育，整体负责公司上市工作。次年，朴新教育成功在纽交所挂牌。2020年，出于身体原因，张如国打算功成身退，他逐渐淡出工作一线，并于2021年3月从朴新教育正式离职。

当时，张如国的计划是换一种生活方式，"也不是退休，就是搞个PE（私募股权投资）"。在张如国的设想里，一个规模不用太大的PE，可以让自己过上有事做又不至于太忙碌的生活，他一度对此有所期待，并且已经有朋友把钱都打了过来。不过，另一种人生机缘正在向他敞开。

尽管人生中充满了变数，但有些情谊是恒数。陈向东和沙云龙相识于微时，新千年伊始，两人都在新东方当老师，白天讲课，晚上一起吃路边摊，谈人生，谈理想，那是陈向东过得最肆意洒脱的日子。

后来陈向东和沙云龙先后成为新东方的核心高管，他们几乎同时创业，也曾花开两朵，各自灿烂，只是朴新教育的模式决定了公司必须生存在更丰沛的市场环境当中。"双减"后，朴新教育遭遇了巨大困难，高途就接收了朴新教育的部分业务。

高途与朴新教育的交集带给张如国一个更具挑战性的机会。换个角度来看，即使沙云龙再想挽留张如国，如果张如国已经下定决心要离开，沙云龙也会全心全意地祝福他。同样地，当沙云龙得知高途有机会时，他也会不遗余力地帮助张如国抓住这个机会。

在陈向东和沙云龙的共同努力下，2021年6月16日，张如国加入了高途。

不过一开始，他并没有具体的职位，陈向东将他的职级安排在了 P 序列。"先来个专家身份，看看能不能融入这个团队。"陈向东说。张如国心里清楚，这句话的潜台词是，他能否在高途留下来，将完全取决于他自己的表现和适应能力。如果能够适应并融入团队，他就有机会留下来；如果不能，那么他可能无法继续在高途工作。

一个月之后，巨大的震荡来临，张如国深度参与其中。当年 9 月，张如国调任公司副总裁，管理范畴也越来越大，从人力资源部，到干部部，再到行政部。

在引入高级管理者时，先不定岗，这样可以让人才避免在一开始被错误落位，或者马上在陌生的环境里面对考核的压力，这是一种先人后事的方式，是对人才的高度负责。这种做法后来被高途制度化了，公司为此专门成立了战略预备队。"双减"后，大量优秀人才涌入市场，公司可以先把人招进来，去每项业务的相关职位轮岗，同时还会接受文化培训，在充分地了解业务和初步染色之后，再给人才匹配相应的岗位。

2022 年 10 月 18 日，罗沫鸣加入高途，一开始进的就是战略预备队。与张如国一样，罗沫鸣也曾是新东方的高管，离职后先后在尚德机构和巨人教育任职。不过很多人不知道，早在 2002 年，陈向东就已经和罗沫鸣有交集。当时，在湖北大学当老师的罗沫鸣在武汉新东方做兼职老师，而当时武汉新东方的校长正是陈向东。

后来，陈向东在新东方成立企业发展办公室，目的就是培养后备管理干部，正式入职新东方的罗沫鸣被遴选进企发办，此后一路高升，他做过陈向东的助理，后来又担任了新东方助理副总裁。

此后，虽然陈向东创立高途，罗沫鸣也辗转了几家公司，但两人的联系一直很紧密。2021 年夏天，伴随着"双减"的到来，作为北京线下教培的头部企业，巨人教育几乎立刻濒临崩溃。从那时起，几乎每个月，陈向东都会给罗沫鸣打电话，劝他赶紧裁人、关校区。

然而罗沫鸣心里清楚，巨人的问题并非节流可以解决。到2022年10月，巨人教育的相关收尾工作了结，罗沫鸣终于可以心无旁骛地离开巨人教育，加入高途，开始一段新的战斗。

入职一个多月后，罗沫鸣最终定岗为高途KM线（小初业务线）负责人。就业务而言，他面对的挑战很大。原本高途在小、初、高三个阶段，最强的业务是高中阶段，属于行业公认的第一，而小初业务相对来说并不算特别出色，再加上管理干部、产品、课程等都面临着巨大的调整和变化，让这项工作更具挑战性。

但罗沫鸣没有啰唆一句就领下了任务，他心里清楚，让他这样的人来就是来啃硬骨头的。

上任后，罗沫鸣对KM业务线做出了很多改变，其中非常重要的一件事就是改善人才结构，包括引进一些行业里的成熟人才，他相信翻过高山的人可以带着大家一起再去翻山。

2023年12月，张戈也加入高途。陈向东和张戈已经认识22年了。2002年暑假，刚读完大三的张戈，报了郑州新东方的课，教室后门就贴着上海、武汉、广州三个学校的招聘启事，尤其是武汉学校，正在建校期，急缺老师。

张戈坐了一晚上的火车，参加了武汉学校的面试，面试官就是这所新学校的校长，看着挺年轻的，名字叫陈向东。面试很顺利，但张戈没想到，结束的时候，陈向东对他说："你就留下来备课吧。"这让他猝不及防，因为他什么都没带。陈向东就从口袋里掏出钱包来，数了20张递给他。当时，张戈整个人都傻了，什么都还没干，校长就先给了自己2000元。

这钱他当然没要，但陈向东掏钱的那个镜头，永远留在了他的记忆里。大四那一年，每个周五的晚上，张戈都会坐上K2153列车，从郑州到武汉，在车上睡一晚，第二天一早赶到学校去上两天课，风雨无阻。

这样的双城生活直到 2003 年他大学毕业，正式入职武汉新东方后才得以改变。但令张戈没有想到的是，那年出现了"非典"疫情，学校停课了。当时，新东方的老师虽然课时费高，却没有底薪，停课也就意味着老师拿不到一分钱工资，这对于一个大学刚毕业的新职场人来说，无疑是巨大的挑战。当然，武汉新东方学校面临的挑战也一点不小，学生不上课，学校也同样没有收入。但陈向东决定，给每个老师发 2000 元的生活费。正是这笔钱，让张戈度过了最难的一段时光，也在很大程度上，奠定了他对于管理者的认知，那就是相信善良的力量。

这种善良的力量是人和人之间的一种正反馈机制。你对我好，我就要用努力去回报。在陈向东担任武汉新东方校长的第二年，武汉新东方实现了 4000 多万元的业绩，利润 1500 万元，占新东方整个集团的利润的 1/4，被称为"武汉速度"。

2009 年，已经成为武汉新东方骨干的张戈，被任命为苏州新东方的校长。那时，苏州学校还是一个年收入不到 1000 万元的小学校。但在张戈担任校长的十年里，苏州新东方成为全国新东方最赚钱的学校之一，2019 年的年收入达到了 10 亿元，利润率超过 40%。

这样的利润率不是靠省钱省出来的。当校长期间，张戈打破了教培行业不休周末的惯例，让老师们可以单休。同时，如果老师们想去读书深造，学校还承担学费。这些当然都得花钱，但张戈发现，"花得越多，挣得也越多"，因为你对员工好，员工就会留下来，也会成长，让组织变得更好。

2019 年，张戈调任新东方集团任主管人力资源的副总裁，是六位总裁办公会成员之一。不久后，新冠肺炎疫情来临，和当年陈向东做的一样，张戈也要求全国所有新东方学校，在停课期间保证老师的基本工资。

2022 年，陪新东方走完"双减"后最难的一段路，张戈从新东方离职。因为担心自己的离职会给老东家带来舆论上的震动，他走得静悄悄的，还特别拜托媒体不要报道，是真正的"事了拂衣去，深藏身与名"。

其实，和 2014 年的陈向东一样，张戈最初的计划也是创业，他成立了一家从事 IP 孵化和代运营的公司，创业之路渐渐走上了正轨。

在此期间，陈向东经常找张戈，但始终没有把那句话说出口。其实从陈向东创业的第一年起，张戈就已经反复表达过："如果你哪天说，张戈你必须来，我第二天就会来。"但是陈向东一直没有说。直到他都离开新东方一年了，陈向东还没说。认识二十多年了，张戈知道，这就是陈向东的风格，"总是溜边下饺子，这人真累得不得了"。

2023 年 12 月 2 日，陈向东终于向张戈发出了正式邀请。张戈二话不说，马上就把公司交给了合作伙伴，自己到高途上班了。

3

休养生息

3.1 "知止定静安虑得"

　　"双减"政策落地之后，差不多有一年时间，陈向东一直在内部强调要"静"。在2022年2月的全体员工会议上，他的PPT上写着一个大字——"静"。2022年，"静"被定义为高途的核心战略指导思想。

　　陈向东特别喜欢这个字。小时候，他在农村生活，特别安静，只有风声雨声，蝉鸣蛙叫，人是可以和宇宙对话的。

　　但那时，他是一个很吵的孩子，特别爱讲话，喜欢和人辩论。大人就老说他："能不能闭嘴？"可他就是闭不上。后来，长大以后，他才知道，安静是一种能力，只有静下心来才能学东西。

　　渐渐地，"静"变成了陈向东的一位老朋友，总是在需要的时候，叩问他的内心："嘿，你静下来没有？"

陈向东还记得，十七八岁的时候，当自己踌躇满志，想要出人头地时，喜欢上了一句话——"非宁静无以致远，非淡泊无以明志"。如果说那时，对成功的极度渴望是陈向东内心的一个支点，那么"宁静致远，豁达包容"这句话就是另外一个支点。两个支点构成了一种平衡，让这个总在撞墙又总不放弃的年轻人，获得了稳定感。

2000 年左右，刚到新东方当兼职老师的陈向东出版了自己的第一本书《GRE GMAT LSAT 逻辑推理》，他在书里题上了这句座右铭。

再后来，陈向东又读了《大学》，里面有这样一句名言："知止而后有定；定而后能静；静而后能安；安而后能虑；虑而后能得。"

他将这句话总结为七个字——"知止定静安虑得"。

人们知道"真北"，是为了到达"真北"，这是一条有章可循的路。

在这条路上，知是起点。在陈向东看来，当一个人知道，他的人生只为一件大事而来，他就会有极度的渴望，有自己的原则，有自己的规则和 Stop-Doing-List（不为清单），这就是止。然后他会安定和安静下来。

对于一个人或者一个组织来说，静太重要了，真正静下来的时刻，就是光芒照射进来的时刻，一切洞若观火。

陈向东感受过那种光芒。2017 年，在公司最难的时候，他选择去进修学习，报名参加了两个课程，一个是清华五道口金融学院的金融 EMBA 课程，一个是腾讯组织的青腾大学的课程。

其实，对于这位经济学博士来说，读书的核心目的是找一个环境，让自己静下来，去闭关、反省、寻找标杆，和自我对话，然后刷新认知。

所以，"双减"政策出台后，陈向东也告诉自己，一定要让组织静下来。他定下了 2022 年的公司战略——"休养生息、修身养性"。因为只有静下来，才能思虑周全，然后制定高质量的决策。

静下来后，陈向东对别人说，自己的压力变小了。很多人都很惊讶，但这是实话。2017 年至 2020 年间，高途一度每年都能实现百分之几百的增长，但这种速度对于组织而言，是巨大的压力。在此期间，高途一直在大量招人，其中大多数是没有工作经验的应届生，管理干部也偏年轻化。所以 2020 年，高途的战略是"招聘为先训为先"。高途在培训员工上投入了大量时间，陈向东甚至亲自上。但很遗憾，仍然有很多管理干部没有经过很好的培训就上岗了。

也是在那时候，高途的股票市值一度高达 381 亿美元。每个员工都在关心自己的股票，开员工座谈会的时候谈股票，上洗手间的时候也谈股票，陈向东对此感到恐惧。他知道，对于钱的过度关注，会把人性中恶的一面激发出来。

某种程度上，"双减"制造了一个泄压阀，让组织从那种随时要沸腾的状态中平静下来。

当组织静下来，就多了很多系统性的思考。"双减"政策出台之后，陈向东频繁地想起彼得·德鲁克。这位活到 90 多岁的管理学大师，一定见证了很多企业的风雨飘摇。在那本《卓有成效的管理者》当中，德鲁克描绘过一个场景：有一次，他去一家公司考察，发现公司里面的人都忙忙乱乱的，他一看就觉得有问题，这家公司的管理水平一定一塌糊涂，因为好的公司是井井有条的。

这种井井有条是通过高效的组织协作来实现的。所以在最近的三年时间里，高途多了很多协作语言，例如 SOTMT，即未来五年最重要的五件事（战略、组织、人才、机制和工具），AORIA，即克服异常的工作方法（发现异常—确认障碍—知真见解—互动交流—行动方案），ICOOCOM（借鉴了华为的五看三定），以及 OVMOM（接下来会有详细说明）。

2021 年 10 月 28 日的全员会议上，陈向东提出了"OVMOM"的思维方法论，并将之定义为高途人共同的思维模式。

OVMOM 模式是一种经营思维模式，也是一种方法论，围绕组织拉齐认知、校准目标、明晰路径、确定规则、严格执行、紧密跟盯、激励伙伴和达成目标。同时，陈向东还将其定义为"有助于通向系统思考的第五项修炼"。

具体来说，O指的是objectives（目标），V指的是values（价值观），M指的是methods（方法），O指的是obstacles（障碍），M指的是measurements（衡量标准）。

比起高途的大多数伙伴，BOC成员接触OVMOM的时间更早一些。在大理的战略讨论会上，陈向东就拿出了自己的OVMOM，从目标到方法到卡点，条分缕析地跟大家分享和讲解。

有了协作语言，在组织内部，团队与团队之间，伙伴与伙伴之间，就很容易拉齐认知。例如，在2024年的战略讨论会上，每位BOC成员都要分享自己管理范畴里未来一年最重要的几件事情，格式不限。而罗沫鸣就用OVMOM来作为整个工作计划的逻辑，一目了然，其他成员一看就能明白他的构架。

在2023年集团全面预算启动会上，CFO沈楠甚至用SOTMT、ICCOOCOM、OVMOM、AORIA将全面预算管理工作的全流程进行了拆解和串联。原本，全面预算管理就是一件既专业又琐碎，但又和业务完全咬合的事情，需要业务线高度配合。然而，财务与业务本就是两套语言，系统性的协作工具在此时就充当了拉齐认知的桥梁。

高途很多业务的调整也是在"静"的状态下实现的。"双减"政策出台之后，陈向东几乎在第一时间调整了技术线负责人。其中，围绕办公效率的效能效率线由伍新春负责，围绕经营效率的产品线由卢佳负责。

陈向东一直都知道，工具对于效率提升的重要性。早在创办这家公司的第一天起，他就希望通过技术来引发一场教育的革命。为了实现这个梦想，高途引进了包括罗斌、卢佳、伍新春在内的大量顶级互联网技术人才。从名单可以看出，老技术伙伴目前仍在发挥重要作用。

但客观上，业务的野蛮生长，竞争的无序激烈，都让高途一度把产研的优先级往后放了又放。2023年3月1日的全体伙伴会议上，陈向东坦诚分享，高途经历了几个阶段。

第一个阶段：产研很厉害，但是业务不行；

第二个阶段：业务很厉害，但是产研不行；

"双减"政策出台后，当整个组织安静下来，终于就走到了第三个阶段——让产研为业务高效赋能。

2021年6月6日，经过一年的开发，高途自己的办公软件灵犀上线了。此时，市场上已经有非常多成熟的办公IM工具，例如钉钉、企业微信和飞书。但陈向东的认知是，一家大型企业，是很有必要开发自己的效率工具的。打个比方，如果这家企业有10万人规模，那么只要提升10%的办公效率，就能节省出1万人的人效，这笔账划得来。

在随后的三年里，伍新春团队又进行了多次迭代，目标是让灵犀成为真正属于高途人的、"高效协同，有趣有爱"的办公工具。

在卢佳调任集团产研负责人之前，原本高途的产研团队比较分散，集团有产研团队，各个业务线也有产研人员。经过一轮合并整合，全部产研人员被集中到了集团，人员也从原来的几千人缩减成了几百人。但是卢佳他们发现，光是有名字的系统就有两百多个，还有很多没有名字的系统。

这种情况在高速发展的公司里很常见——业务拼命往前跑，一有需要就赶紧搭一个系统，不管好用不好用，先用起来再说，最终会造成大量的系统冗余。

卢佳要做的是先接入，再重构，既保证业务还能够持续往前推进，还能在此基础上，对全集团的系统底层进行整合和重构。

最终几百个系统被整合成了六个系统，包括CRM系统（客户关系管理系统）、EES系统（教学服务效率系统）、CMS系统（内容管理系统）、MES系统（营销效率系统）、OES系统（运营效率系统）、DIS系统（数据智能系统）。

很多系统的名字都是陈向东起的。过去，面对数百个名称混乱的系统，他早就有了整顿的想法。例如，以前高途的运营效率系统的名字叫 BOSS，陈向东每次看到这个名字心里都不舒服，觉得这个名字未免"有点高高在上了"。

虽然系统的数量少了，但能力有了大幅提高。例如，以前虽然系统多，但就连业务的最终 ROI，都要伙伴们自己去算，现在的系统则可以做到实时计算，让业务伙伴可以根据反馈去做快速调整。

整个重构的过程，是在人员极度精简的情况下完成的。事实上，最近几年，降本增效成了几乎所有大公司的选择。在降本增效的基础上，大家一边裁员，一边还要根据业务发展和政策要求去迭代系统。这是一个非常有挑战的过程，客观上造成了多起重大系统事故的发生。

但是高途产研团队平稳地完成了系统的重构。后来，卢佳回过头去看，觉得正是在 2021 年下半年和 2022 年，高途静下来了，能够休养生息和修身养性，为一切重构营造了安全区。

3.2 做"人人乐用的终身学习服务平台"

"双减"政策的实施给高途带来的挑战是显而易见的。原本高途是一家以 K12 学科辅导为主的在线教育公司，但是现在，老业务的体量已经无法支撑公司的发展。高途将往何处去？这对陈向东也好，对每个高途人也好，都是迫切需要解决的问题。

所以，2021 年 11 月 28 日，高途修改了自己的愿景，从原来的"令人尊敬的教育机构"，迭代为"人人乐用的终身学习服务平台"。在新的愿景下，客户的生命周期得以大幅延长，陈向东相信在这里面，一定有更广袤的蓝海。

这片蓝海首先属于成人业务。"双减"后，高途立刻切换了发展重心，大幅提升成人教育的业务重要级。其实，在教培市场当中，与高途同处一个量级的公司间，有成人教育业务的公司非常少，但高途在非常早期，就已经有了成人教育业务。当然，高途最初的成人教育业务仅集中在英语单项。

"双减"政策出台后，成人教育这块版图也逐渐丰满起来——从传统的四六级英语、考研、考公，再到职业教育，例如心理咨询师培训等，都逐渐发展起来。

如同硬币的两面，"双减"政策的实施给了高途考验，也给了高途机会，去吸引教育培训这个行业里最顶尖的专业人才加盟。

2021 年 3 月，刘文勇加入了高途。其实，早在高途成立的初期，刘文勇就已经和公司结缘。那时，他自己创立的教育培训机构，是跟谁学网的首批入驻机构之一。2015 年，美联教育并购了刘文勇的公司。两年后，他又加入了启德，负责考培业务。其间，陈向东一直和他保持联系，关心他的近况，做得好还是不好。

2020 年，陈向东开始游说刘文勇加入高途。对于不同的候选人，陈向东总能找到对方的痛点。比如对刘文勇来说，他是想做大事的人，所以陈向东就帮他分析，当时启德考培的体量大概是两三个亿，应该不太可能做得更大了，而高途，"发展比较快，你来了肯定有事可做"。

几个月后，刘文勇真的来了，负责高途的考研业务。虽然之前公司也曾在这项业务中尝试，但基本是小打小闹。现在，他终于有机会从零开始，由小做大去搭建一个业务。

2021 年 12 月，土豆教育创始人刘薇也加入了高途，负责雅思培训业务。刘薇早年任环球雅思产品与教学总监，一手打造了环球雅思的产品体系，是这个细分领域里最知名的专家，有"雅思天后"之称。2017 年，刘薇创立了土豆教育，已经拿到了三轮融资，但三年疫情还是打乱了土豆教育的发展节奏，为了继续追逐一直坚持的目标，刘薇决定带着团队找一个新东家。

最初找到土豆教育的其实不是高途，而是行业里的另一家头部机构，双方甚至已经进入谈判的细节阶段。但是在和陈向东谈了一次之后，刘薇决定加入高途。

"创业的目的就是实现我们想要的愿景。"陈向东的这句话深深打动了刘薇，因为她的目标就是要以自己设计的形态，去打造一个国际教育生态。

在线教育横跨科技和教育两端，究竟它是一家科技公司，还是教育公司，其实就看创始人的选择。作为老教培人，刘薇当然选择后者。她心里很清楚，如果新东家选择了前者，那么双方之间必然存在一个巨大的 GAP（隔阂），所以还是得找一家具有教育基因的公司，这家公司当然就是高途。

高途还陆续收编了留学教育方向等多个团队，但同时，高途内部的变化也风起云涌。2021 年三季度，由于小初系统班业务被划归非营利，已经出表，高途的收入规模锐减了 43%。那段时间，为公司蹚出一条新路，是很多业务管理干部的唯一使命。甚至有人这样觉得——高途要绝地求生了。

"那就背水一战吧！"丁鹏飞说。这位高途课堂原小学部专题课负责人，在 2021 年转岗到了美好家庭业务，这是一块全新的业务，最初主要负责家庭教育课程。在高途，丁鹏飞是最知名的拓疆型管理干部，在七年多的时间里，他带的团队已经有过七次更名。

到 2021 年下半年，不在"双减"范畴的美好家庭业务，其重要级更被大幅提高。顺势，丁鹏飞还将业务范畴拓宽到了心理咨询师培训。显然，这也是一块值得期待的蓝海市场。一方面，大众对于心理健康的关注程度越来越高；另一方面，在相关的职业培训领域，还没有一家绝对头部的公司。

当然，高途也不是这个领域的头部公司。甚至在丁鹏飞接手时，他和高途都是门外汉。怎么找到老师，就是第一道要跨过的坎。

丁鹏飞采取的办法是自己报班，他一年就报了四个培训班，花了近八万元的学费。不仅在课堂上学习，课后他还跟老师加微信，聊天，游说老师到高途开班。很快，丁鹏飞就组建了一个超过 30 人的名师团队，他负责的业务绩效也呈现出陡峭的增长曲线，迅速成为高途重要的利润来源之一。

在大力发展成人教育业务的同时，高途也并没有放弃 K12 业务，尤其是小初业务。陈向东一直要求大家在"双减"政策的严格要求之下，寻找一条突破的道路。

罗沫鸣正是在这样的背景下加入高途的。在接手小初业务线后，他很快提出了九字战略，在原先的"大班主讲，小班二讲，个性体验"的基础上，他还要求课程要达到"主讲有趣，二讲有效"的标准，就是希望在教学质量上再上一个台阶。

与此同时，围绕素养类课程的探索也在快速推进，例如思维类的脑王课程一经推出，就受到了学生家长的广泛欢迎。由曹维佳负责的线上综合素养学部，2023 年实现了营收环比 67%，净收入环比 119% 的增长，部分业务单元实现了盈利。曹维佳是高途的老人了，以前负责过高途课堂的初中业务，一直以成为行业第一为目标。但是，在实现这个目标之前，"双减"政策来了，令他的情绪一度很消沉。

但现在，他终于打了胜仗。在一次业务复盘会上，曹维佳告诉罗沫鸣，自己收获了一个认知——原来，重要的不是成为第一，而是要活得好，活得久。

3.3 这是一个断奶的过程

很多高途人都能感到，"双减"政策落地后的两年里，公司慢下来了，同时也更加从容。过去一味地往前跑，很多方法和能力都来不及沉淀。比如为了在相对短的竞争窗口里，拿到更大的流量，公司曾不得不将获客的重心从更擅长的私域，转移到信息流公域，并忍受不断被抬高的流量成本。

"双减"政策出台后，业务客观上已经没有办法持续如此粗放地发展。作为业内唯一一家仅 A 轮融资就上市的公司，高途是个穷小子，它既无财力雄厚的大股东可以依靠，也没有像那些尚未上市的独角兽企业一样，进行过多轮融资，账上还有上百亿元资金可供消耗。截至 2021 年年中，高途账面现金约有 55 亿元。

这当然不是一笔小钱，这是让这个穷小子度过冬天的棉被，谁能知道冬天有多长呢？为了活到春天，它所能做的只有自己"造血"。

所以，陈向东给公司定的目标是，2022 年实现经营性现金流转正，2023 年实现盈利。自"双减"政策出台后，高途开启了全面预算管理，开始了更精细化的运营。每个业务都要以经营结果为目标，并用经营结果来反向指挥业务的推进，早期的指标相对宽松，以实现正向现金流为目标，现在逐步过渡到以实现经营利润为目标。

客观而言，在整个教培行业里，高途的运营已经相对精细化，这家公司包括创始人在内，都没有独立的办公室，高管也没有特殊的差旅标准。但是难免还会有一些跑冒滴漏，比如由于高途一直鼓励"多打粮食"，业务线有时会给员工一些特殊的津贴、鼓励和奖金，包括涨薪晋级，相对也比较宽松。但是现在无论大钱还是小钱，都要算得更精细。沈楠每个月都会和业务线一起复盘，如果业绩持续不达标，就会收紧预算。但是对于业务线来说，经过了互联网烧钱的时代，用亏损换规模就像是一种肌肉记忆，而去除这种记忆则是一个痛苦的过程。有一段时间，沈楠被称为全公司最令人闻风丧胆的女人之一。

但变化就在不断的争吵中产生。那些以前动不动就喊要当行业第一，"有志者事竟成"的业务管理干部，越来越主动地做自我复盘，然后说，有多大家底干多少事。

在沈楠看来，这是一个"被迫断奶"的过程，这个过程当然痛苦，但同样倒逼了很多渠道创新。逐渐地，有人开始在系统里"打捞"以前没有转化的客户了，也有人开始去探索抖音号、视频号和小红书渠道了，还有人开始做小程序，大家都开始愿意在新的渠道建设上花功夫，变为更有耐心的长期主义者。

客观来看，"慢下来"成为组织长期有耐心的基础。如果拼命往前跑，大家是缺乏创新动力的。所以"双减"政策出台后，陈向东给公司定的基调是休养生息，同时还要修身养性，显然，这句话意味着高途要以更积极的态度去迎合时代的变化，躺着是不可能赢的，这个组织要在更有战略耐心的基础上，训练能力，磨炼心性。

2022年3月，"春笋计划"诞生了，目标是基于用户视角，将高途App重做一遍。实际上，早在2021年5月，陈向东就已经意识到了一些问题，纯粹依靠外部投放来获取流量，代价太高了。要解决这个问题，还是要尽可能延长用户的留存，哪怕有些人一开始没有被转化，也不至于马上就走掉。

当时，陈向东召集了市场条线的管理干部一起开会讨论，最后的结论是App是解决用户留存最有效的杠杆。但是很可惜，两个月后，"双减"政策就出台了。在一段时间内，高途有更紧迫的事情需要解决，重做App这事也就被搁置了下来。直至2022年3月，陈向东再次召集人员，为项目按下了启动按钮。

在高途内部，"春笋计划"获得了比较高的战略优先级。

2023年2月，刘俊豪被调去了"春笋计划"。作为一名年轻的技术骨干，刘俊豪此前在高途多个市场部门工作过，是非常原生的高途管理干部。

接手后，刘俊豪希望通过产品的重构，解决两个核心问题：一是深度挖掘用户需求的问题，即快速识别和跟进有订课意愿的用户，经过努力，高途

App 的相关指标达到了 40%，这在课程类产品里达到了较高的水平；另一个重要问题是用户留存，尽量延长用户的生命周期，以增加后期转化为客户的可能性。

这两个核心问题其实是大部分在线教育公司的短板。大家普遍的获客方式都是在内容平台上投广告，把用户吸引过来。"那么为什么不自己把内容能力建设起来呢？"刘俊豪想，"这件事好像是把一个该做的能力交给了公共平台。"

在他的理想场景里，高途 App 就是一个线上的学校，有上课也有下课，学生们上课时集体学习，下课后一起交流、探讨、展现自己。

为了实现这样的场景，每个月"春笋计划"团队都会对 App 进行版本迭代，加强了社区功能的建设。2023 年 7 月，高途 App 的各项数据都开始出现明显的改善。

2022 年 2 月，高途副总裁、高中部负责人许翔被调到了业务五部，这是一个面向未来的创新业务部门，主要负责素养、留学、职场技能，以及图书和文创等互联网教育产品。当时，因为针对高中教培的政策不明朗，需要有人为高途找到下一块新大陆。如果要为这个人找个模型，当然是有拓荒精神，并且打过大胜仗的人，而许翔就是最合适的那个。

2015 年加入高途的许翔，是公司成长最快的管理干部。自 2017 年由他负责高中部以来，整个高途高中部便成了业界的传说。要知道，在教培行业里，高中部并不受其他竞品重视，原因是高中处于整个 K12 教育链条的末端，也就是说学员续班的想象空间不大。但是许翔硬是把高途高中部做成了招牌，不仅口碑好，规模大，同时还贡献了公司绝大部分利润。

对许翔而言，调离高中部当然是难以割舍的决定，但是他绝无二话。在高途，有一个传统，如果往左走、往右走都有可能成功，那么"Larry 说往哪里走就往哪里走"。

高中部原运营负责人赵星义也跟着许翔一起，去了业务五部，开始探索新的流量变现路径。

在整个教培行业，高途是被公认为私域能力最强的一家，也正是因为在2017年至2019年间，公司抓住了微信裂变的流量红利，才得以在几乎已经弹尽粮绝的情况下，异军突起，成为绝对头部的在线教育机构。

2020年后，因为竞争对于大流量通道的需要，高途将获客重心转移到了短视频平台。但无论是抖音还是快手，这些内容平台的公域属性太强，公司要想从平台导流到自己私域，就需要跨平台完成，路径很长，代价也大。

2022年后，腾讯加大了视频号的业务权重，相比起来，视频号虽然起步较晚，用户活跃度也没有抖音高，但好处是和公众号、微信群三位一体联动，方便公司实现公域获客、私域运营。

正是在此期间，赵星义开始深挖微信场景里的获客潜力，在原先的群裂变基础上，增加视频号获客的路径，将新增的流量全部注入高途的私域当中，并通过再次裂变，让粉丝量不断"往上翻"。

做视频号还有一个好处。以往，无论对于哪家公司来说，唤醒沉睡粉丝都是难题，无论你发起什么样的市场活动，他们在群里都无动于衷。但当老师开始在视频号里直播，一次又一次，沉睡粉丝也能看，这样，唤醒他们的概率就上来了。

在视频号上探索了一段时间之后，赵星义发现效果很好，便迅速建起了一个矩阵，其中规模最大的一个账号叫"孙老师谈高考"，教学生和家长填报志愿，两个月时间就涨了十万粉丝，单场GMV达到数十万元。

但他同时还在探索其教育之外的场景，包括电商业务。当时，业务五部还承担了寻找第二条增长曲线的重任。许翔爱折腾的特质被进一步激发了，既然要打开思路航行，就把视野放到最大。

一开始，电商业务是卖适合学生的营养品，之后许翔的思路就开始逐渐放飞，一会要卖文创产品，一会要卖盘子，后来又想去卖亲子 T 恤。

赵星义赶紧拦住了他："亲子装有那么多尺码、组合，如果消费者不喜欢了，或者号不合适了，还要由我们负责退换，太费劲了。"许翔也是听劝的人，好歹没有真的卖衣服。

2022 年 7 月，随着针对高中教培的政策逐渐明朗，许翔等人被调回了高中部，毕竟这是高途真正的压舱石业务。业务五部的故事也随之结束了，但他们对于电商业务的探索没有停止。

2022 年 9 月 20 日，高途的第一版直播电商模型"高途好物"在抖音开播，主打食品。

这些探索为日后高途体系化进攻直播电商领域贡献了重要认知。同年 11 月 16 日，由陈向东亲自担任 CEO 的北京高途佳品科技有限公司成立了。

不过，跟随许翔回高中部不久后，赵星义就带着他的新项目独立出来，被并到了集团的 Y 业务线，即基于抖音、视频号探索的创新业务线。

2021 年 9 月，为了鼓励创新，陈向东亲自带领由各个业务创新团队组成的八部，其中还包括了专门的蓝军项目。

高途一直有红蓝军文化，"双减"政策出台后，这一文化更被进一步加强。这套由华为首创的制度，旨在让公司形成一种自下而上的纠错机制，并且通过不断地创新，对抗熵增，为持续增长创造动力。

并且，蓝军部门也不仅存在于集团层面，每个学部也有自己的蓝军。

2022 年初，高中历史名师褚润带队创立菁英课项目，这是一个围绕高中生学习痛点展开的项目。尽管"双减"政策出台后，小初学生得到了减负，但客观上高考并没有取消，所以高中生仍然需要一个优异的成绩，去过那个独木桥。如何高效提分，正是这些学生的核心痛点。

所以，菁英班的课程设置有别于很多其他机构，它按照备考的节奏来走，暑假班针对开学考，春季班针对期末考，寒春班针对二轮复习、三轮复习。正是因为完全切中高中痛点，菁英班的转化率、客户认可度和满意度都非常高。

但是，只有褚润知道，这一路走来有多不容易。在线直播大班课是一个系统性业务，不仅需要主讲，还要有二讲和顾问的配合。主讲好解决，"双减"政策出台后，高途的主讲团队基本稳定，但二讲和顾问就不同了，上一拨裁员之后，可供使用的相关人力资源已经非常稀缺。

没办法，只能朝其他团队借人了。2022年4月的一天，褚润约上了财经团队的负责人。财经团队负责人很痛快地答应，把自己团队的顾问借给褚润用。

但人员还是不够。褚润向已经离开的老高途伙伴发出了邀请，很多人都没有二话，直接辞掉工作回到了高途。2021年裁员时，在高途的很多工作群里，离职伙伴都留下了三个字——"召必回"，这绝不是一句空话。

另外，由于高途的顾问和二讲团队大多数都在地方运营中心，所以褚润还得一个城市一个城市地跑，和大家一起"打仗"。

3.4 先有效，再增长

2022年一季度，高途实现了0.54亿元的净利润，终于恢复了盈利。实际上，在没有跑通教育O2O模式之后，陈向东早就意识到盈利对于一家公司来说多么重要。有段时间，他曾要求全员背诵什么是客户——"客户就是给我们掏钱，让我们提供服务，最后还让我们能赚到钱的人。"

只是在2020年至2021年期间，在线教育大战太过激烈，尽管陈向东一直没有头脑发热，把整个公司都"all in"进去，但业务的盈利战线还是被拉长了。高途从最初追求最小单元点（UE）盈利，变成了基于用户的LTV（用户生命周期价值）盈利。

但有谁知道用户的 LTV 究竟有多长呢？是一个学期，还是从小学一年级到高三的 12 年？陈向东很清楚，如果要以 LTV 盈利作为指标，那么首先要让获客效率和续班率都成为恒数。

这显然是不可能的。所以哪怕所有的在线教育公司都在跟投资人说，要用首单亏损换规模，用延长用户的生命周期来换利润，其实大家彼此都心知肚明，这只不过是一种不切实际的空谈而已。

只是在热钱周期当中，谁都不会去戳破皇帝的新装，不仅想融资的公司不会，就连要投钱的机构也不会。投资人一度认为高途不够果敢，亏得太少了，一点都不符合互联网公司的风格。

但那时候的陈向东觉得事情不应该这样，自 2020 年起，一直盈利的高途首次出现了亏损，他每天都提心吊胆，这是一段非常痛苦的记忆。

所以，"双减"政策出台后，陈向东做的第一件事就是先给业务"断奶"，让大家可以凭自己的本事活下来。到了 2022 年一季度，显然盘子稳住了，增长命题再次回到了大家面前。

为了防止大家再次回到粗放增长的惯性当中，2022 年 6 月，陈向东在内部明确提出，要先有效，再增长。沈楠，那个令人闻风丧胆的女人，已经给自己的名字加了个前缀——要利润且只要利润的沈楠。

陈向东认为，有效就是算账，算到能够盈利。而有效增长有两层含义，第一是从客户价值角度来说，它确实能够提升客户价值，第二就是盈利性增长。

对于高途来说，盈利性增长不是一个陌生的词。从 2014 年至 2017 年，高途曾经花了三年时间，才终于跑通在线直播双师大班课模式，验证的标志就在于实现了可持续的盈利性增长。"双减"政策出台后，大量新的业务、新的模式不断涌现，这些业务中的每一个，都要再走一遍高途当年走过的路，通过确认有效，实现盈利性增长，来验证自己的商业模式。

当然不是所有的模式都能跑通。自 2022 年 6 月至 2023 年 8 月，高途一共关掉了十个学部，因为通过验证，在这些学部的业务范畴当中，市场空间其实不够大，而高途又没有相关领域的核心竞争力。

这是一个业务聚焦的过程。这两年，陈向东终于读懂了克劳塞维茨《战争论》中的那几句话——集中兵力是最简单的战略，也是最高的战略。

留下来的学部同样不能高枕无忧。此前高途也有排名文化，在"双减"政策出台后，这种文化得到了极致的发扬光大。每隔一段时间，全公司范围内就会组织一次大排名，在收入、利润等各个维度上对所有业务进行盘点和排名。

在 2023 财年经理及以上管理干部会议上，沈楠将整个公司的业务划分为四个象限：第一个象限是收入规模高且利润为正的；第二个象限是规模没那么高，但有盈利的；第三个象限是规模小，还亏损的；第四个象限是规模大，但利润为负的。每个学部都会被归位到具体的象限当中，对于那些位于第三和第四象限的学部来说，这不啻一次公开处刑。但沈楠觉得，非如此不可，只有让一些人坐不住了，才能把大家的经营意识都培养起来。

而且，高途不仅在集团层面进行排名，也一直在进行各个业务线层面的排名。每个月的复盘会上，罗沫鸣都会给手下的业务管理干部排名，将他们分为 S、A、B、C 和无列档，"自己被归到无列档当然不会开心"，所以一开始总有人受不了，后来就越来越习惯，慢慢地就会发生改变。

在日常的工作沟通当中，陈向东也越来越直接，有时候甚至非常直接。这给刘文勇留下了痛苦的记忆。2021 年和 2022 年，高途的考研业务呈现出经营性现金净流出，利润减少很多，陈向东就给他算账——"你又给公司亏了多少钱？"

坦率是高途现在的特点。陈向东知道，如果一个公司慢慢取得了一定的市场领导地位，它的背后一定是构建起了很坦率的文化，组织内部才得以不断反思，不断批判。他悟出了一个道理，一个组织要讲求坦诚、真诚和诚信，诚信和坦诚是建立在大家互相信任的基础上。而培养信任的最好方法以及唯一的方法，就是共同打仗，并且打胜仗。

"双减"政策出台后，除了效能效率线之外，伍新春还负责一条创新业务线，即"X"业务线。这对他来说，当然是巨大的挑战。因为在此之前，伍新春只负责过产品和研发，但现在却要负责一个闭环业务。谁都知道，做业务需要手感，门外汉一进来，少不了要先踩坑。

2022 年的一次会议上，陈向东对伍新春说："看看你自己做业务之后踩过多少坑，你把犯的一些错误写出来跟大家分享分享。"

乍一听这话，伍新春有些意外，但他转念一想，觉得这是一个很好的时机，可以对自己做一个总结和复盘。于是，他真的写了一篇《我在高途犯过的十大错误》，分享给了大家。

后来，一心想做大事的刘文勇突然想明白了一件事情，做生意不挣钱怎么行？从 2022 年 6 月开始，他开始对考研团队进行疯狂调整，8 月就实现了正向现金流。

2023 年，高途考研业务经营效率大幅提高。

第二部分

一家用心做教育的公司

1
他的教龄已经 36 年

1.1 冥冥中自有天意

在中国头部教培企业当中，创始人长时间当过老师的或许仅有两人，一个是俞敏洪，另一个就是陈向东。从 1985 年在北京大学毕业留校任教，到 1991 年辞职下海创办新东方，俞敏洪的教龄满打满算只有 6 年，而陈向东是实打实地当过 10 年中学老师。

1988 年，17 岁的陈向东成了新安县一个镇级中学铁门一中的老师。那时的他并不知道，从这一天开始，自己与教育结下了一生的缘分。

从陈向东日后的经历来看，你甚至无法有所粉饰，非要说做教育是他刻意的人生选择，只能说冥冥之中一切自有天意。

至少有两次，他的人生出现过其他的可能性。1991 年，陈向东通过成人高考考取了当时在职教师可以考的最好的学校——河南教育学院，读的是电子技术专业，所以他学会了 BASIC 语言，还会组装收音机。如果以这个专业来就业发展，也许行业又会多一个码农创业家。

但那时，大学毕业生的就业还以分配为主，一旦进入了一个系统，想再跨出去会很难。大学毕业后的陈向东再次回到新安县，成为新安一高的老师兼班主任。

但是陈向东的目标是去北京上大学。还是在师范读书期间，恰逢教育改革，北京的一批大学老师组成了"中央讲师团"，被派往各地支教，有几位老师就来到了洛阳第一师范学校。刚刚走出石井村的孩子哪里见过这样的人？他们说一口流利的普通话，学识渊博、通古博今、气质不凡。陈向东不想错过这些人说的每一句话，他甚至努力表现，争取到了去老师宿舍参观的机会。原来，一个人的居所可以布置得那么温馨又有格调，而他对房子的大部分记忆，还是石井村里的土坯房。

外面一定有个自己没有见过的、精彩的世界，自己一定要去看看。那时的他并不知道，这是命运在向他招手。

为了达成这个目标，从河南教育学院毕业后，陈向东继续攻读了郑州大学的成人本科。但这也是跳板，他真正的目标是考上北京一所大学的研究生。

这当然很不容易，毕竟陈向东并没有受过正统的四年本科训练，所以当时身边的人都觉得他疯了。当时有个女孩特别喜欢他，要跟他处朋友，但陈向东告诉人家，自己是要去北京的，将来还要买个带泳池的大房子。女孩说："你就吹吧！"

真是燕雀安知鸿鹄之志啊！后来，陈向东的确在新安县结了婚，但他的爱人不仅没有觉得他在吹牛，还跟他一起备考，两人一起考上了北京的大学。人的一生能走多远，很大程度上取决于你的选择，选择伴侣也是其中之一。家庭是社会最小的单元，在此间构建信任的磁场，会让人积蓄最底层的电量。

日后，在众多的人生选择当中，陈向东的爱人都选择了无条件地相信他，大到拿出自己的身家贴补公司，小到做家务。结婚前，陈向东就提出，自己是不会买菜烧饭的，因为太浪费时间，"如果你也不愿意，我们可以请保姆"。要知道，那可是 20 世纪 90 年代初的河南新安县，别说没什么人请保姆，就连这个概念，大家还是从电视上看到的。

但陈向东的爱人就真的没让他做过家务。对于 20 世纪 90 年代的陈向东来说，他要做一件大事——去北京读研究生，为此他必须付出所有的精力和时间。为了备考，他甚至把《人民日报》和《光明日报》上的社论和经济专栏都背下来。

1998 年，经过数次落榜的陈向东，以专业课第一名的成绩考上了中国人民大学经济学院国际经济系，攻读硕士学位。毕业后，他继续攻读了博士学位，于 2004 年获得经济学博士学位。

拥有这样学历背景的人，通常会有几种职业选择，一种是继续搞学术研究，一种是进政府机关，当然还有一种也很热门，就是进金融机构。

但是命运还是没有给陈向东考虑的机会。读硕士研究生时，正值出国热，很多家庭条件优越的同学都在准备考托福和 GRE。陈向东问他们在哪里学，回答很一致，都是新东方。

同学还以为，他也要去报读，殊不知，陈向东在心里迅速算了一笔账，这么多人都到新东方学，学费还不便宜，看来到新东方当老师一定很赚钱。

他倒是没猜错，一直以来，新东方都给予授课老师优厚的薪酬。20 世纪 90 年代末，普通白领的工资也就几百上千元，但新东方老师一个月拿上万元的课时费都非常轻松，而那时北京的房价也不过两三千元。

要在北京买带泳池的房子的陈向东，拿着简历就冲到了俞敏洪面前。看着面前这个陌生的小伙子，俞敏洪从抽屉里拿出了一本 GRE 的书，指着一道题就让陈向东讲。但是接下来，陈向东说的话，俞敏洪一个字也没听懂——那不是英文，甚至不是普通话。

陈向东根本没有讲题，而是用河南话开始了一大段的排比句："新东方在过去的几年之内已经成为中国最知名的教育品牌之一，已经成为每年培训10万人的教育机构，已经成为……"

讲了一小会儿之后，大概是被陈向东的自信给感染了，俞敏洪兴奋地叫停，带他去见了徐小平："来，见识个人才，陈向东，人大硕士，这哥们刚才跟我讲了3分钟，特别有激情，我一个字都没听懂。"徐小平给了陈向东一个大大的拥抱："向东，我爱死你了。"

1999年12月，陈向东成了新东方的一名兼职老师，毕业后，他全职加入了新东方，从GRE逻辑开始教起，后来做了俞敏洪老师的助理、武汉新东方学校的校长，直至新东方执行总裁。

2014年，陈向东离开了新东方，奔赴真正属于他的战场。

但他一直没有离开教育行业。到2024年，陈向东从事教育工作已经36年，这就是他做的所有事。

1.2 给你1000个拥抱生活的理由

让我们回到1988年的那个秋天。进铁门一中报到后，陈向东一开始被分配的岗位是初中语文老师，但他做的第一件事是找校长，要求当班主任。校长打量着眼前这个年轻人直摇头。农村孩子读书晚，不少初二初三的学生已经十六七岁了，跟陈向东一般大，那不就成了小孩管小孩了吗？校长的回答是："等到你25岁再说吧。"

陈向东可等不到25岁，他要用成绩来证明自己具备当班主任的实力。他给自己找到了一个学习的标杆，就是校长，他是一个一心扑在教学上的工作狂，为了抓教学质量，干脆把家都安在了校内。

每当校长上课，陈向东就偷偷站在教室门口听，认真观察校长的每个姿态、动作，然后模仿。校长讲起课来，全情投入，激情四射，他也激情四射；校长讲得口泛白沫，嗓门大到全校都能听见，他也放开来讲，讲得口泛白沫，声音沙哑。

一个月后，在学校组织的月考中，陈向东教的班语文成绩比另一个班高出了 20 分，第二个月又高出了十几分，第三个月，他如愿以偿当上了班主任。

借鉴于企业的"标杆学习法"，陈向东认为，人生进阶的三个关键节点也是找到标杆、学习标杆和超越标杆。所以，当了班主任后，他的下一个目标就是超越校长。校长早起晚睡，那他就起得更早，睡得更晚。

当上班主任后，陈向东改教英语，接手的是一个成绩最差的班。一般这样的班级里，学习氛围会很差，何况河南一直是中国的高考大省，高考竞争烈度全国数一数二，像铁门一中这样的镇级初中，大部分学生都只是把那三年视为九年制义务教育的终点。

为了激发孩子们的学习兴趣，陈向东自编了各种顺口溜，甚至会别出心裁提一些离奇的问题。"世界上最长的单词是什么？""不知道，想知道吗？""是 smiles。两个 s 之间有 1 英里（mile）的距离。"

同样，没有目标的学习通常会让学生变得非常散漫。为了培养良好的学习习惯，每天早上 5 点 20 分，学生还没到，陈向东就早早地等在教室门口，等人来齐了，他和学生一起跑步、做早操。早读时，他会先把一节课的学习目标写在黑板的左上角，然后让学生全体起立，齐读三遍，牢记当堂要完成的任务。讲课过程中，每讲完一个知识点，他必定会提问，确定大家都掌握了，再讲解下一个。

那些成绩越差的孩子，越容易放弃自己，用今天时髦的话说，他们早就躺平了。但是陈向东没有放弃他们，他花了更多的精力在这些孩子身上。按照惯例，班里每次考试后都会重新排座位，学生对此也很关心。陈向东就巧妙地利用了这个机会。他规定，以学生这次考试比上次进步的大小为顺序，让学生依次来挑选自己的位置。这样一来，成绩差的孩子就有了学习的动力，因为只要自己有进步，就可以获得更靠前的机会。

人生中很多时候都是如此。当一个人看不到希望时，就会选择躺平，所以最重要的是创造流动性，让所有人都能看到努力的价值，产生积极向上的内生动力。

在第一次做班主任两个月后，陈向东所带的班级，英语成绩从比年级平均分低20多分，跃升为比平均分高近20分。

在此后长达36年的教育事业当中，这条经验仍然持续发挥着作用。这些年，高途一直秉承着"'点燃兴趣＋培养习惯＋塑造人格'的爱次方"的教育理念。对照来看，其实这个理念在36年前，就已经种在了那位铁门一中班主任的心里。

很多年后，他看到《美国最优秀的教师自白》中有一句话，深以为然。那句话是这样写的——"优秀的老师让人充满希望，让人相信有1000个拥抱生活的理由。"

一个好老师，可以让一个人相信有1000个拥抱生活的理由，那么1000个人呢？1万个人，甚至百万个人，这样散发出来的能量真是无穷大。可以说，正是这样的认知，支撑着陈向东坚持10年，探索和放大在线教育的价值。截至2024年，高途的累计学员人数已经达到了8000万人。

1.3 用一朵云去推动另一朵云

很多年以后，陈向东都一直记得14岁那年，一个大雪纷飞的夜晚。那时，他还是一名初三学生，因为数学成绩好，被选拔参加数学竞赛，一位姓陈的老师负责带他去县里考试。半夜三点，陈老师就从家里出发了，因为从他家到陈向东家有十几里山路。在 20 世纪 80 年代，河南的乡村是没有路灯的。那天雪下得特别大，积雪覆盖了路面，滑得像镜子一样。陈老师心里又急，不小心摔了一跤，等他到了陈向东家里，敲门喊他出发，已经比预定的时间要晚。两人走到镇上，还是错过了头班车。等到了县里的考场，竞赛已经开考了半个小时。

这场竞赛，陈向东考了第 21 名，没有获得资格晋级参加洛阳市的数学竞赛。这本是一件他可以依靠本能，迅速忘掉的人生插曲，但是老师跌跌撞撞地拉他赶路，满脸泪水哀求考官让他进考场，又因为自责，一遍遍地跟他说对不起，这些场景都太深刻了，就像印在了他的心里。

一个老师对学生说对不起，而他并没有做错什么，原因只能是爱。此后 40 年过去了，那份爱还带着一个老师的体温，持续温暖着陈向东。

所以，要做好教育，仅仅靠"点燃兴趣，培养习惯，塑造人格"还不够。2019 年 10 月，陈向东将高途的教育理念修正为"'点燃兴趣 + 培养习惯 + 塑造人格'的爱次方"。

因为在线教育的跨产业特性，在高途，陈向东团结了很多非教育背景的人才，他们有的是应届生，有的来自互联网等其他行业。在加入这家公司之初，他们对于教育的全部理解，仅仅来自自己当学生的经验。但有一天，他们会觉得自己理解了教育，成为真正的教育人。"教育最终交付的是一个人的改变。"罗斌说。

而爱就是那个让改变产生的因子。

铁门一中的陈老师记得每个同学的名字。那时，他带两个班级，一共 140 多个孩子。一开学，他先排出座位表，再找每个学生谈话，把每个人的情况密密麻麻地记录到座位表上。在接手这批孩子的第一天，他就掌握了所有人的大概情况，包括姓名、年龄、爱好、优劣势学科、家庭地址，以及父母从事什么工作。一周之后，他已经能把每个学生的画像勾勒得清清楚楚，也把上课时每个人的状态看得一清二楚。

陈老师还有两个专门的记录本，一个是纸质的，记录每个学生每天的成长和困惑；一个在他大脑里，储存和学生之间丰富的情感链接。在他的脑海里，总有数不尽的学生画面，有些是过去的，有些是为学生构想的未来。

陈向东班级的成绩永远是最好的，家长们挤破了头，都想把孩子送进来。有一年，因为成绩特别好，学校破例给每个学生奖励了一个笔记本，在发给学生之前，陈向东在每个笔记本前面都写了一段话。

几十年后，当时的班级同学组织了一次师生聚会，不少同学都带上了那本笔记本，给陈老师看。原来，同学们也都记得这个能随时叫出自己名字的陈老师。

后来，陈向东看到了一句德国著名哲学家雅斯贝尔斯的话："教育的本质是一棵树摇动另一棵树，一朵云推动另一朵云，一个灵魂召唤另一个灵魂。"

他感到心心相印。相当长的一段时间里，陈向东要求每个高途人都会背这句话，并经常让大家在大会中集体朗读。

2

以好老师为本

2.1 名师出高途

当时间来到 2021 年，此时的陈向东已经从事教育工作 33 年，他依然热爱着这份事业。正是在这一年的 10 月 28 日，高途发布了使命 3.0 版——让学习更美好。抱着这样的使命，高途奔赴在第三次创业的路上。

如果要为这条路划一条行车线，那就是高途的宗旨——"以学习者为根，以好老师为本，改善永无止境。"

14 岁那年的雪夜，陈向东已经知道，只有好老师才能服务好学生。17 岁时的那个秋天，陈向东也已经知道，只有好老师才能教出好学生。所以，早在探索在线直播大班课的第一阶段，高途就已经锁定了名师路线。

故事差不多是在 2017 年开始的。刚刚聚焦在线直播大班课的高途，就已经开始在全国网罗名师。有时候，只要听说哪个老师有名，公司的管理层就会立刻跑过去，找他聊，甚至是三顾茅庐。高中部刚启动时，许翔甚至跑到衡水中学门口去蹲守，看看能不能搜罗来好老师。

那时候，周斌正在负责高途课堂小学部，也在到处找老师。他锁定了一个目标，就是当时非常有名并且已经与高途合作的大语文老师曾曦。

高中数学名师周帅也因为类似的理由，在 2019 年加入了高途。周帅是湖北省高考状元，北大毕业后在新东方任教，当时他的学生人数在新东方已经算多的，收入颇丰。虽然自己也想过要创业，但当高途向他抛出橄榄枝时，他几乎毫不犹豫地答应了。原因是哪怕自己创业，教 1000 个线下学生，和高途一两万学生的规模还是没法比。

所以，即使创业也许能赚更多钱，但周帅的选择还是教更多的学生——"老师不就是希望桃李满天下吗？"

这正是在线直播大班课的魅力——实现名师效用的最大化。这些年，高途始终坚持名师路线。客观上来讲，这种路线的选择不同于市场上绝大部分在线教育企业。因为担心名师出走对公司业务产生冲击，这些公司通常会选择标准化教研路线，只要有一套模板在手，但凡重点大学毕业生，稍加培训就能当主讲。

陈向东本身就是名师出身，他知道名师的价值有多大。当初在新东方，他教授的 GRE 逻辑课程，能教的老师很少，因此陈向东拿到了最高水平的课时费。

和周帅同年加入高途的，还有高中历史名师褚润。2019 年，他在西安和朋友一起创业办辅导机构。因为连续教出两届高考文科状元，褚润在西安当地声名大噪，是真正的补习天王。

其实在此之前，已经有其他在线机构的 HR 去找褚润聊过，但巅峰期的他，根本没有在意这件事，对方也只能作罢。然而，高途的风格却不同，这是一家不达目的誓不罢休的公司。但真正打动褚润的，却不是高途人软磨硬泡的水磨功夫，而是这家公司给了名师最大的尊重，从最初的接洽，到最后的敲定入职，褚润压根就没接触过高途的 HR。

最开始找到褚润的是副总裁吕伟胜，他和另外一名高途元老屈建民一起，把褚润堵在了一个小会议室里，上来就写板书，介绍高途是一家怎么样的公司，你来了能发挥什么样的价值，写了整整一玻璃板。中午，两人又拉着褚润去吃了一顿饺子，一个坐在他旁边，一个坐在他对面，双面夹击，接着说。

不久后，吕伟胜又将褚润引荐给了当时负责"跟谁学好课"高中部的田应翔，田应翔又开始了新一轮的轰炸，终于把褚润说动了。不过，当田应翔发来开出的薪酬时，褚润发现税前保底工资竟然比自己当时的税后工资还要少，他直接给对方发去了过去一年的银行流水，但也留下了一句话："没事儿，咱们先干。"

才 20 多岁就已经在西安买房买车，并当上了公司副总裁的褚润，从此成了北漂。这个决定当时并没有得到家里人的支持，他妈妈一度在微信上把他拉黑，当然，后来还是加回来了。

站在家长的角度，这样的不理解情有可原。但事实证明，人生中的正确选择，都会收获超额的回报。

为了吸引名师，留住名师，随着公司业绩的上扬，高途开出了市场上最有竞争力的薪酬，并且很多名师都分得了公司股票，其中就包括褚润。"双减"政策出台后，考虑到股票价值的波动会给名师们带来损失，为了稳定队伍，高途与名师签订了新的经纪合约，以更有保障的方式去保证他们的收入。

陈向东认为顶级主讲老师是最高的杠杆，比如说，一个顶级主讲的转化率是 15%，另外一个普通主讲老师的转化率是 5%，那么双方之间的效率的差值绝不仅仅是 3 倍。因为一旦转化率差了 3 倍，就意味着要做出同样的业绩，需要用 3 倍或 4 倍数量的顾问老师，也需要用更大量的产研做支持，因此造成的浪费又何止 3 倍，甚至能达到 10 倍。

所以，在陈向东这里有个公式，即一个顶级主讲和一个平庸的主讲之间的效率差距是 10 倍。他说："高途飞轮的起点是我们要找到或者是招聘到充满激情的优秀老师。"

高途从不吝惜在优秀老师身上花功夫，这一点，赵星义深有体会。这位北邮原子能物理系毕业的高材生，加入新东方，教授线下物理课，其间在北京陈经纶中学做了两年物理竞赛教练。因为上课风格深入浅出，能把很难的东西用很简单的方式表达出来，赵星义所带班级的成绩一直非常好，所以无论是在新东方，还是新东方在线，他的续班率在 90% 的时间都是第一。

2019 年前后，当在线教育行业走上了快车道，好几家机构都向赵星义发出了邀请，其中就包括高途，但当时，他还是选择了腾讯旗下的企鹅辅导。只是，在腾讯投资了猿辅导之后，对于教培行业的布局策略变成了外部投资，企鹅辅导也就开始转型，不再以 to C 授课为重点。

这当然与赵星义的职业规划相悖。原本他走上这个赛道，就是希望能教授更多的学生，把自己的能力最大化。

2021 年 3 月，在许翔的劝说下，赵星义终于加入了高途。其实和 2019 年一样，当时还是有很多机构来抢他，但这一次，他没有犹豫。"要做就做最好的"，这句话一直是他的人生信条。而高途的高中部，无论是学生规模，还是教学质量，在行业里都是公认的"best of best"。

2.2 二讲老师也是老师

2021 年上半年，高途将品牌价值主张确定为"高途好老师"。那么什么是好老师呢？又或者说，什么是老师，就成了公司需要全部拉齐的认知。

陈向东强调，高途的老师包括三类：一类是主讲老师，另一类是二讲老师，还有一类就是教研老师。也就是说，一类老师负责上直播大班课，另一类老师负责个性化服务的课程，还有一类老师负责教研工作。

其实，并不是在"双减"政策出台之后，高途才有了二讲老师这个概念。早在 2020 年，高途就在业内率先提出了让辅导老师也变成老师。而在此之前，行业里的大部分机构都将这个岗位叫作辅导老师，或者在学生端被称为班主任。2020 年 7 月初，人社部颁布了 9 个新职业，从事这个岗位的人又被称为在线学习服务师。

人社部对于在线学习服务师的定义是，运用数字化学习平台（工具），为学习者提供个性、精准、及时、有效的学习规划，学习指导，支持服务和评价反馈的人员。

在绝大部分在线教育公司，辅导老师的工作主要是催到课和批改学生作业。但是陈向东觉得还不够，他希望高途的辅导老师能够成为一名为学生授课的真正的老师。

2020 年，高途正式将辅导老师岗位命名为第二主讲，即也给学生们上课的主讲老师。每次上大课之前，二讲老师都会给自己班上的学员开设小班课，高年级的通常为十五分钟，低年级的小孩坐不住，那也有七八分钟。

课后，针对不同学生的学情，二讲老师还会专门给个别孩子上小灶课，比如根据上课时的表现，课后作业的完成情况，二讲老师判断这个孩子有哪个知识点没掌握，就会单独给他拨去视频电话讲一讲。如果一个知识点，班上有不少孩子都没掌握，那他就会在下一次小班课时，统一给大家再讲一次。

这样做的好处显而易见——教育讲求有教无类，而在线直播大班课可以将名师的效用最大化，公平化，让偏远山区的孩子也能享受到全国最好的教育资源。但教育也讲求因材施教，上万人的大班课直播间，客观上确实很难实现差异化、个性化的教学。针对这个痛点，高途给出的解决方案是——用二讲老师的小班教学来补齐。

2020年下半年，高途推出了行业独有的教育模式——"大班主讲，小班二讲，个性体验"。当然，这也给高途的二讲老师们提出了更高的素质模型要求，比起其他公司，高途二讲的一本率很高，公司还会给二讲团队配备专门的教研，帮他们磨课，以保证小班课和辅导的质量。

此外，陈向东还要求第二主讲在工作中，不断提高自己与学生和家长的Engagement度。

Engagement这个英文单词最被熟知的含义是"订婚"，按理说，和商业场景不搭界。但2017年，陈向东去美国参观一家著名的医药公司，在交流时，对方提到了engagement level，并给出了公式："用户数×engagement=engagement level"。那个瞬间，陈向东仿佛电光石火般形成了一个巨大的认知——其实一家公司最重要的不是拥有多少客户，而是和客户有多少互动，建立起多少信任，形成了多么亲密的关系。可以说，engagement level才决定着一个公司的边界。

他想，在教育场景中，如果能够让学生和老师之间产生这种极强的"看到你，喜欢你，信任你，甚至深入爱上你，心疼你"的感觉，该是多么好！琢磨来琢磨去，他自创出"Engagement度"这个词语。

和学生达到类似于订婚的关系，这就对第二主讲的工作颗粒度提出了更高要求，他们需要和学生保持高密度的交互，并且让"爱"贯穿其间。

2020年年初来到高途的马旦旦经历了从辅导老师到二讲老师的跃迁。当公司提出了相关要求时，她高兴极了，因为当一名好老师就是她的人生大事。

　　马旦旦原本就是一位小学老师，从河南师范大学毕业后就到了郑州一所小学任教。但待了半年，她就发现，能学到的东西在头两个月就已经学完了。"要是未来几十年还这么上课的话，可替代性还挺强的。"她很没有安全感。

　　马旦旦热爱教育工作，她决定要去学习一些更好的教学方法，那就去找标杆。而标杆是什么？标杆就是那些名师，那么哪里有名师呢？当然是高途。彼时，在教育行业里，"名师出高途"的概念已经逐渐深入人心，何况高途还将公司的中原总部设在了郑州，在当地的人力市场，高途拥有极强的品牌号召力。

　　当然，以马旦旦的学历背景和教学经验，在高途不可能成为一名主讲，这一点她也很清楚。但是二讲同样可以有发光发热的空间，因为和学生的强连接，二讲老师可以更细致地了解每一位学员的情况，有针对性地查缺补漏。

　　但也因为身份的转变，二讲的工作变得更加细致，工作量也更加饱和。作为一名小学的二讲，马旦旦每天都要处理家长的信息，准备小班课的课件，给孩子们上课，如果发现小朋友在课堂上有问题，下课了还要对他进行一对一的辅导。

　　到了大班课环节，二讲老师还要跟课，仔细观察自己班上的学生有没有认真听讲、随堂测试的问题准确率高不高。要是孩子听得不好，二讲老师就要提醒孩子注意，哪部分要重新听，要是听得好，也要及时地表扬。

　　课后练习同样要花心思，二讲老师得督促孩子们及时完成。完成得好，赶紧在班级群里提出表扬。批改后的作业，会连同孩子的上课情况，统一汇总成学情报告，发给家长，让家长及时了解孩子的情况。

　　这是一条很长的工作链，每一个环节都需要二讲老师非常用心。每一个孩子都是不同的个体，也有不同的家庭情况，有的孩子来自偏远地区，基础教育本来就薄弱，课上讲的内容听不懂，有的孩子的家庭情况比较复杂，比如父母关系不好，脾气不好，这些也都会对孩子的成长和学习造成影响，这些都需要二讲老师提供有针对性的教育方案。

尤其是进入了高中以后的学生，面临很大的学习和升学压力，心态更容易崩。刚刚送走一届高三的祁清阳对此深有体会——光他们班上，就有七个患抑郁症的孩子。

这些孩子就像是还没有彻底开放，就已经有点枯萎的花朵，等待着二讲老师用心和爱去浇灌。

特别是这个年纪的孩子，正值青春期，很多人已经不愿意跟父母沟通了，祁清阳不仅关注孩子的心理状态，有时候还得充当父母和孩子之间沟通的桥梁。他曾经有个学生，父母离异，自己跟了爸爸，但爸爸又是搞工程的，很少在家，父子之间的沟通非常少。到了高三，两人更是没话说，孩子还产生了严重的厌学情绪，觉得"父亲从小很少管他，现在却要来管他的学习"。

有时候父子两人坐在客厅里，都没一句话说，两人要沟通什么，就同时给祁清阳发微信，让他来充当"传话筒"。祁清阳耐心地帮他们沟通，最终不仅帮助孩子提高了学习兴趣和学习成绩，还改善了父子关系。

那些成绩好的孩子，同样也面临着很大的压力。祁清阳的一名学员在辽宁省物理类模考中，排在100多名。一般来说，这样的成绩是考不上北大的，但是父母和孩子都希望能冲一冲，报了高途的好几门课。

针对这个孩子，二讲工作的难点是孩子平时寄宿，每周只能回家一天。祁清阳给他算过，在家时间不到17个小时，就这么点时间，怎么可能把一周内所有的大课都听完？祁清阳每次都会先了解他在学校的学习进度，看他哪些地方还需要拔高，告诉他这些知识点都在大课回放里的第几分钟，让孩子有针对性地去看。临走前，祁清阳会问孩子还需要哪些资料，他来帮忙整理。有一些题目在高途的学习资料库里就有，还比较容易整理，有一些资料是高途资料库没有的，他也会去网上找来，整理成册，发给孩子。

高考前的最后一次模考，孩子考了全班第二，祁清阳就鼓励他，再努力一把，清华北大就随便你挑了。

这个学生最终的高考成绩是 698 分，上了北大。知道成绩的第一时间，学生就把这个消息告诉了最亲近的人，其中就包括祁清阳。

2.3 以好老师供应链为基础

高途小学数学老师侯志腾是山东省高考文科状元，后来本科就读于北京大学光华管理学院，研究生就读于清华大学经济管理学院。在北大时，有一年，他去青海一个县里的高中支教。有一些大学生去支教，理由很现实，为了保研。当时侯志腾已经获得了保研资格，也拿到了不少工作的 offer，但他还是选择了去支教。这是他的一个梦，也是对未来的一次过滤，看看自己是否适合从事教育工作。

后来，这次支教成了侯志腾最珍视的人生经历。在那里，他看到了世界的参差，原来偏远地区的教育资源是那样匮乏，但那里的孩子对优质教育的渴望，一点也不比北京、上海的孩子少。

同样有过支教经历的还有毕业于清华大学的杨峰，他来自陕西省南部的一个贫困家庭，靠着助学金上的高中。当时，资助方开的条件是，上大学之后，他得每年都回家乡支教。

于是，在清华的每年寒暑假，杨峰都会去支教，一开始是回家乡，后来又跟着全国学联去了四川和贵州。

研二的时候，杨峰被公派到耶鲁做交换学生，在一次联合国的参访活动中，他看到了一张非洲小女孩的照片。这是一个残疾女孩，没有了两只胳膊，但这个女孩说，她的梦想是成为一名老师。

这张照片深深地打动了杨峰。他的专业是公共管理，当然，其中有很多细分领域，但这个专业最终目标是实现社会的福祉。他就想，如果有一份职业，能够在心灵上影响他人，那一定非常崇高，这个职业就是老师。

毕业后，侯志腾和杨峰都加入了高途，这是两个热爱教育的年轻人。

高途的品牌价值主张是"高途好老师"，而热爱教育，一定是成为好老师的大前提。但问题是，要如何把真正热爱教育的人识别出来？张如国发现，这个问题在"双减"政策出台后变得很容易解决。因为当外部大环境发生变化时，一个人如果不热爱教育，他是不会选择这个行业的，即使之前因为其他的原因选择了，也会在此时选择离开。

正是因为这份热爱，"双减"政策出台后，侯志腾和杨峰都没有从高途离职，尽管他们拥有闪闪发光的学历背景，想找份工作非常容易。

当然，要成为一名好老师，仅靠热爱是远远不够的，这个标签的背后既有天赋，也需要后天的刻意训练。

2021年末，高途定义了自己是一家什么样的公司——这是一家"以好老师供应链为基础的科技教育公司"。陈向东知道，在市场上，好老师永远是稀缺资源，如果不实现充分供给，那么高途随着发展壮大，将会被这件事卡脖子。

2022年，陈向东认为公司最重要的事情之一，就是"全面打造持续高标准规模化育成好老师的组织力"。

既然是育成，那么高途要做的，就不仅是在市场上引进成熟的主讲老师，也要通过招聘和培训，发现好苗子，并把他们培育成真正的好老师。

事实上，不是直到此时，高途才开始在育成好老师上投入精力。早在2019年，高途就开始了A+主讲计划，即招聘国内和海外顶尖学校的毕业生，将他们培训成好老师，甚至是名师。

当时，投简历的人非常多，但淘汰率也非常高。高途的HR会先给候选人进行一轮面试筛选，留下三四百人进行二筛。这一轮面试中，候选人需要试讲一堂课，由主讲或者教研老师来判断，是否具有成为名师的潜质。这一轮筛选后，进入训练营的候选人就只剩下不到 80 人了。进入 A+ 主讲训练营后，杨峰发现，身边不仅有来自清华、北大的毕业生，还不乏来自哈佛、耶鲁的"海归"。

原本他觉得，筛选的过程就已经够严格了，但令他没想到的是，清北训练营的标准是 best of best。侯志腾和杨峰都是这个计划的成员，他们都经过了一个可以说是残酷的筛选过程。一方面，当时在线教育是非常热门的赛道，高途又是其中的头部企业；另一方面，当时公司给出了非常诱人的薪酬，每年 60 万元，至少三年的保底工资，哪怕对于清北学生来说，这也是非常诱人的工作了。

但是，还有更魔鬼的训练在等待着他。其实，当时杨峰也拿到了其他教培机构的 offer，对方的 HR 直接告诉他，已经把班都排好了，就等着他去上课。

时间回到 2019 年至 2020 年间，在线教育大战如火如荼。为了促进招生，很多教育机构都打出了清北名师的概念，也都到清北去抢人。但除了高途之外，没有哪家机构去培训这些毕业生。

要是选择了高途，至少前两个多月，这些毕业生是不能给学生上课的，他们自己还得再学习一段时间。

首先是一个为期三天的集训，候选人需要每天早上 8 点到营，晚上的结束时间是 10 点半。第一天早上，每个候选人会分到一个题目，他要在接下来的两天半里，围绕这个题目准备一个 15 分钟的讲课片段。第三天下午就会进入考核环节，候选人需要呈现一个完整的迷你小课堂，体现在这 15 分钟内，如何吸引住学生，培养兴趣，实现清晰的知识讲解，并渗透和学生的互动，最终实现课堂目标。试讲之后，老师评委会进行提问，其中不乏刁钻的问题。

顺利通过这轮集训的候选人，仍然不算通关，他们还要进入一个为期两个月的大训练营。在这期间，他们要准备一堂2个小时的完整课程。

那是痛苦的两个月，在线直播双师大班课是一种相对标准化的教学产品，主讲需要在规定的时间内，完整地呈现课堂内容，实现教学目的。而标准化的背后就是对细节的把控，需要主讲一点一点地抠逐字稿和课件，精确到每一句话，甚至讲这句话要花多少时间。杨峰甚至在他的课件的每一页上，都标注了几分几秒。

然后就是反复地练习，10遍、20遍，候选人要思考，他们讲一句话时用什么样的动作表情，什么语气，甚至是升调还是降调。这真是一个漫长的过程，今天想起来，他还是会觉得度秒如年。

所以，在训练营，能通过最终考核的人少之又少，杨峰所在小组原来有7个人，最后只留下了2个人。

但这样一个魔鬼的训练过程，也让这批好苗子打下了坚实的基本功。要成为一名好老师可不是容易事，一定得下苦功夫。

2019年，清华大学核科学与技术系硕士毕业的张展博在结束了另一家网校的工作后，加入了高途。从那时起，他会观摩业内所有好老师的课程，自己在正式上课前，也会不断演练，一点一点抠细节，他还会写逐字稿，每节课都写，如果按照每节课1万字来计算，他写过的逐字稿至少也有几十万字了。

张展博的B站账号签名是"要致力于影响一亿高中生"，后来他想过，这个梦想有点大，接近于"希望自己能够长命百岁"，但他也一直没有改。因为热爱一件事，就是会充满热血的。

3

以学习者为根

3.1 让学习更美好

2021 年春节前，许翔注册了一个名叫"教育者许翔"的视频号。走在公司楼下的雪地上，他拍了第一条视频。"有人问我'双减'对你的影响大吗？当然很大。但是伟大公司的命运总是跌宕起伏，落尽繁华皆不是，归去，也无风雨也无晴。"许翔在视频里说。

对于个人而言，归去是寻找自我的过程，而对于许翔来说，这个自我既不存在于股价百美元的公司当中，也不存在于那个因为"双减"，一夕之间市值跌掉了 98% 的公司当中，他对自己的定位是一名教育者。

"双减"政策出台后，许翔开始不停地对教育进行思考。有一天，他和一位教育界朋友聊天，对方说："你们是做培训的，不是做教育的。"这句话给了许翔很大的触动——"我们怎么就不是做教育的？"

后来，他拜访了很多教育专家，也去了很多名校参观，发现每所学校都有自己的校训，这个校训代表着这所学校要培养什么样的人。他一下子想明白了，学生选择高途高中部和选择其他机构有什么区别？区别就在于高途的教育理念——"'点燃兴趣＋培养习惯＋塑造人格'的爱次方"。

回来后，许翔和团队一起定下了高途高中部的校训——专业、快乐、向上、有爱。"未来的中国，最大的资源是人力资源，而人力资源能否得到有效开发，就取决于少年和青年时期，有没有形成完整的知识结构，有没有塑造一个健全的人格。"许翔如是说。

所以，在高途高中部，不仅有名师直播大班课，二讲老师的小班课，还有歌手比赛。比赛很正式，分散在全国的高途高中学员共进行了三轮海选，最终有10位选手专门飞到了郑州去参加决赛。

许翔还想搞跑步比赛，现在，他已经在带着老师们一起跑步，希望将来他们能带着学生跑。

这当然超出了一家培训机构所应该做的事情，因为"教育者许翔"已经想清楚了，他要做一所学校，让学生不仅"文明其精神"，也要"野蛮其体魄"。

如果以更商业化的语言去表述这种转变，那就是高途高中部站在了用户的视角上。以前，高途的使命是"科技让教育更美好"，但在经历过"双减"之后，陈向东意识到，如果公司是立足于教育的，那么就应该认知到，让教育更美好的东西不仅是科技。但教育这个概念又太宽泛，他更希望以一个学习者的视角去看待业务。后来，高途的使命刷新为"让学习更美好"。

这的确是一个屁股要坐在用户板凳上的时代，为此，每家公司都应该革新自己的观念。很多年前，阿里梳理了自己的价值观，即"六脉神剑"，第一条就是客户第一。即使后来阿里迭代价值观为"新六脉神剑"，客户第一仍然高居榜首。众所周知，作为一家B2B2C的平台，阿里的客户是商户。

只是，当以消费者为中心的拼多多迅速崛起时，阿里所受到的冲击其实并不仅在于业务上。这家已经有超过 20 年历史的公司，深层的思维方式也同样受到震动。2023 年，阿里旗下最核心的业务，淘天集团，将它的核心战略定义为"用户为先"。同年末，阿里跟进了拼多多的"仅退款"政策，用户在收到货品后，如果不满意，可以在不退货的情况下要求退款。

阿里的转变，压力来自市场的变化。随着电商消费规模见顶，电商企业迎来了存量时代。实际上，"双减"政策出台后，高途也面临类似的压力。以前，大家永远可以找到源源不断的客户，客户不满意也没关系，反正还有下一个。但现在，要保证公司的发展，首先就要把手头的客户维护好，提供良好的客户体验，赢得良好的口碑，赢得他们的续班、扩科和转介绍。

把一个小学的客户服务好了，他到了初中还会留在高途，然后是大学、雅思、职业教育，这就是一家终身学习服务平台所能实现的效益最大化。2021 年 11 月，高途将公司的愿景更改为——"人人乐用的终身学习服务平台"。

这段话里的 key message（关键信息）是"乐用"两个字。陈向东知道，高途要真正活下来，生存并且发展，就必须能够持续不断地为学习者提供可信赖、超预期乃至感动人心的产品、内容、课程、教学和服务。

为了保证学生能在高途收获最好的产品和服务，高途高中部建立了行业内最强的老师团队，尤其是二讲老师，许翔要求他们必须有答疑的能力。高中的题目是很难的，很少有机构的辅导老师，能在这个阶段还帮助学生答疑，但高途的二讲老师可以。为了实现这个能力，目前高途高中部二讲老师的一本率已经超过了 60%。

许翔还在带领团队一起研发一套提分系统，虽然这样的目的显得有些功利，但许翔心里清楚，高中生来高途上课，就是冲着提分来的，无论教育怎么改革，高考还在那里，千军万马过独木桥，他能做的就是帮助孩子们顺利过关。

过去几年里，高途高中部取得了全行业最好的业绩。但在这背后，是高途高中帮学生实现了行业最好的成绩。2021 年，高途高中部的学生当中，共有 169 位考上了清北；2022 年，这个数字增加到了 199 位；2023 年，225 位，其中不乏省高考状元。

但是许翔的眼光并不局限在尖子生身上。在教培行业里，一直有个说法，培优比补差更容易，这不仅是因为尖子生更容易出成绩，对于一家商业机构来说，好成绩更有传播力，也更容易形成口碑效应。

在许翔的架构里，这套提分系统将从逻辑和程序上，去有针对性地帮助孩子。有的孩子成绩不好是因为学习动力不足，就解决他们的学习动力问题；有的孩子则是因为学习习惯不好，就解决习惯的问题；也有的孩子是因为学习方法不行，那就解决学习方法的问题。

"目标是让所有学生来到我这儿之后，都能得到自己该得到的东西，都能找到自己需要的东西。"张展博说。在他看来，学习有时候就像爬山，老师虽然不能代替学生爬，但是可以把爬山过程中所有可能会用到的东西，都事先放在路边，学生撑不住了，路边就有登山杖，学生摔跤磕破了，马上也能找到创可贴。

张展博发明了一个"登山杖"，名叫"A4 纸最强学习法"。他发现很多学生学不好，是因为学习方法不对。很多高中生都会搞一个厚厚的错题本，但是这次错的题目，下一次还会错。张展博就跟大家说，你就拿一张 A4 纸去做笔记，反思自己究竟为什么会做错。后来就有同学说，这个就叫"A4 纸最强学习法"。

3.2 教学质量是可测量的

2021 年年初，在那个舞池里的人还在疯狂旋转的时间点，陈向东已经感到风雨欲来。怎么办？只有把自己稳住，才能抵抗即将到来的十级狂风。

他十分清醒，作为一家提供教育产品的公司，稳住教学质量，就是稳住了核心，所以高途当年的核心战略是——"狠抓质量，尊重伙伴"。开年不久后，在集团层面重建教学质量部的计划便提上了日程。

之所以说是重建教学质量部，是因为事实上，早在 2017 年，高途就已经成立了集团层面的教学质量部，只是中间一度将相关工作下沉到了业务线内部。这样做也不无道理，因为在很长一段时间里，高途只有两个大的业务线，分别是专注 K12 业务的高途课堂，以及做成人业务和 K12 的跟谁学好课。两种业务虽然大的运营逻辑类似，但产品、服务对象还是有很大区别。

但将教学质量工作交给业务线，也有一定的弊端，这是一项规范业务动作的工作，而业务本身却有向前快跑的冲动，两者之间应该是一种咬合关系，而不是把屁股坐到一张板凳上。

2021 年 6 月，蔡卫星被调去负责教学质量部。他是一位老校长，加入高途之前，在南宁新东方当校长。在高途，很长时间里，蔡卫星是成蹊商学院的院长。这是一所面向全国民办教育机构校长的商学院，一度在业内享有很高的声誉，但因为疫情，不得不在 2020 年停下了脚步。

随后，蔡卫星回到主航道业务中。当陈向东决定要重建教学质量部时，第一个想到的负责人选就是蔡卫星。他知道，那些主讲不好管，只有比他们教龄更长、经验更丰富的人才能压得住。

2022 年，邓弘也被调去抓整体的教学质量，他同样也做过新东方校长，算起来，教龄都有 20 年了。

既然公司的战略是"狠抓质量"，这个"狠"字就决定了，教学质量部的负责人绝对不能只做老好人。虽然在高途的大部分人看来，蔡卫星性格温和，甚至有些腼腆，但陈向东知道，一旦让他做起事来，就会雷厉风行。

果然，上任不久后，蔡卫星就开始在全集团推进 QAD 工作，即对教学内容的质量进行测评和反馈，他认为教学质量是可以测量的。

每上完一堂课，老师都能拿到一份评分报告，涉及维度包括教学类、形象类和学生反馈类，共十个条款，颗粒度很细，用来给主讲打分。评分结果还要跟学科负责人的绩效挂钩，这样学科负责人就有动力去督促主讲们，同时还要给主讲们来个大排名，谁垫底谁丢脸。

一开始的时候，主讲们的平均分只有 70 分，也就是刚刚及格。但现在这个平均分已经到了 85 分，说明教学质量已经得到了明显提升，这就是可测量。

2022 年 3 月，蔡卫星又在全集团推行了"十步备课法"，这又是一件令主讲感到不愉快的事情。高途实行名师制，主讲们大多具有丰富的教学经验，但难免会有人变"油"，他们觉得反正都是自己反复讲的课，稍微准备一下就可以去上了。

"十步备课法"就要求所有主讲老师，甭管你是二十年教龄的老教师，还是清北训练营出来的新生力量，全部按照十个步骤，一步步备课。

一开始主讲们是抵触的，谁也不想被约束着，有人干脆直接在会上吐槽，"谁搞的这套东西，弄得这么复杂？"蔡卫星才不管这些，你不参与，他就一遍一遍讲，最终拉齐了全公司的认知。

与此同时，针对二讲的师训工作也不能放松。在整个在线直播大班课业务当中，决定教学质量的主要有三个要素，一是主讲的大班教学水平，二是二讲的小班和个性化教学水平，三是教研水平。只有三个要素的质量都得到保证，最终交付给学生的产品质量才能得到保证。

就二讲而言，核心还是要保证二讲老师的专业度，这是一个人力密集型的工作。很多大学生一毕业，就来到公司做二讲，高途要尽一切努力，帮助他们迅速融入职业当中，成为专业的教育人才。

目前，针对二讲老师，教学质量部会组织三类活动，一是每年上半年的教学功底测，测试二讲的专业功底。其实教学功底测，不仅二讲要参加，主讲和教研老师也要参加。罗沫鸣甚至要求，他负责的小初学部中，二讲和主讲要用一张卷子，比如英语，就考雅思，这既是对二讲提出了更高的要求，同时也是对主讲的鞭策。

每年下半年，高途还会举办教学风采赛，要看二讲老师们的讲课水平。还有就是贯穿全年的"教资百分百"，即二讲老师也全部需要考取教师资格证。此前，根据《教师资格条例》，只有持有教师资格证的老师才可以从事教育教学活动。因此教培行业的做法是，要求主讲老师持有教师资格证，大家也都会在自己的网站上，公示主讲老师的教师资格证。然而，从来没有哪个文件要求二讲老师也要有教师资格证，但陈向东就这么要求了。不仅如此，他还提倡所有的职能人员也去考"教资"。

实际上，并不是在"双减"政策出台后，高途才如此重视师训工作。早在 2017 年 9 月，高途就形成了第一版《辅导老师手册》。2018 年 11 月，高途成立了辅导老师标准化工作委员会，在第一版手册的基础上进行迭代，最终形成了《辅导老师工作流程标准化手册》。

几乎同期，经过讨论，高途还形成了独特的"7+6 高效学习法"，推进了模拟课堂要求，教材评审会对课程详情页也进行了迭代升级。

这是因为教培工作本质上并不是单一课程的交付，而是一整套的服务流程，流程长、节点多，在业务规模不断扩大的基础上，只有尽量降低每个节点的方差，才能保证服务质量的均好性。

与此类似的还有房产中介行业。因为长期处于从业人员专业度不够、服务水平参差不齐的状态当中，房产中介行业曾饱受社会争议。后来，贝壳将整个房产中介的服务链条进行了拆解，对每个环节进行了标准化改造，降低方差，最终形成了一整套标准化服务体系，也因此赢得了用户口碑，成为行业第一。

都说服务行业很难被互联网改造，但是谁要是真能去实现它，谁就能赢得客户，赢得市场。

就教培行业来说，方差还源自教研。尤其是像高途这样的名师制在线直播大班课，每个老师都有自己的教学风格，大家都习惯于自己那一套，方差极大。但是总不能让大家都按一种方式讲课吧？那就失去了名师制的意义。所以教学质量部采取的办法是相对标准化。

现在，高途的主讲们除了都要按照"十步备课法"去备课之外，还要参加集体备课，互相借鉴，然后把教学水平拉齐。主讲们参与集体备课的意愿很高，其实大家都知道，个人有个人的局限性，只有保持学习和开放的心态，才能进步。所以每次集体备课的时间都很长，大家经常为了一个问题争得面红耳赤。

此外，主讲们的课件、讲义和 PPT，这些也可以实现相对标准化，但要留出百分之二三十的空间，给大家发挥。同样，二讲们的教学和服务工具也要相对标准化，因为这是与学生接触最多的触点，蔡卫星希望在这个环节，也能尽量减少方差。

最终，当主讲、二讲和教研的专业度和服务精神都被拉齐在一个较高的水位线后，高途就实现了超越行业水平的教学质量。行业里的人都知道，可以通过退费率去观测一家公司的真实教学质量，而高途的退费率在行业里就是最低的。

4
改善永无止境

4.1 改善从何处来

高途宗旨的最后一句话是"改善永无止境"。陈向东认为，这是高途的生长之魂。

改善从何处来？根据以往各个企业的经验，改善往往来源于反馈。所以一家希望持续提升教学服务水平的企业，就必须不断去倾听反馈的声音。

这些声音有一部分来自企业内部，于是高途设置类似教学质量部这样的组织单元，并授予其对业务进行督检的职能。

2019年4月，刘巧兰入职高途后的第一个岗位，就是在教学质量部负责教学督检工作。督检工作的目标是改善教学水平，所以原则就是"必须从现场出发"。陈向东非常喜欢稻盛和夫的一句话，"工作现场是有神灵的"，他在内部反复强调过这句话。

　　教学的现场当然就是课堂。刘巧兰会组织团队去看课，一开始是看正价课，逐渐覆盖到公开课，然后连二讲老师的小班课也不放过，力争做到不放过一节课，不放过一分钟。后来，督检团队还会去看其他机构的课，和高途的课程进行对比测试，看看它们之间有什么区别。

　　这可不是一份轻松的工作，高峰期，一周的看课量甚至有几千节。最初刘巧兰团队只有 3 个人，看不过来，她就招了几百个北京"985""211"大学的实习生，让他们也一起看。

　　让大学生看课也有好处，看完课后，督检不仅要对学科内容，讲解逻辑、老师形象等进行客观反馈，还要有主观反馈。这些学生就可以把自己当作高途学员，从学生的视角出发，向老师提供反馈。

　　这些反馈按周被总结成报告，每个月还有月报。报告出来后，刘巧兰会拉上业务线的所有老师、学部负责人以及副总裁级别的业务线一号位，大家一起做沟通，讨论哪些地方做得好，哪些地方没做好，这些都要放在台面上讲。

　　每个月，刘巧兰还会参加一次业务线的管理例会，把上个月的督检情况同步给业务线管理干部。其中，除了工作范畴涉及教学教研的学部负责人外，还有市场的、运营的负责人。在高途教学质量的持续改善是人人有责的。

4.2 欢迎来"找茬"

　　驱动改善的反馈同样也来自外部。在任何一家公司里，承担外部反馈职责的主要部门都是客服部，高途也不例外。

　　2018 年下半年，高途课堂成立了单独的客服部，由安丽莎负责至今，这是除了沈楠之外，高途的第二个令人"闻风丧胆"的女人。

听到自己被安了这么个称号，安丽莎有点惊讶："我都这么厉害了吗？"她当然不希望伙伴们都怕她，但她也很清楚，客服工作就是在给全集团拧螺丝。

高途的客户就是学生，学生是高途的生存之根，只有让学生们获得美好的学习体验，收获美好的学习效果，高途这棵大树才能持续生长，枝繁叶茂。

但也是因为枝叶有野蛮生长的冲动，安丽莎他们有时候还是得给大家修剪修剪。比如说，高途规定，学生有了问题，二讲老师必须在 24 小时之内回复。但到了续班期，学部要冲刺业绩的时候，有些服务工作就抓得没那么紧了，有些二讲老师就没有按照公司规定去做，学生就会打客服部的电话投诉。

一接到投诉，安丽莎就会找到学部，对方有时觉得这是一个小瑕疵："咱不要在这内耗了，有这个沟通的时间，还不如多去做些业绩。"

但安丽莎不管，硬是咬死不放，让这个投诉成立了。"这是一个制度，你得让所有伙伴都去尊重制度，遵守制度，从根本上重视起来。"

当然，还是会有些问题，业务线和客服部难以达成共识，那么安丽莎就会一层一层去把问题升级。例如，如果业务负责人不理解，安丽莎就会将这件事升级到 BOC 层面，再不然干脆就汇报到陈向东那里。陈向东是全公司最重视客服工作的人，他平时会去客服部转转，甚至自己还接听过客服电话。

有一段时间，他让安丽莎把投诉语音做成小视频，拿到公司的重要会议上去播放，让所有管理干部都去听听来自家长和学生的尖锐的声音。

2021 年，陈向东将安丽莎的汇报条线放到了沈楠那里。在两人推动下，客诉的权重在高途得到前所未有的提高。2023 年，客诉被纳入了业务管理干部的平衡计分卡当中，和绩效直接挂钩。

与此同时，客诉还与员工晋升相关。当业务线要晋升管理干部时，客服部会有针对性地给出意见。但如果该伙伴的客诉量很大，客服部就会给出反对意见。

2022 年 1 月，客服部牵头梳理了一版《高途集团投诉管理办法》，将所有客诉分了类，然后有针对性地制定解决方案和处罚办法。

为了在全公司拉齐对客服工作的认知，推行《高途集团投诉管理办法》，安丽莎想的办法是让业务一号位去做客诉电话回访。在一个阶段里，哪个学部投诉多，就叫哪个学部负责人来打电话。

一开始的时候，大家心里都挺抵触，总想拖一拖，拖过去最好，但是安丽莎可不是那么好糊弄的，弄到没办法，就只能硬着头皮，坐到客服的工位上去。

戴上耳机的负责人有的时候就像他们的学员，一会看看这个，一会摸摸那个。安丽莎一看，这还是想拖啊，就催促说，时间差不多了，赶紧吧，逼着他们拨通电话。

虽然打电话是个痛苦的过程，但效果的确好。没有什么反馈比直接从客户那里来的更直接。这下业务负责人再也不会怀疑，是客服部故意把问题扩大化，这使他们开始直面问题的存在，然后躬身于改善。

有些改善的颗粒度是很小的，因为魔鬼往往就存在于细节处。比如说，有些二讲会随口称学生或者家长为"亲"，表面来看，这也没什么问题，很多服务性平台都这样。但在高途却不允许。在这里，学生是学生，主讲是老师，二讲也是老师，理顺了师生关系，是对最终学习效果的一种保证。

其实，不仅工作存在不足，会得到反馈，工作做得好，同样也会得到反馈。有时候，安丽莎他们也会接到电话，表扬某一位二讲。学生群体就是这样，真诚又可爱。当他们在高途收获了美好的学习体验，就会把美好回馈回来。

即便不打表扬电话，他们还是会用到课率、作业完成率、续班率给出最直接的反馈。2023 年 1 月，高中部在统计去年续班率的时候发现，因为提高了对客诉的重视程度，整体续班率在原本就很高的基础上，又有了进一步提高。

所以改善是会用结果说话的。渐渐地，在高途，伙伴们对于客服工作已经形成了高度共识，再也没有业务管理干部会觉得，安丽莎她们是令人"闻风丧胆"的女人了。大家都知道，客服的工作是为了帮助自己去修补漏洞，解决问题，持续改善。

现在的高途人，欢迎来"找茬"。

第三部分
穿越时间的能力

1

组织迭代

1.1 敏捷的组织

"双减"政策出台后，陈向东再次读了斯隆、芒格，以及德鲁克的著作，开始思考作为 CEO，如何在关键时刻做出关键决策。关键决策太重要了。巴菲特曾经说，他平均每五年才做出一个真正明智的决策，却仍足以在 58 年间获得 3787464% 的收益率。

在做出关键决策之前，陈向东把手头的事情做了分类，将可以授权给其他人的事情，充分授权了出去，因为在这些事情上，相应管理者可以付出100% 的时间，而自己却只能付出 2% ～ 5%。有些事情暂时没法授权，陈向东会自己管一段时间，等时机成熟了再交出去。例如，2023 年 6 月，他开始组建 Y 业务线，做了几个月，把模型、架构、机制理顺后，就让张如国来协助支持 Y 业务线了。

但是还有些事情，是必须由 CEO 亲自干的，因为只有 CEO 才能实现组织价值的最大化，那就是一家企业的 SOTMT，即未来五年最重要的五件事。

就高途而言，这五件事分别是：第一，高途的战略是什么？第二，与战略相匹配的组织如何设计？第三，与组织匹配的人才是谁？第四，如何激励这些人才？第五，背后的技术、文化、价值观等怎么串联？

这五件事其实和柳传志的"管理三要素"异曲同工，它们本质上是一个 CEO 领导力的彰显路径，即定战略、搭班子、带队伍。

或者也可以说，一个企业要想成功，通常做成两件事就够了，一是战略上的成功，二是组织上的成功。很多年过去了，华为之所以没有成为"下一个倒下"的企业，反而不断迸发出生命力，根本原因也无非两大方面，一是以信息管道为主航道业务的业务战略，二是以反熵增为核心的组织战略。

当然，组织不可能一成不变，它本身代表的就是生产关系，需要与企业的生产力不断适配。

2021 年 9 月，也就是"双减"政策出台后的第二个月，高途开启了第一次组织变阵，正是在这次调整当中，高途组织的顶层设计被确定下来。

在日常决策机构——业务经营例会（BOC）的基础上，高途成立了集团战略决策委员会（SDC）、绩效改善领导小组、客户管理系统改善领导小组、业务月度 BR（Business Review）领导小组。所有领导小组的组长均为副总裁级别高管。

但陈向东仍然将这一次调整定位为过渡期。"双减"后，在需要为公司寻找新的增长引擎，但又暂时无法确定新引擎是什么的前提下，他将非 K12 业务每条线都单独设为一个部门，其中业务一部包括语言、家庭教育、商学院、高校渠道部，二部是财经项目，三部是考研项目，四部是出国留学项目，五部是素养项目，七部是公考项目，八部是各个业务创新团队，九部是智能、数字、软件以及与之相关的创新部门，十部就是中学部。此次变阵中，业务六部为空缺，陈向东将这个意味着"顺"的数字留给了未来的创新业务。

当时，陈向东希望把组织变小、把组织激活，让小组织形成闭环。除此之外，差不多一年后，陈向东在另一次管理层会议上，提及了对于组织扁平化的思考。他引述了阿里巴巴的例子。2013 年 1 月，阿里巴巴宣布成立了 25 个事业部，直至 2021 年 12 月前，还有超过 20 个事业群，向阿里巴巴的董事长和 CEO 直接汇报的人有 30 多个。"了解阿里历史的人都知道，当年阿里巴巴要做 25 个事业部变阵，核心背景是缺乏真正有统领能力的领军人物，同时阿里巴巴也希望能够通过赛马不相马，去看有没有真正的人才能够涌现出来。"

所以，陈向东同样也希望，通过组织的扁平化，一方面释放活力，应对"双减"后"活下去"的压力，另外一方面，也希望通过"赛马不相马"的方式，让更多能够领兵打仗的管理干部涌现出来。

和阿里巴巴的长期选择类似，在 2021 年 9 月的组织变阵后，高途所有业务部一号位均向陈向东直接汇报。此外，他还亲自带领业务八部。一方面，他也要去听一听一线的炮火声；另一方面，陈向东知道，所有创新业务都必须由 CEO 亲自开疆拓土。此后，在长达两年多的时间里，陈向东一直兼任了高途创新业务的负责人。

他要在某些地方让自己回归到总监的位置上，非常严格地管理团队。他向团队发出过明确的信号："你们知道我的管理风格，我想好了才跟你谈话，一次没改变，还有机会弥补，两次没改变的话，你就可以靠边站了。"

在试跑了一段时间之后，2022 年 2 月，高途又开始了第二次组织变阵，原九大业务部门整合重组为六大业务部门。这六个业务部门分别是：业务一部负责家庭关系、商学院、语言、高校渠道、IT 培训等业务；业务二部负责财经业务；业务三部负责考研业务；业务四部负责智能数字化产品业务，业务五部负责素养、留学、职场技能，以及图书和文创等互联网教育产品；业务六部负责公职、医疗、建工、专升本等业务。

2022 年 7 月，又是五个月过去了，在"双减"政策落地一周年的这一天，高途再次迎来了组织变阵。六个业务部门再次调整、集结，变成了三条业务线，即：

1. 大学生和成人成长学习业务线（CAL）；

2. 高中生成长学习业务线（HL）；

3. X 成长学习业务线（XL）。

随着针对高中教培政策的明朗化，许翔再次归位到了高中业务线。与此同时，那些没有被包括在大学生和成人学习业务线，以及没有被包括在高中生成长学习业务线之内的，都被归入"X 成长学习业务线"里面去，由陈向东亲自带队。

到 2022 年 11 月，已经心中有数的陈向东主导了组织的第四次调整。

此次调整的核心是对 X 成长学习业务线进行拆分，其中的国际教育业务线归到大学生与成人业务团队，创新业务线交由伍新春负责。彼时已经入职的罗沫鸣，担任小初学生成长学习业务线负责人，陈向东自己则从中跳脱出来，设立美好生活业务线，并亲自主抓。

至此，高途形成了一个三层组织架构，即以管理目标为导向的集团领导小组，以业务闭环为前提的业务线，以及赋能型集团中台。陈向东对比了华为的组织结构图，发现高途的组织架构与之基本相似。

在 2023 年 9 月的管理干部会议上，陈向东宣布，一个面向未来 3 至 5 年的组织架构终于搭建完成。

从这些组织变阵的发生频次来看，变化无疑是频繁的。因为在"双减"的压力下，无论是外部环境还是内部业务的进度，都有太多的不确定性，而拥抱变化的唯一方法就是改变。

陈向东相信，天下武功，唯快不破——"如果我集结军队还需要半年，那战争可能已经结束了。"

所以，在高途发展历程中，每次组织架构调整都如疾风骤雨一般。2017年8月，当陈向东想清楚了，要将业务聚焦到在线直播大班课上，高途便迅速关闭了全国所有从事 to B 业务的分公司。2020年10月，当陈向东决定要利出一孔去打在线教育"大战"，集团所有的 K12 业务几乎一夜之间就统一聚合到了高途课堂。

这当然和他的性格有关，但同样也和决策力与领导力相关。"任何一个伟大的公司在做出关键性决策时，你会发现，它早在这之前就已经做足了功课。当 CEO 把这个指标交出去，推动指标的人所需要做的就是将它迅速且有效地推动起来。"张如国说。

1.2 向组织要效率

2022年10月，高途高中部的续班率较去年同期提升了十多个百分点，陈向东认为这是一个非常不错的成绩。要知道，高途高中部本来的续班率就常年位居行业榜首，这是在一个很高的标准上的持续改善。

陈向东非常看重续班率指标，这是他在确定了盈利性增长目标之后，为组织确立的三大北极星指标之一。

陈向东要求高途人围绕3个北极星指标进行改善，分别是：

1. 人均创收；

2. 转化率、续班率和退费率；

3. 市场费用率。

所有的率说穿了都是效率，陈向东应该是教培行业里最注重效率的企业家。他认为，在低效经营的前提下，即使营收规模再大，最终的结果也是亏损，甚至企业也难以存活下去。

所以，陈向东一直有个理念，如果在关键链条上的每个点，高途都能够比别人高3%，这样整体就比别人高20%，这样"可能我们能赚钱，别人却活不下来"。他像一名传教士那样，不断地向组织渗透这个理念。

事实也的确如此。在线教育大战阶段，一家同行公司的负责人来找到陈向东，大家很坦诚地分享了彼此的数据。发现这家公司的效率只有高途的20%～30%，陈向东脱口而出："现在我们都赔钱，你还做什么做？"果然，"双减"政策落地后，高途恢复了盈利性增长，而这家公司关掉了它的在线直播课业务。

"这个行业的链条太长了，找到你的目标去突破本来就已经很难了，何况还要在学生来了之后通过系统把他们承接住，然后再和人发生连接，产生很好的、连续的对话场景，然后引流到相应的产品中去。之后从营销课程到正价课程的转化也很难，提供教学服务、不断地跟进学习同样很难。"陈向东说，只有正视每个环节的难，才能不断改善，提升效率。

与此同时，他的焦虑感并不仅存在于业务链条当中，还存在于链条的不断滚动之中。他总是将教育比喻成农业。在农业生产中，农时很重要，春耕秋实，错过了一个季节，往往就会错过一年。而在高竞争的环境当中，一个企业如果错过了一年，也许就会落后一个身位。

这种农时性是由教育行业的周期性决定的。学生的每个学年又会分为春秋两个学期，每个学期会在寒暑两个假期结束，尤其是暑假，还是一个学年的截止期。这就意味着，每年暑假是招生和续班最旺盛的时期，寒假次之。每年这两个时期，每家教培机构都会像打仗一样，为的就是不要错过最佳的播种期。

作为公司里公认的最具有系统性思维的人，罗斌拆解效率的角度与他人不一样。他认为，要实现高效经营，核心是抓好三个环。

第一是增长环，即从前端的品牌到获客，到学生进来之后的运营和留存，再到客户转化，以及达成复购。要让这个环跑好，就需要让整个环节串得更顺，并且不断去迭代。

第二个环则是产品交付环，指的是学生购买正价课后，交付教学产品的全过程，包括教研、教学和服务等。这个环的核心是获得学生口碑，以复购和转介绍来推动它不断向前滚动。

第三个环则是组织环，包括组织成员的招聘、训练、激励和协作等。

罗斌认为，一个企业的运转，核心就是这三个环在一直转，并且不断进入更好的状态，从 70 分到 80 分，再到 90 分。在此期间，环节之间的协同性越来越高，整个企业的效率也会越来越高。

由于企业的业务环节也都由相应的组织单元来实现，所以不难发现，如果要通过环节的协同要效率，说到底，还是在向组织要效率。

在来高途之前，张展博也在其他在线教育公司工作过。那时，他觉得虽然这个业务模式链条很长，但每个环节的人只要把自己的工作做好就行。整个在线直播大班课，大致可以拆解为几个环节：投放—运营—转化—大班课—课后服务—续班（包括扩科和转介绍）。其中主讲的工作环节是在大班课阶段，他只要负责把课讲好就行，无论是前端的顾问销售，还是后端的二讲续班，都和他关系不大。

但来高途当了高中物理主讲之后，张展博发现情况大有不同。在高途，每个环节之间的咬合太紧了。比如说，他刚做主讲时，不太会上销售转化课，下了课他就会跑到顾问团队的工位上去，问大家情况怎么样，下节课应该怎么调整，"真是一种并肩作战的感觉"。

夏天要续班的时候，他也会去各地运营中心出差，和二讲伙伴们待在一起，看着大家打电话。如果学生遇到了什么问题，他在现场就可以帮忙解答。每天大家都会一起忙到很晚，"反正他们不走，我就不走"。

这种强咬合当然和高途的组织精神有关，这是一家长期强调组织成员"在一起"的公司，但也和它长期追求组织效率有很大关系。因为对于效率的极度重视，所以高途从顶层的组织框架到末端的组织单元设置，以及组织关系的吻合上，都有别于其他公司。

当然，向组织要效率的方法多种多样，无论是海尔的人单合一，还是华为新成立的军团式组织，都是一种效率至上的表达，但显而易见，它们完全不同。

也就是说，不同的公司，甚至同一公司在不同阶段，有其自适应的效率系统。陈向东认为组织的成长需要时间，就像一个人一样，不能太着急。"你通过资本实现了规模扩大、业绩增长，但是人的成长、组织的能力没跟上，那么到最后就会走向失败，甚至对组织的创伤也是很大的。"

陈向东有两个很有意思的关于组织的理论。

一个是"压腿理论"，他认为一个组织应该在很"年轻"的时候去锻炼能力，因为这就像一个人压腿一样，小的时候容易压开，但要是长大了，就会很难，也很痛。

另外一个理论则是"茅台理论"，一个四五岁的小孩，是不能学着20岁小伙子喝茅台的，他得先从喝小米粥开始，然后慢慢吃点肉，然后到了一定的年龄，才能喝点酒。

陈向东在相当长一段时间内甚至要求过，公司里不能分享任何关于BAT的文章，不能做任何关于BAT文章的解读，不能有任何"BAT对类似问题怎么看"等说法。他担心，对巨头的盲目崇拜，会有损高途的组织智商。一家创业公司要是复制巨头的打法，可能连自己怎么死的都不知道。

这种担心直至"双减"落地后仍然存在。因为高途具有高人才密度的特点，很多核心管理干部都是具有多年经验的成熟管理者，他担心，大家把自己的年龄当成了组织的年龄。"很多事情确实需要时间，虽然时间可以缩短，但阶段不可跨越。"

说到底，这是一个尊重商业规律的组织，一切都建立在商业逻辑之上，追求逐步的效率提升和改善。它相信，真正的快速发展会随之到来。这就是量变引起质变。"一个点，N 个点上的量变是不科学的，要把这些离散的量变聚拢起来，让它们组合成质变。"陈向东说。

一旦质变来临，陈向东就会确认，组织已经发生进化。

2
从我到我们

2.1 真善美

2020 年 6 月，高途成立了人才发展部，年底，一套以"真善美"为主题的管理干部培养体系被确立下来。

陈向东一生都在追求真善美。他成长在一个农村贫困家庭中，在很小的时候，他生过重病，医生说没得救了，让母亲把他抱回去。回家之后，母亲无能为力，只能每天在家里哭。这时候，刚好有一个老太太经过潭上村，听说有孩子病得快不行了，就去陈向东家里，摸着他的头为他祈祷，神奇的是，后来陈向东的病逐渐好了起来。

再后来，母亲也成了老太太那样的人，一说谁家有了病人，就去那家为病人祝祷，忙起来饭都来不及做，陈向东姐弟几个就只能饿肚子。

这样的成长经历给陈向东的人生留下了三个关键词：真诚、善良和美好。

在人以一生为尺度的修行当中，真诚是起点，善良则是过程，要一路抱持善念，一路利他。而美好则是这一路的终点，是冒险家寻找的"真北"，哲学家探求的真理，也是教众信仰的上帝。

《艺术学纲要》的作者黑田鹏信说过，真善美，即人间理想。一个企业家创立自己的企业，某种程度上也是在塑造自己的"理想国"。所以陈向东早已将真善美视作高途的底层色彩，也是他希望高途人身上具备的核心能力。

陈向东是一位极其强调第一性原理的企业家。如果说高途对于人才甄别有什么第一性标准，那么肯定是真善美。尽管在很多人看来，这三个字似乎有些虚，但陈向东认为，真善美是很实的东西，真善美是可以看到的。

陈向东非常重视招聘。到现在，高途总监级以上的管理干部，差不多就是比陈向东低两个层级的管理干部，他都会亲自面试。他也要求高途的管理层，尽量多地参与到面试当中。"任何权力都可以下放，但招聘权是不能下放的。"

每次面试的时候，陈向东都会问一些看起来并不特别的问题，他会问候选人做过哪些事，跳过几次槽，打过哪些胜仗，应聘者的五年和十年规划，但应聘者应该不知道，陈向东去甄别这些信息的角度是不同的。

例如，他问做过哪些事，是想看应聘者对这些事情的态度，从而判断对方是不是一个能够真实面对自我、可以进行自我批判的人；问跳过几次槽，则是考察这个人的韧性。对于频繁跳槽的人，陈向东用起来很谨慎。高途甚至有些硬性标准，例如 5 年内换过 3 份以上工作、10 年换过 5 份以上工作的人，高途基本不会录用。

至于打过哪些胜仗，其实是对善的甄别。善就是利他，说起来容易，但真的到了打仗的时候，胜仗一定不是靠一个人的行动。

而那个有关五到十年的规划的问题，结论则指向美，也就是一个人最终追求的是什么。陈向东会在回答中找问题。"当回答怎么看未来的五到十年，那些事你又打算怎么做等问题时，你是藏不住的。"

这些年，陈向东一直在挑选和自己认知同频，也同样追求真善美的人，然后不断向他们宣贯和强化高途的文化价值观，再在其中寻找标杆。对于这些标杆，他从不吝惜赞美。"到最后一定是榜样榜样榜样，标杆标杆标杆。"

陈向东相信标杆的力量。他认为，在企业的管理当中，标杆管理是最好的方法，也是唯一的方法。因为"管理是一件追求确定性的事情。在这个过程中，不一定要自己去发明一个很牛的东西，而是要把最好的找出来进行复制。在很多情况下，只要让 80% 的人达到最好的那个人 80% 的水平，组织就能获得巨大的管理杠杆效益"。

值得注意的是，在陈向东的理念当中，真善美不仅是可被甄别的特质，同样也是可以通过培养，不断进阶的能力。

总体来说，高途的真善美班有一套阶梯式的管理干部梯队培养计划，其目的是在管理干部到岗之前，就把他需要具备的能力培养好。其中，真班是从现有伙伴中选拔后备主管；善班则是从现有的主管中选拔后备经理；美班针对的是现有的经理级管理干部，为的是选拔后备总监。

这套干部培养体系又被叫作"333 干部培养法"，即针对真善美三个班型的干部，培养他们的九大基本功，每一种基本功都有具体的行为表征，分为 1 分到 5 分，最终能够形成既符合市场惯例，又具有高途特色的干部画像。

因为在线教育大战让组织产生了高度张力，高途经历过快速膨胀的阶段。彼时，很多管理经验不足的伙伴，在很短的时间内就担任了管理岗位，比如 3 个月做到主管，6 个月就带了 100 多人，在一定程度上对组织造成过伤害。所以"双减"落地后，陈向东不断在内部强调，高途的一个知真是苦练基本功。

苦练基本功的核心方式是学习。陈向东可能是中国最强调学习力的企业家，几乎每次面试的最后，陈向东都会有一个固定问题，就是问候选人最近在看什么书。对于要招什么样的人，高途有过总结，即假如说只强调一个特质，那就是学习能力强。

学习几乎贯穿在所有高途人的工作当中。这家公司里，每个工位上都或多或少摆着几本书，很多离职的人在日后回忆起自己的那段工作经历，总会觉得好像不是在那工作了几年，而是去读了一个 MBA（工商管理硕士）。

2018 年 5 月 17 日，高途干脆将管理工作群组的名字从"百家总部管理组"改为"百家核心学习群"。当天，陈向东在群里发出一段激情澎湃的文字："任何公司比拼到最后，都是比拼组织能力，因为战略方向可以复制，而组织能力任何时候都是护城河……学习比资历更重要！一起学习，共同进步，将心注入，成就客户！"（自创立日起，高途的运营主体名称为北京百家互联科技有限公司，后更名为高途教育科技集团有限公司。）

后来，随着规模的不断扩大，"百家核心学习群"又裂变为"百家核心学习群 A1 群"以及 A2 群、A3 群等，根据干部的职级划分。

不同学习群会定期组织学习活动，包括共读一本书、延请知名学者授课，组织学习工作坊等活动。2020 年 3 月 31 日至 4 月 9 日，连续十个上午，陈向东给高途的 500 多个干部讲述了一遍彼得·德鲁克的《卓有成效的管理者》。

除了读书，面试也被陈向东视为最好的学习场景之一。他要求高途的管理者，要经常参与面试，因为面试的过程是与高手过招的过程。在陈向东看来，如果面试的候选人足够优秀，那么整个面试过程就会构成一个绝佳的学习行业动态的场景。

这也是一个满足好奇心的过程。是的，陈向东认为，一个优秀的领导者应该具备一个重要的品质，那就是拥有好奇心——"所谓好奇心就是抓住任何感觉不对的瞬间，进行追问和拷问，进行反思和复盘。"

而好奇心的背后是强大的求知欲。和任正非一样，陈向东同样笃信"一杯咖啡可以吸收宇宙能量"。就像商学院的课堂上，教授经常会告诉学生："重要的不是你在课堂上能够回答什么样的问题，而是你在课堂上能够问出什么样的好问题。"真正的高手都是通过问问题来达到他人生更高的高度。

所以，高途针对干部的培养，同样以学习为主旋律。针对真善美不同班型，人才发展部制订了不同的集体学习计划。因为陈向东认为，一个真正优秀的人才，他一定是通过组织、团队和集体，通过公司来升华和进步的。"一个人才的真正的成长固然要靠他自己，但是实际上也要依靠这个组织。"

这也就是为什么高途的干部培养体系要叫真班、善班和美班，而不叫真才、善才和美才。陈向东期待，这个组织特别像小学时候的班级，大家像小学生一样，回到纯真年代，回到初心，一起读书，一起学习，一起成长，一起质疑，一起玩耍，一起成就梦想。

针对入选真善美三班的伙伴，高途提供不同年限的培养期。例如，在真班的一年培养期内，会有三次线下集中学习，每次两天。之前人才发展部还会带领学员进行线上复习，并组织全国统考。善班的情况也类似，只是培养期是两年。

美班的集中时间是最多的，同时培养期也更长，达 3 年之久。与此同时，由于美班培养的是总监级（M5）高级管理干部，培训的形式也更多，除了定期的集中学习之外，每个月还有一次迷你工作坊。

每个 BOC 成员都会担任真善美班的导师。例如在真班，许翔是强结果的导师，卢佳是精过程的导师；在善班，罗斌是强目标的导师，沈楠是精运营的导师，祁秀平是知人善用的导师；在美班，邓弘是强战略的导师、伍新春是精闭环的导师，张如国是知事善任的导师，干部部的全娟是真班知开善招的导师，而陈向东则是总导师。

这些 BOC 成员同时还会给总监级以上的伙伴们上课，所以他们实际花在内部培训上的时间和精力是巨大的。2023 年 10 月，高途干部部在北京郊区举办了五期每期三天的总裁见面会。每天一大早，陈向东都会赶到会场给大家上课，中午再赶回公司办公。

他希望通过体系化的干部培养，让高途的干部们获得良好的管理能力，同时也避免"坐火箭上去"的情况再次发生。而成规模的干部培养，可以让新生力量持续不断涌现，最终也将使高途具备"持续高标准规模化育成好老师的组织力"。和任正非一样，陈向东也倾向于认为"宰相必起于州郡"，他希望高途的内部晋升干部比例能占到80%。

所以，真善美班采取公开报名制，面向全高途集团公开选拔，标准也很统一，要想走后门几乎是不可能的事，每个BOC成员有且只有一个破格举荐的名额。

真善美班学员会获得优先晋升的机会。据统计，截至2023年下半年，共有56%的真班学员晋升为主管；善班学员的晋升比例略低，但也达到了40%；至于十几人规模的美班，也已经有四名学员顺利晋升为总监。

2021年12月，高途成立了组织部，负责中高层干部的聘用、晋升、训练、考核和激励，高潜人才的选拔和训练，以及各个部门的组织结构设计和编制审批。

通过组织部，陈向东希望主要解决的是创新团队的组织设计问题，以及内部高级别人才的涌现问题。

但是，当整个教培行业经历过2021的阵痛，无论是真善美班，还是组织部的建立，都无法解决高途所有的干部建设问题。大量行业内外的优秀人才陆续空降到了这个组织当中。

作为一个拥有20年管理经验的企业家，陈向东心里很清楚，要让这些空降干部能够融入高途，一般需要12～18个月时间，因为这些人已经被别的价值观塑造过了，现在必须帮助他们走出边界，在新的组织当中产生新的共识，最终获得信任。

这可不是一件容易的事。负责郑州中心的全娟甚至对此感到担忧。作为高途管理干部之一，她意识到高途是一家业务规模和管理半径都很大的公司，通常学部和主讲团队设在北京，但顾问和二讲团队却分散在全国各个运营中心，这种管理模式客观上会对团队内部的拟合度提出更高的要求，但现状是很多干部要么是新空降的，要么是新上来的，对伙伴们都不熟悉，而疫情又给人员的出差流动造成了一定困难，她感觉伙伴们的情感连接迫切需要加强。

全娟把自己的想法告诉了陈向东，这和陈向东的想法不谋而合，他确实觉得需要有个人，全身心地聚焦在干部身上，熟悉公司里的每一个干部，在干部之间构建强黏性，帮助大家做好沟通，提供情绪价值，以及规划好职业发展路径。

2023 年 5 月，高途人才发展部和组织部合并，成立了组织与人才发展部，由全娟负责。同年 11 月，组织与人才发展部更名为干部部，同时将人才发展部拆分到人力资源部。

2.2 要做和的天才

随着干部梯队建设越来越完善，陈向东感到"蛮开心的"，他觉得自己变得更加从容了，这份从容不仅来自账上的钱在不断变多，更重要的是经过 10 年的努力，艰苦卓绝的奋斗，筚路蓝缕的创业，高途真的锻炼出了一批好干部，好伙伴和能够真正弘扬公司文化的优秀标兵，这让他激动不已。

这份从容来之不易。相当长一段时间里，在人才方面，陈向东有过痛苦。他反复思考，自己在过去几年犯的错误都是选人、用人的错误，高途的重大灾难也都和选人、用人相关，现在很多业务之所以停滞不前，之所以困难重重，核心原因是在重要岗位上没有设置重要干部。

组织需要这些重要干部，尤其是重要业务的一号位必须是 10 分人才。陈向东对于 10 分人才的定义是——那些无需得到指令就能主动发现问题、积极设计解决方案，并将业务推向新方向的人。

一旦用错人，组织付出的代价是巨大的。陈向东认为，聘用对的人，成本不一定高。但是如果一个员工离职，公司付出的成本是他年薪的 15 倍。

他逐渐形成了一套选人、用人的理论：招聘比训练重要 100 倍，选拔比培养重要 100 倍，训练和培养正确的人是 100 中的 0。然后呢，人才画像又比选拔重要 10 倍。

在服务行业里，有一句话被很多人奉为圭臬——服务成功的关键在于好的培训。但陈向东认为这句话是错误的，原因是显而易见的，你无法让一棵小草拥有大树般的 LTV（生命周期总价值）。在职场里，重要的是精准地进行人才画像，为业务匹配符合需求的大树。当然，在发展型的业务当中，小树也不是不行，但组织要为他提供可预见的发展路径，并做对应的赋能。

高途的很多实践经验和教训给了陈向东更远的启示。比如他发现，一个业务场景还没有跑通，是因为公司其实并不知道要给它匹配什么样的人，这时如果贸然引进人，那无疑就是灾难。就好比本来业务需要的是一个木匠，结果搞来了一堆铁匠。

所以，陈向东认为，MVP（minimum viable product，最小化可行产品）的攻坚比人才画像重要 100 倍。也就是说，在业务场景里，需要先发射子弹，再发射炮弹，而只有当子弹击中目标，精准的人才画像才能被定位出来。反之亦然。

在 MVP 跑通之前，陈向东更愿意给老伙伴们机会，哪怕他们在新业务上并无经验。

2017 年，孙中科从好未来被挖到高途，开发题库业务。"双减"政策落地后，由于题库业务不被政策允许，孙中科开始去负责飞花项目，这是一个主要针对学生作文能力的产品。2022 年，陈向东找到孙中科，问他是否愿意到高途佳品去带产研团队。

显然，孙中科的过往经验全部都在教培领域，但陈向东认为，这并不是关键。在高途佳品，和孙中科有着类似情况的老伙伴还有不少，例如高途原人力资源副总裁赵航棋担任运营部负责人，互联网产品经理钱杨担任了商品部负责人，来自新概念英语项目的夏天担任了主播主管。

因为在 MVP 的攻坚阶段，业务通常会经过一段冷启动期，此时，经过验证的领导者担当格外重要。

陈向东认为，判断某一个人是不是人才，不仅需要判断这个人的能力有多强，更重要的是要看这个人他有多大的担当，以及这个人的贡献有多大。因为一个领导者，最重要的是要成为一个责任担当者，成为一个贡献者。"如果你没有贡献或者没有很大的贡献，那么你就不是一个很重要的人才。"

这些年下来，陈向东总结了一套关于人才的公式。

首先，人才 = 能力 × 担当 × 贡献。"真人才一定是对公司和组织非常相信的，一定是努力让自己成为那个样子，一定是让自己能够归属于他相信的组织，所以才叫 Believing，Becoming and Belonging。真人才一定是处在这三者的连接点上。"陈向东说。

其次，一个人真正的价值创造 = 他的方向 × 努力 × 热情。在这个等式当中，方向就是正确的思维方式，努力就是持续的学习能力，热情就是爱，就是投入、责任和担当。

2023 年 12 月 11 日，经过了漫长的冷启动期，高途佳品终于迎来了爆发，同时在线人数从最初的几十人，一下子涨到了上万人，甚至是两三万人，连续多日位居抖音"食遍天下"栏目的榜首。

当业务模式已经跑通，更具体的人才画像就可以被描绘出来。现任高途人力资源部负责人周斌是 2015 年就加入公司的老员工。在他看来，高途的人才画像经历了两个阶段。在"双减"落地之前，作为在线教育模式的排头兵，高途吸引了大量互联网人才，因为彼时无论是在流量端还是教学端，都需要互联网技术对业务进行赋能。正因如此，高途的愿景一度被定义为：科技让教育更美好。

但是"双减"政策落地后，静下来的高途重新思考了自己的使命和愿景，决心成为一家更专注于教育的公司。正是在这个时期，大量具有丰富经验的老教培人加入了高途。

所以，最关键的是找到那个 Right People（对的人）。对于一个公司来说，人力资源主要做四件事，人才的选用育留。说到底核心就一件事，围绕 Right People 做工作，这里的 Right 其实有几层含义：第一，用对的人；第二，用对人；第三，让对的人更对；第四，留住对的人。

尤其是在关键岗位，陈向东认为，一定要用 Right People。在 2019 年 9 月的干部会议上，谈及如何启用 Right People，陈向东分享了他的六项原则。

1. Right People 与公司的核心价值观相吻合。卓越的公司往往会打造部落文化，和企业价值观不符的人会发现自己腹背受敌，就像病毒一样令人讨厌。人们经常会问："我们怎样才能让员工赞同我们的核心价值观？"答案是："你不用这么做。你可以只招募那些价值倾向与公司核心价值观相近的人，而且坚持任用他们。"

2. 不需要对 Right People 进行"微观管理"。如果你觉得需要时刻盯着员工，那么你招聘员工的心态就有问题。如果你招募到了 Right People，你根本不用花费大量时间来"激励"或"管理"他们。他们效率肯定很高，懂得自我驱动，自律而且主动地去追求完美，因为这就是他们 DNA 的一部分。

3. Right People 知道他们并不仅仅要完成工作，而且要承担责任。他们深谙工作任务和真正责任之间的区别。Right People 肯定能够完整地说出来"我是最终负责……的人"。

4. Right People 遵守承诺。在重视自律文化的环境中，人们会把承诺看得很神圣。他们会毫不抱怨地去履行承诺。也就是说，他们在许下承诺的时候会非常谨慎，确保不会说大话或是漫天许诺。

5. Right People 对公司和工作充满激情。如果没有激情，任何伟大的成就都不会出现。Right People 总是有着坚韧不拔的勇气。

6. Right People 有"功成而不居"的大将风范。如果一切顺风顺水，那么 Right People 知道把功劳归于别人和其他因素，而不是独自邀功。相反，如果事情遇到挫折，他们并不会把责任推给外界环境或是推到别人身上。他们会坦诚地说："责任在我。"

陈向东是一个把承诺看得比生命更重要的人。2021 年 7 月 24 日，"双减"政策出来之后，整个教育行业发生了很大的变化，高途的股票价格急速下跌。但陈向东曾经给大家承诺，如果大家用薪酬兑换股票，公司会提供保底措施。到了 7 月 24 日，"双减"政策出台不仅打击了高途的股价，也给业务带来了巨大挑战。但是，公司还是做出了艰难决定，针对 7 月 24 日之前的股权激励，履行承诺，给予保底。后来，陈向东去咨询了其他同行，其实没有任何一家公司能够兑现承诺，大家都说这是不可抗力。

除了六项原则之外，陈向东还希望这位关键先生是一位"和的天才"，而不是"或的暴君"。他认为："真正牛的人，能够在极度冷静的情况下敢于冒险，在极度保守的情况下还能够极度创新。"当然，这种超脱于"非此即彼"的"兼容并蓄"，对人才的要求很高，他需要能走出单点，具备系统的能力。陈向东也知道这种要求很难在一个 10 年的组织里大规模实现，所以他的解决方案是，给有勇无谋的管理者配备有谋无勇的人，给有谋无勇的管理者配备有勇无谋的人。

为了把关键先生找出来，2021 年 9 月，高途制定了一套导向冲锋的激励机制。

善打大战者获得更多资源，多打粮食者多分配粮食，干部的职级、基本薪酬和奖金分配，与其做出的贡献全面挂钩。为了持续激发干部的奋斗精神，高途进一步明确，当新业务的经营数据和影响达到一定的标准时，业务一号位可以获得快速晋升的机会，甚至直接提拔为助理副总裁或者副总裁。

但陈向东也请大家注意，有机会晋升的前提是，"你的品德、行为、价值观没有问题"。

当然，在人才的选用育留过程中，价值分配制度的建设，不仅可以激励真人才的涌现，也可以帮助组织留住这些人。

陈向东非常关注真人才的留用，哪怕是最基层的员工。有一天，他看到有张海报设计得不错，就好奇地问是哪位伙伴设计的。有人告诉他，因为工作没有成就感，这个伙伴刚刚离职了，只在公司待了 4 个月。他听完之后心里非常难受。

2.3 "重仓" 年轻人

2021 年 7 月末，几乎是在"双减"政策公布后的第一时间，高途开启了第一届集团管培生计划。和其他大公司类似，这是高途培养核心管理岗位后备力量的重要步骤。但不同的是，陈向东选择在这个时候开启管培生计划，还有另外一个目的，就是帮公司留住最有潜力的人才。

既然是最有潜力的人才，那么选拔的标准就是最严格，也是最严肃的。那一年，在全公司的 A+ 主讲人才当中，前后两届高途仅选拔出了 15 位管培生。高途为这 15 个人配备了豪华的帮带团队，例如总裁办负责人兼任管培生计划的负责人，几乎每周都会安排集体学习或交流，每月搞一次团建，并时刻关心每个人的心理状态以及成长路径。具体到业务场景当中，管培生会获得专门的发展机会，根据自己的志向，选择双岗或轮岗。

杨峰和侯志腾都是高途的第一届管培生，其中侯志腾选择的是双岗发展，即在继续当主讲老师的同时，还去尝试做一些业务。而杨峰选的是轮岗，去不同的岗位上学习。

无论选择哪种形式，高途给予管培生的培训期都是一年。培训期结束后，这些年轻人就会落位到相应的岗位当中，发挥他们的潜能，成为推动公司发展的新生力量。

对于杨峰来说，选择轮岗，就意味着要放弃主讲工作，要知道，他也是通过清北训练营层层选拔出来的主讲新生力量，在高途，主讲工作不仅地位超然，待遇也非常优渥。

杨峰在听了陈向东讲自己的故事之后，修改了自己的人生规划。2002 年，已经成为新东方名师的陈向东选择去武汉新东方当校长，别看校长的职位听起来光鲜，但实际收入只有主讲老师的六分之一，甚至更少。但是陈向东知道，自己的人生是为一件大事而来，而这件大事绝不是当一名教 GRE 逻辑的老师。

陈向东的志向是做管理，管理者可以通过把各个要素整合起来，去创造更大的价值。去了武汉之后，陈向东有意识地远离了课堂，尽管当时新东方没有哪项规定要求校长不能代课，但他知道，要把有限的时间和精力投入到真正的大事上去。

这种做法深深地影响和激励了杨峰，让他毫不迟疑地告别了主讲岗位，去成人学部，给当时的负责人邓弘当助理。很快，他就发现自己的选择无比正确。"哪怕有一天，我从高途离开了，或者说有一天我没有做好，我被他从身边辞退了，我也很开心，因为我觉得能跟着这样的人，让他的眼界、他的格局、他做事的一些方法给我一些启发，就足够了。"

杨峰从来没有做过助理工作，一开始也很不理解，为什么邓弘总是让自己去准备和打印开会的材料，尤其是学部管理干部的复盘材料，这项工作既烦琐，又没什么技术含量。但是慢慢地，他就发现，每个人的发言顺序，讲的内容都很有讲究，邓弘还让他去写最后的总复盘。通过这个过程，杨峰发现，原来每个人的业务经营数据、归因的分析、改进的方法论，逻辑都不一样。他逐渐学会了什么是经营视角，该怎么看待 ROI，如何达成业务指标等。整个过程很痛苦，邓弘也经常批评他"你写的是什么呀"，但收获在水滴石穿之后等待着他。

后来，高途业务进行了调整，朴新教育的杨浩加入了高途成人学部，杨峰又跟着杨浩，做他的助理。他没想到，杨浩一开始，就让他来从 0 到 1 搭建经营分析团队。"我相信你，管培生都是很厉害的。"杨浩对他说。

这句话给了杨峰很大的压力，觉得自己做不好的话，就太丢人了。但是，他既没做过经营分析工作，也没有管理团队的经验，他还是一个刚踏出校园不到两年的小伙子。

没办法，杨峰只能硬着头皮边学边干。他一边向集团的经营分析部门取经，学习经营数据背后的逻辑，组织数据看板的意义，一边开始面试候选人。最终他组建了一个学历背景堪称豪华的经营分析团队，除了他这个清华的，还有一个来自北大的，一个来自武大的，两个来自北方工业大学的。

不久后，这个经营分析团队实现了正常运转，在业务中实现了赋能的作用。但杨峰又开始了他的下一程，杨浩派他去管销售部门。经营分析部满打满算只有五个人，但销售部门却有 140 个人。他觉得有点难，杨浩说没关系，"你先去业务一线锻炼一下"。

对于这个小伙子来说，这是和管理工作不同的一种压力，销售部门是看业绩的，自己去一线做顾问，要是做不出成绩来，大家根本不会听他的。

但出单哪有那么容易？一开始，杨峰接连好多天的业绩都挂零，这就意味着公司在投放上的钱都打了水漂，自己在给公司亏钱。一想到这一点，他的压力就更大了。2021 年 12 月 31 日，是那一期公考训练营的最后一天，大家都去跨年了，但是杨峰还在工位上。他对学员们说："新的一年，新的开始，在这最后一刻，我们能够给你一个交代，你也能给自己一个交代。"那天晚上，他成交了三单。

接下来，接连三期训练营，他的转化率一次比一次高，但这个成绩的意义并不在于个人，而是在于团队，他让团队产生了更强的凝聚力。三个月后，杨峰终于理顺了这个团队时，他又接到了新任务，去负责分中心的运营团队，这是一个更需要拿业绩说话的地方。

但是很快，杨峰就带着团队，连续实现了超过 100% 的完成率，这下子大家也就都服他了，但告别的时候也就到了。

接下来，他又被调到市场团队，先后负责了私域和直播业务。尤其是直播业务，对于整个高途来说，这是一块必须拥抱，但又没什么经验的处女地，也是被陈向东定义的，代表着高途未来的奶与蜜之地，杨峰决心要带着团队跨过红海。

2022 年 11 月的一天，身处郑州的晏远乐同样接到了直播任务，作为第三届高途管培生，当时他正在带高中清北班的辅导团队，刚刚打了胜仗。高途管培生计划负责人给他打电话，说刚刚成立的高途佳品急需人才。

晏远乐二话不说，只回了一句"OK"，就整理行装出发了。

11 月 30 日，拖着行李的晏远乐直接去了北京新兴产业联盟大厦报到，这时他连房子都还没找。到了晚上，这个无处可去的年轻人只能在办公楼里凑合一宿，同事给他找来一张折叠床让他暂时有处落脚。第二天，晏远乐又住在了公司的直播间，直到第三天，才搬到租的房子里去。

入职高途佳品之后，晏远乐一直负责自营品业务，这个来自河南农村的浙大毕业生，又回到了田间地头，在那里，他开辟了自己的一番天地。

在高途这个组织里，不仅管培生，每个年轻人都有机会描绘自己的成长曲线。比如，在刘文勇负责的考研团队，一名二讲老师，如果答疑很顺利，能上好小班课，获得了学员们的正面评价，就能去当专业一对一老师，然后再去讲线下集训营的课，之后是专题课老师，最后还有机会当主讲老师。

这是一条清晰的成长路径。截至 2023 年年末，已经有好几位二讲老师可以讲线下集训营的课了，一次给几百名学员上课。

自 2022 年开始，"重仓"年轻人已经成为高途的重要战略，根据规划，3 年内，公司应届毕业生在整个新增人员的比例当中要达到 70% 以上。无论是陈向东还是张如国都清楚，这关系到整个高途的人才安全和梯队建设。

就这项人才战略而言，高途堪称与众不同。由于应届生的选用育留是一个系统性工程，非常考验组织的耐心，当下很多公司都已经不愿意在这方面多花精力。它们更愿意在人才市场上招聘成熟员工，来了就能用，反正在最近几年降本增效的大潮下，这样的人才并不稀缺，人力资源的成本也趋于平稳，甚至略有下调。

但高途经历过一段痛苦的时期，公司人员规模从几千人迅速膨胀到近 4 万人，又从近 4 万人，迅速砍到了 1 万人。在大规模招聘期间，因为业务扩张的需求太大，公司一度没有重视人才厚度的建设，这导致了很多并不热爱教育事业的人，进入了公司，当"双减"落地，这些人又都迅速离开了。

张如国决心要把人才引擎改过来，通过严格的招聘引进高潜应届生，再通过严格的训练和帮带，在打仗的过程当中让他们成长为对这个行业、对这个组织有感情的人。

　　有时候，育才就像养花，要施肥和浇灌。张如国知道"重仓"年轻人一定不能急功近利，就像陈向东经常说的那样："过程可以缩短，但阶段不可跨越。"

　　所以，大家都在等，等种子发芽，小苗长成小树。经过自然的筛选，总有一些树会长成大树。"就让美好自然发生吧！"张如国说。

3

重塑文化价值观

3.1 价值观是持续生长的

2021 年 10 月的大理会议上，有个重要的议题是，在面向未来时，高途应该如何刷新自己的核心价值观。

当时，BOC 成员在几十个词里面去讨论和选取，仅仅经过 1 个多小时的讨论，高途价值观 3.0 版本就形成了，在陈向东看来，这是因为大家对于未来的目标已经非常清晰和明确。

事实上，有关修改价值观的讨论并不是此刻才在这个组织里发生的。2021 年"五一"期间，高途组织核心管理干部学习了梁宁的"用户旅程课程"，其中有一个小组在汇报时，就提议过要更改公司的价值观。对此，陈向东提出严厉的批评。他认为这件事反映了很多人虽然嘴里喊着价值观，但内心并不认同。

说到底，一个公司的价值观是与其发展阶段分不开的。以柯达为例，20世纪50年代，柯达的企业价值观是"质量第一，服务第一"。这一价值观强调质量和服务，让柯达成为当时最受欢迎的摄影器材品牌。20世纪90年代，柯达的企业价值观发生了重大变化，开始强调"创新，创造力，可持续发展"。此时，柯达开始投资于新技术，推出新产品，提供更好的服务，以满足客户的需求。20世纪末，柯达的企业价值观又发生了变化，开始强调"客户至上，责任至上"。在这一阶段柯达开始重视客户的需求，提供更好的服务，并且致力于改善环境和社会状况。

中国企业的选择也差不多。阿里在以电商业务为主的阶段，曾经提出一个价值观版本，被称为"六脉神剑"。但随着生态化发展，业务结构越来越复杂，原先的价值观已经无法适用于所有的业务场景。到2019年，阿里迭代了新一版的价值观，被称作"新六脉神剑"。

高途又何尝不是如此？这是一家从诞生的第一天起就已经确立了价值观的公司，也可能是中国企业当中，最重视价值观的公司。但从最初以教育O2O为主要场景，到后来以在线直播大班课为主要场景，高途的价值观并不是一成不变的，它在持续生长。

诞生在创业筹备期的高途的价值观1.0版本包括五个词汇——"用户第一、诚信、简单、极致、创新"。陈向东一直觉得，这个版本的价值观，在某种意义上有着妥协的成分。

当时，这个正要开启第一次创业的团队，由两部分人组成，一部分来自教育行业，另一部分来自互联网行业，大家都抱着改变的心态而来，只是后者希望利用互联网技术来改变教育行业，而前者则希望被科技改变。所以，在这版价值观当中，有一条叫"简单"，是百度最核心的价值观"简单可依赖"中的词；而"极致"也是当时非常流行的互联网公司价值观；至于创新，大概是2014年这个伟大的创业时代里，每家公司都想要强调和追求的一个词。

两股力量的不同，后来也体现在高途的使命当中。在相当长一段时间里，高途的使命是"科技让教育更美好"。

直到"双减"落地后，陈向东才意识到，让教育更美好的并非只有科技。2021 年 11 月，高途的使命迭代成了"让学习更美好"。

第一版价值观当中的"用户第一"，也同样具有时代色彩。回到 2014 年，在那个伟大的大众创业、万众创新的时代，这个团队本能地想用互联网逻辑去构建一个伟大的平台，所以公司才会提出要有用户思维，要用户第一。但是事后，陈向东反思，大家对于商业的本质并没有很深刻的认知，对于客户的理解也非常浅薄。这也就是为什么后来陈向东在公司内部要求每个人每天背诵"什么是客户"的理论。

如果一个用户不能给公司带来收入，那一定不是客户；如果一个用户不能让公司赚钱，那也不是客户。一旦这样的用户越来越多，公司就要面临灾难了。事实也的确如此。高途从 2014 年出发，跌跌撞撞走到 2015 年，当时整个高途没有收入，一个月的花费却要 2000 多万元，非常艰难。所以到了 2016 年，公司账上基本就没钱了。

但是在这样的情况下，当时的高途还有五个事业部，每个事业部都在为了创新而创新。连活都要活不下来了，这种创新可以说相当盲目。

后来，陈向东就想，作为一家创业公司，高途根本没有很多资源，还是要聚焦到围绕客户，去放大他们的 MVP，他决定把"创新"这个词拿掉。

于是，到了 2017 年，高途在跑通了在线直播大班课场景，并且看到了规模化增长的"巨大亮光"后，马上将五个 to B 的事业部关掉、裁撤或拆分。随之而来的是，价值观的迭代工作也被提上了日程。

当年 11 月 3 日的天津会议上，陈向东让伙伴们思考，如何做成一家伟大的公司？当高途聚焦于在线直播大班课，聚焦于真正的教育，应该秉承什么样的价值观？

当时参会的伙伴有近 30 人，每个人都提出了他们认为的价值观词汇，总共有 70 ～ 80 个，讨论得非常激烈。陈向东告诉大家，重要的事情不着急，要回到工作中继续做思考，在打仗的过程中，去感悟、升华和理解。

2018 年 1 月，他又将核心干部召集到了一个会议室里，再次讨论新版价值观，这一次，又出现了几十个词，最后经过投票，形成了高途价值观的 2.0 版本——"成就客户、诚信、务实、进取、合作"。

这一次，合作取代了创新，但是到了价值观 3.0 版本，创新这个词又出现了。高途价值观 3.0 版同样包含五个词汇——"客户为先、诚信、担当、协作、创新"。

一方面，今天的高途早已不是创业初期那种捉襟见肘的状态，它拥有丰富的资源层去支持创新发生，这个资源层不仅包括丰厚的现金储备，也包括不断增厚的人才储备；另一方面，学生家长对于更好产品服务的呼唤、"双减"带来的市场变化，都要求这家企业把创新融入自己的血液当中。

其他词汇的迭代也同样源于变化。"双减"政策出台后，教育形态再次被改变，它不再像以前，线上和线下的道路那么泾渭分明。作为线上教育的佼佼者，高途不能止步不前了，而是必须蹚出一条新路了。但在这条路上，没有人会给出指引，高途人要自己去寻找那颗北极星。

"双减"政策出台也动摇了教育从业者的心态。在这版价值观诞生前，高途曾经组织过一次年轻员工的访谈，大家希望在价值观中加上一句话，"用最大的善意对待这个世界"，这句感性且接近于网络化的语言，在相当大程度上，反映了高途人在面对"双减"政策时的心态。这些人并没有因为政策的到来，去怀疑教育事业的意义，他们怀着最大的善意，去理解国家和社会对于教育行业的期望，采取真正积极的态度去应对这件事。

正如祁秀平所言，价值观是在组织或者企业里，在所有成员相互作用的过程当中形成的，它是一种趋同的价值取向。

与此同时，"双减"政策出台后，高途立刻开启了第三次创业，而创业的关键是要有一种心态，去正确面对那些压力和恐惧。

和前两次创业不同，这一次，踏上新征程的人数已经超过了1万人，这是一个非常庞大的组织，最终的胜利也并不属于一个人，而必然属于整个团队。因此，在取得胜利的过程中，协作变得非常重要。

在2021年10月28日的全体员工会议上，上述价值观被公布出来，并进行了逐条拆解。

（1）客户为先

以客户的需求为先，从心出发，用爱服务；客户满意度永远是我们最重要的北极星指标。

（2）诚信

诚实正直，阳光简单，积极传递正能量；用最大的善意对待这个世界。

（3）担当

勇于担责，自我批评，永远创业第一天，让高标准交付成为习惯。

（4）协作

践行伙伴文化，平等、尊重、信任、感恩和利他；团队的成功才是真正的成功。

（5）创新

以客户价值为中心，遵循商业规则；不断突破固有思维，实现卓越运营，保持公司的效率和敏捷。

至此，一个面向新时代的价值观再次凝结了这个团队。紧接着，高途开了第一次全面预算启动会。在时隔不久的另外一次预算会议上，陈向东给筹备会议的刘巧兰提了一个需求，他要在北京的近200位相关伙伴都来现场参会，但是出于一些特殊原因，当时会议室最多只能坐得下100人。

但是陈向东觉得能办到，只要"一屋子的人，有的人坐在地上，有的人屁股跨在桌子上，有的人坐在凳子上，有的人站着"。你知道，那种氛围就是创业氛围，伙伴们一起扛枪打仗，不分等级，也不分彼此。这就是陈向东想要的那种感觉。这是高途第三次创业开始的时刻。对于一家公司来说，来年的预算，不仅是一种以结果为导向的过程管理，更是面向未来的展望。

会议当天，刘巧兰他们把会议室里的办公椅都给撤了，又借来很多板凳，还在地上铺了帆布袋。那天，陈向东跟满满一屋子的人讲，那是重回 Day One 的一天。

3.2 价值观是非常硬的东西

2019 年，周帅刚加入高途，第一次参加培训会议，中间有个环节是喊口号，这是高途会议的保留环节，几乎每会必喊，喊得最多的是公司精神和哲学。

主持人会起个头，大声问："我们的精神是——"

全体参会伙伴就会喊："将心注入，全力以赴！"

"我们的哲学是——"

"开心工作，幸福生活！"

每次会议结束的拍照环节，大家还会喊个全套口号，包括公司的使命、愿景、价值观、宗旨、教育理念、精神、哲学和初心。高途应该是目前中国对于自我定义最为全面的一家公司。要是陈向东也参会了，他一定会带头喊，并且喊得最大声。

但是，当周帅第一次见到这样的场景，还是感到有些惊讶。在此之前，他只在两个地方见过喊口号，一个是军队拉练，一个是美容美发的早操环节。但没办法，为了融入集体当中，他得把自己调整到和大家一样的状态和能量里。

于是，周帅也跟着喊，越喊越大声，很快，他就融入了热烈的气氛里，并且发现，这种东西确实能够把人调动起来。

后来，周帅越来越爱喊口号，他带着主讲老师团建时喊，和二讲老师续班结束后庆功的时候也喊，甚至在直播课的时候，他还会带着学生一起喊。

口号有的时候是高途集团的，有时候是业务线的。高中部也有自己的口号，比方说"高途高中，高高高"。周帅带着学生喊的时候，就会解释，这个高，是高考的高。

每次上课，周帅的第一句都是："今天周几？"下面就会刷屏："不管今天周几，每天都是周帅！"讲完一道题后，他还会问："我们的目标是？"下面又会刷屏："更高更强更快乐！"

现在在周帅的班上，已经形成了自己的语言体系，他感悟到这种仪式感，能够让更大规模的人融入集体当中，而一旦学生们融入了，就可以一起投入学习，一起达成更高的目标。

这正是在现代企业当中，建立统一文化价值观的作用。并且，越大的组织往往越需要文化价值观。因为越大的组织，会有越多的部门、层级，复杂的协作系统和汇报链。一旦组织缺乏共识，就会像一盘散沙，上级的指令无法正确地传递到组织末端，顶层的战略也很难被有效分解为正确的动作。

这正是陈向东高度重视文化价值观建设的核心原因。正是因为华为、阿里、高途、万科这样的强价值观企业，在发展和竞争当中展现了强大的力量，近年来，越来越多的企业也开始注重文化价值观的建设，但不可回避的现实是，很多企业的价值观是写在墙上的，或者是挂在嘴边的。

这些企业没有搞清楚的是，价值观不仅是一家公司的软实力，它其实是非常硬的东西。

陈向东一直有个观点，一个企业的价值观就是它所确立的原则。而原则是什么？原则是Stop-Doing-List。所以陈向东一直认为，一个企业的价值观，不是要大家干什么，而是让大家达成"不要干什么"的共识，并在日常行为中真的坚持，不去干什么。

在高途，价值观有四个用途：它首先是用于业务的，必须要成为业务的运营方法；价值观是用于执行的，必须要所有伙伴严格遵守；价值观是用于统一的，必须要所有伙伴形成强大共识；价值观也是用于考核的，必须进行全面的绩效考核。

每个新人一进到高途，首先要接受的就是价值观和底层文化的培训，理解什么是客户为先，什么是诚信、担当、协作和创新。

在今后，他们的所有日常行为都将以价值观为原则，明确哪些能做，哪些不能做，哪些更是绝对的红线。

比如说，二讲老师从客户需求出发，不分时间段去给学生辅导、讲题，哪怕家长说："老师，抱歉，我孩子要十点才能下晚自习，您能不能（晚上）十点半或者十一点帮孩子讲一道题？"二讲老师也会提前安排，服务到深夜。

比如说，续班的时候，有一些二讲老师利用了续班规则，帮客户去组合，拿到一个很大的优惠，然后让客户把其他不需要的班给退掉，这种事情就是不诚信，那就要被批判，甚至被辞退。

在这个组织里，不断地有表扬，也不断地有批判。作为人力资源负责人，周斌知道，只有让大家能够看得见，公司招了什么人，开掉什么人，表扬什么人，批评什么人，才能把价值观融入大家的血液当中。

尽管已经很多年过去了，刘巧兰依然记得一个场景，那时她还在负责教学督检工作，需要当时的业务线负责人来做一个决策。由于业务线负责人是经营业绩的第一责任人，在大部分公司里，这样的角色思考问题的原点会被锚定在业绩指标上，比如做这件事，可以给公司增加多少成本，扩大多少收入。

但是对方问她的第一句话是："成就客户吗？"

在高途，价值观从来不是虚的，它是所有行为的内核，也是所有决策的准绳。

3.3 你好，伙伴

2021年年初，刘巧兰在小早启蒙的郑州中心工作过一段时间。小早项目关停后，她就去了人才发展部，但团队里的大部分伙伴都转去了刚刚成立的专升本业务。举办业务启动会那天，陈向东专程从北京赶到了郑州。在电梯里，陈向东对刘巧兰说："巧兰，对不起，把你弄到郑州来，结果郑州的小早启蒙不做了。"

这句话击中了刘巧兰。她实在没想到，有一天会听到CEO对自己说"对不起"，但仔细想来，好像也没什么不对，高途本来就是一家践行伙伴文化的公司。所谓伙伴文化，它的内核就包括平等、尊重、信任、感恩和利他。

其实在2016年年中以前，和很多互联网公司一样，高途也是同学文化。但是渐渐地，陈向东觉得味道不对，同学对应着校园环境，而高途正在高速成长期，每年都会有大量校招生进入公司，必须尽快完成从学生角色到职场人的转变。一旦称呼变成了同学，大家都好像从一个校门进入了另一个校门。

他想起小时候，在河南的山里，小伙伴们一起玩耍，一起学习，一起成长，这不正是他要的感觉吗？从那时起，高途的文化就被确定为伙伴文化。

任何文化在一家公司里培育出来，其实都会经历从形式到实质的过程。从践行伙伴文化的第一天开始，陈向东就要求所有人，不分职级，全部直呼其名，哪怕叫什么名字就是一个形式，也要从形式开始。

后来郑州中心还专门发过一封邮件，明确只能叫伙伴的全名，叫哥不行，叫姐也不行，叫错一次就得乐捐5元。渐渐地，大家也都开始适应了。

不能叫哥，也不能叫姐，是因为高途的文化既不是兄弟文化，也不是家文化。尽管有很多公司，非常愿意将公司文化塑造为家文化，似乎这样可以增强员工和企业更多的黏性，并且让大家的投入度更高。但这实际上是一种误区。龙湖集团创始人吴亚军就曾经在内部论坛上，驳斥过家文化，她的观点非常具有代表性："因为家不论是非，没有对错，没有优劣，只讲包容，只讲温情。'温柔乡是英雄冢'，如果员工怀着这样的印象或期待，一定是公司出了问题！如果给了大家'家'的感觉，一定要令管理层警惕。"

直呼其名的规定就连陈向东也不例外。但很快问题又出现了，让20多岁的小伙伴，大刺刺地直呼CEO的名字，大家还是觉得有点张不开嘴，就都叫他陈老师。陈向东觉得还是不对，干脆给自己起了一个英文名，Larry，很快全公司的人都开始叫他Larry了。

所有人都能在灵犀上找到Larry，和他直接发起通话。有些新伙伴，发过来的第一句话是："Larry伙伴，您好。"陈向东就告诉对方，伙伴文化不是要在一个人的名字后面加上伙伴，那样只能说明这不是文化，而是教条，正如你不可能称呼家乡的小伙伴叫某某伙伴。

在这家公司里，没有这个总，那个总，所有人都在开放式工区里办公。职场往往有一些墨守成规的潜规则，比如职位越高的人，越会往边上坐，但是在高途，很多的核心管理干部都会坐在人堆里。沈楠甚至有一套工位安排方法，她会坐在管理条线的最中间位置，对面，左右手和背后，都分别是她的-1层级，这样她和大家交流起来就会很方便。

当然，伙伴文化中还有很重要的一部分，是为伙伴尽力。但这种尽力并不是所谓的向上管理，而是响应伙伴需求，帮助伙伴成长，为伙伴的成长喝彩，是把后背交给伙伴。

业务启动会那天，刘巧兰去公司大门口接陈向东，看到他从出租车里下来。尽管郑州中心是高途中原总部，但陈向东在这里既没有办公室，也没有专车。每次往返郑州，他都是自己坐高铁，自己打车，也没有人觉得这有什么奇怪。在这家公司，没有任何人的职责里，写上过为领导服务。情况恰恰相反，陈向东曾要求公司管理者，要做仆人型领导。

张展博在来高途之前，没有讲过课。其实，按照高中部的录用标准，他有点够不上。高途是名师战略，尤其高中部，要的更是名师中的名师，几乎没有新手老师。所以，当时，张展博是以师训岗位被录用的，但他偏不信自己上不了课。看到他有那么大的热情，公司也就决定先让他当这个试验品，试一试。

当时，带张展博的前端（流量端）伙伴共有 6 人。在很多公司里，一般来说，流量端最怕遇到这种新手老师，既没名气又没经验，张展博也担心大家会觉得"完了，这次挣不到钱了"。但实际情况与他的担心毫不相符，那6 名伙伴完全没有这种负面情绪，大家轮番给他"上课"，教他应该怎么讲课，课件应该怎么做好。

第一次正式上招生课前，有一个伙伴对他说："展博老师，你千万不用担心，你的数据不会低的，相信我。"

事情也正如这位伙伴所料，张展博的第一次招生课就爆了，冲到了物理课的第一名。但他知道，这不是他一个人的功劳，而是伙伴们齐心协力互帮互助的结果。

好的文化在一个公司里扮演着感染和同化的作用。刚来公司的时候，雷雷就能明确地感觉到，伙伴们在"极力地包容你，融入你的状态，你做什么事情，他们都主动地表扬和夸奖"。

其实从负责初中学部，到整个 K9 学部，雷雷是顶着压力一直走过来的。如前文所言，这正是"双减"政策整顿范围内的业务，并且此前高途在这两个学部并没有太大优势，即便在"双减"政策出台前，也面临亏损的压力，何况"双减"落地后，公司需要每个学部都能实现有效增长。

作为新人，这时的雷雷当然面临着巨大的压力。但他很快发现，这是一个能够给人"自信和安全感"的组织。他经常听到伙伴的夸奖——"太棒了，我怎么没有想到？"在频繁的鼓励中，他如降落伞般平稳落地。

3.4 重回 Day One

第三次创业后的三年，高途迎来了很多改变。比如在 2021 年 10 月和 11 月，它分别迭代了自己的价值观、使命、愿景和宗旨。

但有些东西是不变的，比如高途的精神没有变，这些年，一直是"将心注入，全力以赴"。如果要在高途找一个伙伴们使用频率最高的语句，那一定就是这句话。

"你在干吗？"

"我在注入。"

"你怎么注入？"

"我将心注入。"

这句话里，有两个关键词，一个是心，一个是力。在陈向东看来，人的力量有三种，脑力、体力和心力，其中能量密度最高的是心力。所以将心注入、全力以赴的本质是不负青春，不负韶华，不负生命。

有些伙伴喜欢开玩笑，将"将心注入"改成了"将命注入"。"你在干吗？""我在将命注入。"这话乍一听很惊悚，牺牲健康和生命去投入，肯定不是高途倡导的。陈向东本来想制止这种说法，但转念一想，又觉得讲得蛮好的，"将心注入，全力以赴"的核心本质是不辜负我们的生命。

回过头去看，这种精神贯穿在高途的十年生长当中，很大程度上，它起到了稳定器的作用。这家公司有太多的故事和起伏，从最初拿到最多 A 轮融资的创业公司，再到几乎弹尽粮绝的至暗时刻，成立仅5年，就在美股IPO（上市）了，一年后，股价就突破了100美元，但"双减"后，股价最低只有0.64美元。

这样的主线下，是很多高途人命运的跌宕起伏。尤其是那些创业初期就已经加入公司的伙伴，因为陈向东在分股权时极度慷慨，他们每个人都曾经拥有过惊人的账面财富，也都拥有过套现离场、实现财务自由的机会。但实际情况是，很多人都选择了留下来注入。其中有些伙伴，甚至都没有变现过。直至"双减"落地后，股票价值大幅缩水，他们仍然继续注入。

在这个过程中，如果说努力是为了不辜负别人，比如老板对自己不错，那么在这样剧烈的波动下，一切都是脆弱的。只有当努力是为了不辜负自己，这样的精神内核才能支撑一个人长久地注入，长久地全力以赴。

周斌就是那个一直留在高途的人。这些年，他像一块砖一样，组织哪里需要就往哪里搬。他负责过学部，做过业务线负责人的助理，管过学部的经营分析、业务品牌，"双减"后又负责了集团人力资源工作。

当初股价猛涨时，他也高兴过一阵，后来股价跌得厉害，也难过过几天，但是这些都不是他继续注入的理由。在他的认知里，"个人所有的价值，都来自工作和认同带来的存在感。我设想过要是不工作能干什么，但那是不可想象的"。

陈向东又何尝不是如此？在创办高途后，作为公司创始人，理论上不会再有人逼着他去工作，但是陈向东把所有的时间和心力，全部都投入到了高途的事业中去。他是完全地将心注入，并全力以赴。但他也在内部反复强调，"这样做，并不是因为高途需要自己，而是自己需要高途"。

2023年7月，陈向东的儿子回国过暑假，父子二人一起去看了电影《碟中谍7》，有一段电影台词当时就击中了陈向东。

"The key is only the beginning, wherever it leads, whatever it takes to get there, you'll have to do it on your own."

如电影台词所说，十年来，高途人一直在试图找到那把通往未来的钥匙，但陈向东知道，找到这把钥匙只是开始，在通往未来的路上，核心还是要靠自己，这将永远不会改变。

不变的还有高途的哲学——"开心工作，幸福生活"。和通俗意义上对开心的定义是高兴不同，陈向东认为开心的核心是打开心扉。他提倡，在工作中，高途人要把心打开给伙伴，给上下级，给客户，也给自己。一个人，只要能够把心打开，就能得到理解，得到协作，也得到帮助，也就能够得到更大的空间、更好的成绩和结果。

这个观点与《团队协作的五大障碍》一书中的论述不谋而合。帕特里克·兰西奥尼在书中阐述，其中一个最大的障碍叫作惧怕冲突，如果一个人害怕冲突，总是做老好人，就把心堵上了，不敢表达自己的真正的想法。比如每个人都惧怕冲突，每个人都把心给关上，当面不说，背后乱说；当面不指责，背后捅刀子；当面决策的时候不讨论，背后相互埋怨抱怨；当面的时候有问题不表达，然后大家不执行。最后的结果肯定是灾难和悲剧。因此，团队协作的五大障碍中的最大障碍，就是团队成员没有把心打开。

那么，什么是"幸福生活"？陈向东认为，幸福的幸是幸存的意思，福，是福分的意思。什么叫福分？就是得到的一个小奖励，一个小荣耀，一个小财富，一个小权力，或者一个小成长，等等，这些都是小福分。

十年来，这些小确幸充盈在高途的组织当中。2021 年 10 月，郑州中心举行了优秀主管表彰大会，还把获奖员工的父母给请来了，给了这些员工家长非常高规格的接待，请他们吃饭，还安排他们在开封游玩了一圈。

颁奖仪式那天，获得高途荣誉老师奖项的李金可站在台上，他的父母就坐在台下。领奖之后，父母对他说："公司让你成长，你就在这里好好干。"那一刻，他体会到了"开心工作，幸福生活"的真正含义。

正如《有限与无限的游戏》一书所说，有人认为人生是一场有边界的游戏，目的是要赢；有人认为人生是一场无边界的游戏，重要的是要让游戏继续下去。陈向东也的确认为人生是一场游戏，但在他看来，一直玩下去和赢并不矛盾，只要游戏足够好玩，并且还能够打胜仗。

后来，他反复思考，每个人的人生都可以被划分为四个维度，一个维度叫作 physical（健康），一个维度叫作 mental（思想），一个维度叫作 emotional（情绪），一个维度叫作 spiritual（精神）。

尤其是精神，支撑着一个人从真出发，经过善，最终到达美。而当他终于抵达彼岸，就会像老子所说那样"复归于婴儿"。婴儿是什么？婴儿就是真，是一个人的初心。

所以，高途将自己的初心定义为"一群向往美好的伙伴，在一起，创造美好，成为美好"。在这句话里，"向往美好"是起点，也是真，"在一起，创造美好"，则是以团队的方式，相互信任和协作，一起利他和创造价值，这就是善，而"成为美好"正是这个组织要抵达的终点。

十年了，无论是生逢大众创业的伟大时代，还是踏空 O2O 的风口；无论是赶上中概股的黄金年代，还是遭遇在线教育大战，以及遇到"双减"的巨大挑战，高途的初心也没有变过。

这一点，哪怕是从已经迭代了 3 个版本的高途愿景和价值观中也可以看出来。在最新的版本里，高途的愿景是"做人人乐用的终身学习服务平台"，价值观是"客户为先、诚信、担当、协作、创新"。

只要略加留意，就会发现，今天的愿景和价值观，与 2014 年公司刚刚创立时非常相似。那时，高途的愿景是打造一个"人人乐用的学习服务平台"，价值观是"用户第一、诚信、简单、极致、创新"。

陈向东是在 43 岁才开始创业的，和任正非一样。在这样的年纪，一个人的思想底层已经建构完成，所以从创业的第一天起，这家公司内核就已经确定，并且稳定下来。这是一家公司的初心，也是它要去的方向。

2014 年 6 月 16 日，北京的"九十九顶毡房"餐厅最大的蒙古包里，一群人喝酒、碰杯，高举着生命的火花，交谈着人间的理想。其中的一个人，走上前去，庆祝一家公司的诞生，并立刻公布了这家公司的使命、愿景和价值观。

十年白驹过隙，这个叫陈向东的人，一直会想起那一天，不，他永远在那一天，创业的第一天。

第四部分

崭新：第一次创业

1

一家明星创业公司的诞生

1.1 让正确的人上车

让我们把时钟的指针调整得更靠前一些。2014 年 6 月初的一天，钱杨接到老领导陈向东的一个电话，让他 6 月 16 日去北京"九十九顶毡房"，一个吃内蒙古烤全羊的餐厅帮忙拍照。

此时的钱杨已经在一家金融公司上班。陈向东知道他摄影技术不错，就叫他来参加饭局。钱杨没想到的是，他来了，就"不让走了"，从此就加入了高途这家公司。

那是这家公司正式成立的第一天，办公地点也在当天搬到了北京中关村软件园一期孵化器 2 号楼 A 座 2308 室。在随后的十年里，陈向东常常翻看当天钱杨拍的照片，毫无疑问，那是他人生中最重要的日子。

他记得那天自己没喝多少酒。陈向东酒量极好，这种天赋让他在有酒文化的新东方如鱼得水。饭桌上，他总能想出各种理由来劝酒，比如"谁谁谁，喝一杯""谁谁谁来替谁喝一杯"，气氛就在这些稀奇古怪的劝酒中被搞得十分热烈。

但是那天，并不需要酒精的催化，创业的激情已经足够点燃每个人了，包括陈向东自己。事实上，从这一天之后，陈向东就不再喝大酒了，相比于酒精勾兑出的感性，他更需要让自己随时处在绝对的理性当中。当然，创业也需要一些感性的成分，陈向东相信，大家有共同的梦想、使命、愿景、价值观，这些就够了。

席间，陈向东慷慨激昂地宣布了公司的使命、愿景、价值观，使命是"让教与学更平等、更便捷、更高效"，愿景是"人人乐用的学习服务平台"，价值观是"用户第一、诚信、简单、极致、创新"。

多年后，陈向东说："我为什么要创建这家公司？我怎么去跟伙伴说，我们要创办高途？后来我越来越能想清楚，创办高途的目的是什么。我们最终是希望学生学得更好，我们最终是想要去推动人类社会的教育发展和教育进步。我们要通过高途，通过在线教育，在未来的教育创新中，与全世界的优秀人才连接，在这个过程中，我们要以学习者为根，以好老师为本，做到改善永无止境，从而使得整个人类社会的教育能够不断发展，不断进步。这是我们在全力推动的。"

在场的所有人都相信，他们正在创造一家新的公司，创造出崭新的教育模式。他们同样相信时代的齿轮已经转动，未来已来。

正是在 2014 年，国家领导人提出要"大众创业、万众创新"，北京中关村创业大街上人流涌动，挤满了创业者和风险投资者。每个人的手上都拿着一部智能手机，在水平的屏幕下，移动互联网如火山喷发般冲击着中国的互联网世界。

那年春节，微信红包如轻骑兵一般撕开了支付宝的支付帝国，很快收获了数百万用户。

在美国休假的陈向东密切关注着这场巨变。陈向东虽然从事教育、管理多年，但一直追踪科技的发展，他在大专的专业是电子技术专业，学过编程，又负责过新东方的信息化系统，他很清楚教育与科技的结合将会爆发什么样的力量。

2013 年，约有 6720 万人使用过在线教育，同比增长 13.8%。市场已经注意到在线教育市场的巨大潜力，资金纷至沓来。2013 年，百度向传课网战略投资 350 万美元；2014 年 2 月，阿里巴巴、淡马锡、启明创投向 TUTOR GROUP 旗下的英语教育品牌 VIPABC 的 B 轮投资 1 亿美元；雷军创办 100 教育，投资 10 亿元；祥峰投资向学霸君 A 轮投资 500 万美元。尤其是刚刚上市一年的 YY 语音推出教育直播平台 100 教育，挖来了不少头部名师，宣称要超越新东方。

如同发现了新航路，千军万马扬帆起航，奔赴新世界。

在美国休假的陈向东决定先投资一家在线教育公司。机会是自己找上门的，曾在学而思当老师的苏伟通过微博私信找到了陈向东，向他介绍了自己的一个叫"名师网"的项目，希望能获得他的天使轮融资。2014 年 3 月 30 日，陈向东回到北京，7 天后，两人在紫竹桥的香格里拉饭店咖啡馆见面，苏伟向陈向东展示了"名师网"的页面。

"名师网"让老师与学生直接对接的模式，符合陈向东对教育培训行业趋势的判断。过去教师只能依附于教育机构，而现在独立教师、教师工作室越来越多，尤其是名师有足够的号召力，但在线上却很难搜到他们。在互联网时代，如果能做个平台连接教师与学生，将创造极大的价值。

陈向东对好老师的作用认识极为深刻，他自己就做过新东方名师，经他辅导的学员很多都已经奔赴世界各地的名校。他也还记得在铁门一中工作时，校长几乎天天跑教育局要好老师，在师资上花了很多功夫，还亲自给两个班讲数学课。仅仅一年，铁门一中在县里面就排到了第一，就连县城里的领导都把孩子送来就读。互联网具有网聚效应，能放大名师的杠杆。

但陈向东认为"名师网"只做 PC 端远远不够，他敏锐意识到移动端才是未来，应向移动端发力。苏伟当时还很年轻，也欠缺技术，为了能孵化好这个项目，陈向东亲自带他去拜访许多技术大牛，但因苏伟资历太浅，都没谈成。

后来，经朋友介绍，陈向东成功地从"美丽说"那"截和"了百度凤巢创始成员张怀亭，转机出现了。但张怀亭也有个条件："要做一起做，你要是不做，我就不做。"

陈向东答应了这个条件，并从这一天起，彻底地躬身入局。2014 年 5 月16 日，北京五道口唐宁 ONE 小区地下室，新公司开始筹建。张怀亭找来了同事罗斌，罗斌毕业之后就在百度工作，也是百度凤巢系统创始成员。一开始，罗斌并没有离开百度的打算，他只是想着当个外部"参谋"就行。后来在一个活动上，罗斌与陈向东认识，觉得他比较实在，正好那个阶段罗斌也开始考虑第一份工作做这么久了，是不是要换一个环境。在与陈向东深聊后，觉得陈向东"人靠谱"，互联网跟教育结合又是不错的方向，在连具体商业模式、具体计划都没有问的情况下，罗斌很快就决定辞职，准备加入。

7 月，罗斌到岗，负责技术，搭建起了技术团队，开始研发。研发需要技术、产品人才，于是罗斌也将目光放在了前同事那。卢佳 1997 年就"触网"，毕业后通过校招进入百度，做凤巢的商业产品，后来做百度教育，她对在线教育一直比较感兴趣，但遗憾的是，教育并不是百度的核心战略方向之一。作为佐证，2015 年，百度孵化的在线教育产品作业帮，从集团剥离，独立运营。

罗斌还没正式入职时，有天就跟卢佳说带她去见个人，然后就把她拉到五道口，在唐宁 ONE 小区地下室见了张怀亭。那天晚上，张怀亭准备带她去一家咖啡厅跟陈向东聊，结果到咖啡厅发现关门了。最后，他们几个人找张桌子就坐下聊了起来。

当时百度教育还是基于广告、流量、生态的视角去经营教育，跟卢佳心目中真正的教育培训相距甚远。那天虽然陈向东聊得不太多，但是他讲了自己过去的经历，卢佳觉得这才是正儿八经做教育的人，对行业理解深刻，尊重老师在教育中的作用和价值，希望给到很多老师展示自我的平台，这些在以往感受不到的理念，触动了卢佳。

聊完之后，虽然卢佳连公司要做啥都不知道，当时公司只是有个思路，产品还没有，但她就觉得陈向东人比较靠谱。"创业肯定都会遇上各种各样的事情，以及方向的调整，但人靠谱、思想靠谱是最重要的。"

虽然正式入职的时候晚了一点，工号是 47，但卢佳直接参与了跟谁学最早版本的研发。

百度是当时北京乃至全国技术最强的科技公司，是当时创业者们眼中的人才"蓄水池"。2014 年 8 月，百度大数据部总监李钢江也在陈向东的多次诚意邀请下加盟。李钢江本硕都毕业于清华计算机系，先后在微软、英特尔、谷歌等顶级科技公司工作过，在百度管理着四五百人的技术团队。李钢江的到来，使得罗斌得以把技术移交出去，投身自己更感兴趣的市场。

2014 年 8 月，核心团队基本组建完成，陈向东负责战略布局和方向把控，张怀亭负责产品和运营，李钢江担任 CTO 负责技术，罗斌负责市场、客服，苏伟负责师资，宋欲晓则负责财务、服务、行政后勤。这个团队一半来自传统教育行业，一半来自互联网行业，正好互补，前者保证了教育的品质，后者则能让教育"生长"在互联网上。

其实宋欲晓一开始并没有答应陈向东加入这家创业公司，尽管 6 月 16 日，他也出现在了九十九顶毡房。宋欲晓之前在新东方负责财务流程梳理、投资并购和资产管理，陈向东多次邀请他加入，他都打了哈哈。原本宋欲晓打算退休，辅导孩子出国留学，最多帮忙装修新办公场地，算是给老领导一个面子。结果那天在席上，他看到了这个豪华的创业团队，也听到陈向东宣布的使命、愿景、价值观，觉得陈向东这次是想得很清楚了。

7月底，宋欲晓最终被说服，加入了高途。

在核心创始团队成员基本确定之后，接下来的重点就是尽快开发出产品。为了尽快实现这个目标，陈向东要求大家在北京城内广泛寻找合适的人才。团队成员们费尽口舌，甚至需要围追堵截，才能与潜在的人才进行交谈。虽然核心创始团队成员在各自领域都做到了头部，但创业公司毕竟有着高风险，除了不确定的股权价值，能给到的工资相对科技大公司要少很多，还要一周工作6天，所以多数人是拒绝的。包括核心创始团队成员在内，公司几乎全体成员都参与到了招聘工作中。由于公司当时还没有什么名气，也不能完全依赖猎头来寻找人才，卢佳就在自己的朋友圈里仔细筛选，思考哪些人可能符合公司的需求，并考虑如何与他们开启对话。有时候，她还会请朋友帮忙推荐或牵线搭桥。

就这样靠着真诚的求贤若渴的态度和韧劲，公司很快聚集了不少工程师，很多还是降薪加盟的。即便如此，人手还是不够，卢佳只能从朋友里面"抓壮丁"来帮忙。

在创业前，陈向东就笃定要做一个跟之前的在线教育公司完全不一样的公司。他不喜欢复制，而是瞄准了创新。在哈佛上课时，陈向东上过《创新者的窘境》的作者克莱顿·克里斯坦森的课。克里斯坦森说："任何重大的创新很难发生在一个企业内部，重大的创新往往发生在企业外部。"当时，陈向东被触动了，内心里觉得科技和教育会有结合，对于即将到来的机会，他就有种时不我待的感觉。

真正让陈向东确定奇点到来的时刻是在2012年。当时公司的一个主管拿了一个大Pad开会，陈向东问他拿的是什么，主管说这是手机，还能写东西。听完之后，学过电子技术的陈向东觉得时代来了，科技和教育结合的革命就要发生了。

在创业时，陈向东没全找教育领域的人，而拉了一堆百度的人，就是因为克里斯坦森的话刻在了他的脑子里。他决定用技术做一个全新的教育产品。就连公司的工商注册名字"北京百家互联科技有限公司"，都没出现"教育"两个字。陈向东做科技公司的决心之大，可见一斑。

当时"很多传统产业都要推倒重来，用互联网的方法再做一遍"的认知被奉为方向。乐观的人们觉得科技、互联网才是未来，"传统"产业的规律、规则都已是过去式。当然，后来的事实证明，当时这种认知其实是非常狭隘的，高途也因此付出过惨痛的代价，但那是后话了。

时间回到 2014 年的 9 月 22 日，高途洋溢着能征服一切的乐观。当天，公司推出了跟谁学网的 PC 测试版（由于高途原名为跟谁学，公司网站和 App 初期名为跟谁学），该版本被定位为找好老师的学习服务平台，打通学习的两端：帮学生找老师，帮老师找学生。页面是类似淘宝的搜索框，学生输入想学的课程，就能搜到相应的老师和课时标价，确定选择哪个老师，在线支付后就可以去上课，可以是线上上，也可以是线下上，甚至还可以通过 LBS 选择距离最近的老师。

在中关村举行的试用体验会上，该版本获得热烈反响，陈向东激动得决定第二天就上线。那天晚上，就在所有人翘首以待时，发生了一个小插曲，卢佳和设计人员发现服务器恰好宕机，技术人员赶紧抢修，到 22 号晚上 9 点多，最后一个 bug 被修复，测试版在 9 点 22 分如约上线。

当时，"孩子出世"的喜悦占据了所有人的脑海，那段小插曲谁都没有太放在心上，但令在场的人都没想到的是，这可能是上天给予的善意提醒。

1.2 把油门踩到底

在完善平台功能的初期，高途的创始团队就产品开发的先后顺序发生过争执，讨论的核心是先优化针对老师的产品，还是先优化用户端，或者先优化客服、财务系统。作为创业公司，当时高途的研发能力、精力有限，最后讨论决定预先满足老师端的产品功能。

其实从公司的能力项来说，高途缺少流量资源，但陈向东、宋欲晓、苏伟都拥有丰富的教师资源，也深谙教师使用教学产品的痛点和难点，先优化老师端产品，让老师们能尽快上手，不但能降低老师们的学习曲线，让他们能更专心教学，给学生更好的学习教育体验，同时也能在老师圈层形成口碑，吸引更多老师加入，迅速提供更多样化的教学供给，反过来，多样化的课程，也会吸引到更多学生。

创业法则第一条：要基于自己的优势能力项，扬长避短。产品快速推出和迭代时，团队能够凭借在教育行业多年积累的人脉，迅速将老师们推上平台，并通过转介绍快速扩张。

不只是传统的 K12 学科老师，一切有知识、技能、才华的人都被邀请到平台开课。年龄跨度从曾获央视希望之星、北京市金奖的年仅 10 岁的英语老师胡一衍，到 84 岁的声乐老师张祖武；行业从陈式太极拳第一代传人陈振肖到知名化妆师杜威，还有瑜伽、茶道、武术、绘画、陶艺，甚至是修下水道、做 Excel 表格等都有人教。

在上线的第二天，平台就促成了第一单交易，是皮雕课。接单老师非常兴奋，他已多年没招收到对皮雕感兴趣的学生，虽然只有几百元的流水，但互联网强大的撮合能力，让所有人都很振奋。"雪球"开始滚动，到 2014 年年底，已有 8000 名老师入驻平台。许多老师会在各个社交平台上发帖，贴自己的课，老师之间也会相互转介绍，让更多老师加入。

其中，最吸引人的是名师。当时华中师范大学彭晓辉的视频课吸引了许多听众，知名职业规划师古典的"职场人必修的6堂规划课"更是让许多用户付费购买。这一切，都在陈向东的意料之中，早年接触到的好老师让他深切懂得，"教育无论如何发展，最后的决定因素是老师，尤其是名师"。而在新东方多年的经验，更是让陈向东明白名师的教育价值和经济价值。让优秀的老师获得相对应的回报，是对其教学能力、付出的肯定，也会让老师愿意留在平台上，生产更多的优质课程，开发更多的学习场景，最终受益的是学生。

当时通过网站、App找老师并非高途的独家能力，还有"学学看""请他教"等众多竞品，但是高途在产品、技术、服务、运营方面的综合能力更胜一筹。其实，高途的产品、技术也不是一开始就技高一筹。最开始老师们入驻时，是看不到学生资讯和接到的课程订单的，这给师资团队带来了巨大压力。反过来，压力又传导到产品和技术团队。为了尽快完善产品，技术团队加班加点写代码，办公室没有空调，又正值夏天，他们满头大汗，就干脆在脖子上围一条毛巾吸汗。

就靠着"拼命三郎"的精神，高途快速完善了产品，留住了这些好老师，而这些平台沉淀下来的众多名师，成了其转型乃至更长远发展时不可多得的财富。

为了吸引更多老师和学生，罗斌团队在百度关键词、文库、知道、贴吧等各种各样的渠道都尝试过投放和转化。除了口碑、自然流量、平台流量，陈向东也亲自上阵，加了十几个500人的微信群，常常转发推广。除了线上打法，还有地推。罗斌团队跑到中关村去拦路人，只要他们扫码下载App就送耳机，4G网速不够快且流量贵，下载一个App流量消耗比较大，很多人不愿意下载，地推团队就采购移动Wi-Fi提供免费流量。

"基本上海陆空全试过一遍"，靠这些简单粗暴的打法，跟谁学网上线

6个多月，教师注册量就超过7万，学生数达百万级，最高日交易规模超过280万元。高途也因此雄心勃勃地喊出"万千名师，一搜即得"的口号，将自己定义为"教育界的淘宝"。

陈向东在很多场合说："就像人们想买东西就想到淘宝，想到搜索就想到百度，想到沟通就想到微信一样，未来人们想到学习就一定会想到跟谁学。"

在供给端快速提供大量多样性供给，吸引更多用户，是典型的互联网打法。为了尽快形成更多供给，在伙伴的劝说下，陈向东同意了吸引教培机构入驻的策略。这时候高管、师资团队的人脉资源再次发挥作用，登录平台的教培机构也分享到了流量红利。武汉有一位老师自己组建了一家教培机构，在2014年时亏损了很多钱，当年年底选择了高途，2015年就扭亏为盈。广州一家机构和高途深度合作后，口碑、学员的留存率、学员的转介绍急剧提升。高途的确帮助了线下中小教培机构，但当时所有人并没有想好怎么从中变现，还沉浸在重规模的干劲中。

此时的高途如同油门踩到底的汽车，高速行驶。深圳新东方原校长周斌来到高途之后发现，周围不是老师，而多数人都是产研人员，他们的思维模式、语言体系、行为习惯等都与过去待过的公司不同，互联网人并不拘泥于传统教育，而是从产品视角、客户视角、科技系统化的认知去做教育产品，思考如何能满足一千人、一万人同时上课，建立各种互动的需要，使得千人课万人课与现场无异。

因为在线教育刚刚兴起，所有人都在探索如何打造产品。YY语音的"100教育"先后推出了"白板""一对多教学视频""举手""课程表"等多个插件，模拟真实教学场景。纯互联网公司在产品设计上基于用户体验，采取免费策略吸引用户，产品不断快速迭代，这对于创业公司来说是压力。互联网世界的法则是"快鱼吃慢鱼"，当时，这个"鱼池"正被投资快速搅动。2013年至2014年3月，中国在线教育领域投资案例就有25笔，总金额约1.97亿美元，大量创业公司成立，试图瓜分这个千亿级市场。艾瑞咨询预测中国在线教育市场在未来几年内将迎来一轮大爆发。

高途只有比对手们更快、做得更好才能站稳脚跟。产品经理钱杨花两周就设计出"一对一"约课系统流程的原型图，技术团队更是仅用一周时间，就把该功能上线。钱杨住在南五环外，要到北五环外的公司上班，他得直穿整个北京城，单程就要2个小时。他就干脆睡在公司唯一的一张沙发上，最忙时甚至连睡了48个晚上。

靠着技术实力和强悍的攻坚能力，不到10个月，高途就相继推出移动网站、学生端App、教师端App、机构端App、师资系统等，就连客服系统、财务系统、优惠券系统、运营系统、数据系统、广告投放系统等都是自研。互联网公司习惯晚上上线产品，所以工程师们经常半夜还在线。有天晚上，陈向东离开公司"不算太晚也不算太早"，看到还有几十位产品技术工程师在赶上线。

而他之所以先走，是因为他父母跟随他一起生活十多年，陈向东不回家，母亲就不睡觉，经常陈向东回到家已经晚上11点左右了，母亲给他倒的水还是热的。陈向东回到家继续工作，除了处理公司事务，还认真阅读技术伙伴发的每篇文章，生怕落下，生怕跟不上产品、技术进度。经过学习，陈向东在与产品经理对话时，产品经理惊讶地发现："Larry，你怎么还知道H5页面和复用是什么？"

但陈向东不会直接参与产品、技术讨论的具体细节。产研团队开会谈论时，他在听，却不会随便发言。陈向东保持克制，一是充分地信任，信任产品、技术团队的能力；二是他觉得每个人都要去真正补位，专业的人做专业的事。他会在产研团队加班时，给大家买来夜宵，自己不吃，就很开心地看着大家吃。

陈向东给自己的职责是从用户角度思考，做"首席体验官"。哈佛商学院教授古拉迪曾说，公司以客户为中心，就是从外而内而非从内而外地看待企业，即从客户角度而非生产者角度看待企业。陈向东就是从普通用户角度去给产品"拍砖"，经常体验网站的各个链接、功能，发现问题就马上反馈给产研团队。在细节上，小到按钮的大小、位置怎样摆放会让用户体验更好，陈向东也会反复琢磨，并与产研团队探讨。

在创业前，陈向东就非常深入地研究过亚马逊"以用户为中心"的打法。亚马逊创始人贝索斯把自己的邮箱公之于众，会亲自查看用户发来的邮件，用户有不好的体验，可以给贝索斯直接写邮件，贝索斯上班的第一件事就是看邮件，坚持了 20 多年。陈向东除了自己"拍砖"，在跟谁学 PC 测试版上线的第一天，陈向东就在网站上公布了自己的私人邮箱，欢迎所有人给他发邮件"拍砖"，后来有种子用户给他写了数千字的建言。

做"首席体验官"之后，陈向东总结了 18 个字的模式："微创新、爱小白、极简单、快迭代、重引导、玩社区"。这个模式得到了出身互联网的同事们的广泛认可。"产品驱动，移动为王"也成为当时高途的战略。

2014 年，在线教育的竞争日趋激烈，各家公司纷纷跑马圈地。当年年底，高途也先后进入成都、武汉、合肥等城市。2015 年年初，更是进军更多城市。要开拓市场，就需要熟悉当地情况的人，当时的原则是，如果北京总部有熟悉哪座城市的人，可以申请派驻，也可以在当地选择合适的人。

蔡卫星是在 2015 年 3 月 8 日正式入职的，刚办好手续，马上就被派回老家杭州开分公司。当时杭州的办公室还没敲定，他就在杭州西湖文化广场附近的一家咖啡馆面试候选人。杭州分公司最开始的 8 个伙伴，每天早上 9 点在咖啡馆集结，比店里的员工还早。后来转移到一个伙伴的出租屋里，在十多平方米狭小空间工作了半个多月，陆续又有 8 个伙伴加入，有的人就只能弓在小板凳上、趴在茶几上工作，但所有人都干劲十足。他们一个客户一个客户地联系、拜访、跟进，靠着一部手机、一台电脑，耐心给客户讲解平台的使用方法、操作技巧，描绘蓝图，吸引入驻。

靠着人脉关系，蔡卫星邀请了一些有特色、有才艺的老师入驻，他甚至找到杭州市非遗协会的会长，让很多非遗传承人入驻。为了拉新，蔡卫星带着同事搞了很多活动，让人扫码下载 App，当时杭州地表体感温度接近 50 摄氏度，他们拿着传单在马路口，一个一个人发，人家扔了，他们还舍不得，捡起来重新发。

本地人打本地市场尚且如此艰难，如果需要到不熟悉的地方开疆拓土，就更是难上加难。

全娟是河南人，在郑州上的大学，大学时就在一家线下教培机构里做兼职老师，之后加入郑州新东方学校，一直做到校长助理，在郑州做了 13 年教培。到 2015 年年初，她已经不太想再去做传统线下教培，更想在在线业务上寻求突破。恰好，陈向东那时到郑州做宣讲，她和同事们跑去听，坐在听众席的第一排。当听到陈向东讲到"让教与学更平等、更便捷、更高效"时，她被打动了，晚上回到家就跟家人说，自己一定要加入高途。

2015 年 5 月离职后，她拿到高途的 offer，准备在郑州开分公司。但还没有入职，公司就给她打电话让她去洛阳开分公司。她犹豫了下，还是答应了，把 1 岁 7 个月的孩子给父母、爱人带，只身前往洛阳。全娟周一到周五在洛阳，组建团队，带着团队"扫楼"。比起老牌教培公司，高途当时寂寂无名，他们经常被认为是"骗子"，最初两个月，全娟几近崩溃，但凭着韧劲，她还是在洛阳打开了局面。

公司是人的集合，尤其是初创公司，品牌、产品、商业闭环还在起步阶段，人是最重要的，尤其是能发挥主观能动性的 A 型人才。柯林斯在《从优秀到卓越》一书中就提出了"先人后事"的洞见："如果有合适的人在车上，那么如何激励和管理他们就不再是问题，合适的人是不需要严加管理或勉励的，他们会因为内在驱动而自我调整，以期取得最大的成功。"

高途就像油门踩到底的汽车，直接或间接布局了近 30 个分公司，只花了普通创业公司三分之一的时间，就完成了从产品到分公司的布局。

2014 年 12 月 30 日，高途获得了 A 轮融资 5000 万美元，创了当时中国公司 A 轮融资纪录，估值 2.5 亿美元，投资方是高榕资本、启赋资本、金浦产业投资基金。这是风险投资进入中国以来最大的 A 轮融资，此前最高的纪录是小米成立 15 个月后获得 4100 万美元 A 轮融资。2015 年 3 月 30 日，在北京国家会议中心，高途召开了规模宏大的发布会，成为舆论关注的焦点。

由此，高途进入了更多人的视野。

陈向东在"下海"前，已经是教育行业的大咖，但创业后，陈向东将自己归零，"俯下身段"，以创业者心态进各种创业群里与群友们互动。当时在决胜教育的许翔本科就读于安徽大学，那时还是新东方高级副总裁的陈向东去做过讲座，许翔对他印象深刻。当在创业群看到陈向东发言，许翔就跟陈向东聊了起来，陈向东还主动邀请他到公司交流。

第二天，许翔如约去中关村软件园一期与陈向东进行了交流。陈向东虚心、务实、坦率、就事论事的风格，让许翔印象深刻。更令许翔意想不到的是，交流完，陈向东亲自送他下楼，这让许翔觉得他非常尊重人。但此前许翔就创过业，当时在原公司也干得挺好，并没有想着马上来高途。

直到半年后，高途获得创纪录 A 轮融资的消息激起了他的兴趣，他主动联系陈向东再次交流，这次许翔被说服，第二天就来上班了。

许翔加入公司时，公司规模已经达到一千多人，业务很多，每一个人都有一分地的感觉，如果有人想在这个平台做一件事，就自己立一个项，自己来做。许翔当时在做平台运营，负责打造评价体系。平台上有很多入驻的教育机构，用户来做评价，许翔就负责根据用户评价来做机构搜索排名。

这是互联网成长速度高于传统行业的一个重要原因。早期亚马逊就是靠着售书下面来自普通人的、未经修饰加工的"真实客户反馈"，取得了用户的信任，促进了销量。亚马逊创立的这个模式，成为后来所有平台产品的标配。

　　不但年轻人，"老教培人"也躬身入局。新东方前助理副总裁、内容与技术板块负责人邓弘，此前做了创业项目好学网，是新东方体制外的创业项目，得到了俞敏洪的支持和融资，但在发展过程中遇到了种种困难，再融资也不顺。于是，邓弘就把融资连本带利退了回去，选择了离开。2015 年 5 月，邓弘加入高途，做 B 端产品。

　　这些优秀的人才后来都成为高途的骨干中坚。陈向东在 2015 年 5 月接受采访时说："有人问高途的核心竞争力在哪里，我们觉得就是在于我们的人！"

　　此时的高途油门踩到底，又添上了助力火箭，仿佛美好未来就在眼前。

2

遭遇至暗时刻

2.1 再失血半年就死了

2015 年，中国的互联网世界再次被添了把火。那年 3 月的政府工作报告中提到制定"互联网 +"行动计划，提出"把以互联网为载体、线上线下互动的新兴消费搞得红红火火"。

一时间，O2O 加速发展，线上企业忙着利用互联网的"高空优势"往线下渗透，线下企业迫于变化，不得不寻求线上出路。如果说 2014 年是中国在线教育元年、O2O 元年，那么 2015 年春天，大战战线继续扩大。高途发布会的第二天，小站教育宣布获得顺为资本、纪源资本的 B 轮融资，金额为 2900 万美元；一天后，猿题库宣布获得 IDG、经纬中国、华人文化产业投资基金、新天域资本的 D 轮融资，金额为 6000 万美元；"老师来了"获得 200 多万美金 A 轮融资；5 月，轻轻教育宣布获得 1 亿美元融资，由好未来领投，IDG、挚信和红杉跟投；疯狂老师获得腾讯 2000 万美元的 B 轮独家融资。

加上 2014 年获得阿里巴巴、淡马锡、启明创投 1 亿美元 B 轮融资的 VIPABC，以及获得百度 1060 万美元融资的智课网。O2O+ 在线教育赛道站满了竞争者，有些竞争者背后还站着互联网巨头。当年也是腾讯、阿里巴巴"两强争霸战"的第二年，那年，中央电视台春晚直播的近 5 个小时，微信里发出红包总量达到 10.1 亿个，数以千万计的用户开通了微信支付。仅仅到 5 月，微信支付的用户数就达到 3 亿，微信用 2 年就拥有了阿里的支付宝整整 8 年才拥有的用户数。

微信打的这一翻身仗，被马云称为"偷袭珍珠港"。用免费、补贴的方式快速拉新，跑马圈地抢占份额，再考虑变现，更加被互联网行业视为圭臬。巨头、创业者、投资人都坚信，只要复制滴滴打车、微信支付的模式，就能在任何领域"烧"出一个百亿美元以上估值的公司。

2015 年 7 月，疯狂老师开始大规模补贴，当月 GMV（商品成交总额）飙升 10 倍，达到 5000 万元。8 月，疯狂老师继续补贴，GMV 再度翻番，达到 1.07 亿元。到补贴停止时，疯狂老师花了数千万元。而轻松家教则是一节课补贴一百多元，一位老师一个月就要给五六千元补贴。拿到融资就疯狂烧钱几乎成了教育 O2O 的通行打法。

这让陈向东感到忧虑。2015 年年初，"小龙女"龚海燕二次创业项目 91 外教，在烧掉数千万元后宣布失败，已经为在线教育创业者敲响了警钟。做过老师又在教育领域耕耘了十多年，陈向东深知好老师在教育行业的重要意义，他希望聚拢头部老师，做好服务，而在新东方当校长、执行总裁的经历，让他清楚地知道，做教育不用烧钱，做好教育就能快速盈利。

早在 2015 年 2 月，陈向东就要求大家全力变现，赶快赚钱，以正向现金流抵御对手的冲击。但当时创始团队并没有达成一致，动力和执行力不足，仍然更关注的是用户增长数据。到 3 月份，他再次提出变现，团队还是否决这个想法，说现在能力不够，做不到，建议往后再拖一拖。内部达不成一致意见，陈向东独自一人也无法对抗当时被推崇的"互联网打法"，只好再等等。

人是认知的产物，尤其是当一种认知被广泛接受成为被膜拜的"真理"时，想要与之对抗是很难的。"互联网打法"被无数互联网大佬布道，"免费+补贴+快速扩张"被视为唯一正确的打法，经过反复传播而深入人心。一旦接受这个认知是"真理"，那么，不但没人会考虑变现，还会提出要做补贴。

为了了解补贴是否能带来长期用户，陈向东亲自去电影院，看当时票务的 O2O 补贴打法。他看到只要是做补贴，马上有人来扫码，拿到优惠后就把钱套走了。在高途小规模做 C 端用户拉新时也同样如此，下载一个 App 奖励 5 元红包，但用户注册了并没有使用，这意味着团队还要与"羊毛党"做斗争。陈向东意识到这个模式是不可持续的。

在 4 月份的核心创始团队成员会议上，6 个人中有 5 个人说要做补贴，除了大家的认知在此，也有竞争对手的牵引。当时行业中大多数公司都给老师、家长补贴，补贴额甚至会占到成交额的 30%。这就是"囚徒困境"：竞争对手信奉"互联网打法"，想用补贴吸完老师和学生，挤死不补贴的公司，而还不做补贴的公司要么被迫跟进，要么就有被挤死的可能。

会上，有人提出补贴 10%。陈向东说"你们疯了"，不同意。其他人还想再争一争，就连最保守的财务负责人宋晓欲都说："人家补贴 30%，咱补贴 3% 吧！"陈向东还是不同意。争论到最后，陈向东无法说服其他人，其他人也没法说服陈向东，最终大家妥协的结果是，拿出成交额的 1% 来支持公司和老师共同做广告。

后来的事实证明，在低频服务领域拿到巨额融资就大打补贴是种饮鸩止渴的行为。一旦停止补贴，GMV 就会下降。疯狂老师停止补贴后，GMV 就毫无悬念地往下掉，从高峰时的每个月 1.07 亿元逐月下跌到 7400 万元、

5400 万元，并且还被刷单"薅羊毛"，以至于该公司不得不在内部成立了一个纪律委员会，专门查处刷单行为。虽然做了充分准备，但道高一尺，魔高一丈，下跌还是止不住，公司很快面临资金链断裂危机。

当时在线教育流行 O2O 商业模式，大家都处在不断投入获取用户阶段。而要拉新，即使不补贴，也是免费的。李惠君曾在郑州新东方做运营，那年 10 月份，全娟找到她，劝说她加入高途，10 月 19 日她就入职跟随全娟去了洛阳。在洛阳，他们一家一家线下教培机构敲门，邀请他们下载 App，注册入驻平台，手把手地教，入驻是全免费的，平台并不抽佣。当时，全公司的认知是："这个模式是互联网逻辑、资本逻辑，先做大规模，然后才可能从规模里去变现。"

罗斌在百度做过商业化变现的凤巢系统，但在竞争的牵引下，他从规模优先、流量优先角度出发，更加关注扩大影响力和提高增长，只看取得了多少传播量、曝光量，获取了多少用户，而顾不上从商业闭环角度考虑转化率、收入和利润。当时教培领域一个有效获客成本至少需要 100 元，用户越多，也就意味着总成本越大。

从互联网大厂来的互联网人经历了互联网靠免费模式攻城略地，先圈地后上市、变现的打法，把这套成功经验作为唯一正确的认知，他们给陈向东传递的信息是现阶段不要着急挣钱，最重要的是跑马圈地，做大用户规模。虽然陈向东内心是有疑问的，这跟他多年的商业认知不一致，但是，他刚开始亲自打磨一家互联网公司，在这一阶段上是个新手，加上对百度、淘宝的研究，他也说服自己，要尊重其他伙伴的意见。

但此时公司已经有 1000 多人，而在 3 月份还仅仅是四五百人。组建完上海分公司回到北京的苏伟，看到公司这膨胀速度，感觉形势有些"失控了"。他在创业时就深感到钱的重要性，在给陈向东的邮件里，苏伟忧虑地问："这么多人，该怎么变现呢？"

陈向东在公司不领工资，其他几个曾经年收入数百万元的核心创始团队成员，只领取月薪 8000 ～ 20000 元，还有曾年薪几十万元的资深工程师只要月薪 5000 元，高途最早的 50 名员工的薪资远低于市场水平，即使后面加入的很多人，也是冲着创业和梦想的激情降薪入局，拿的是股权、期权。但 1000 多人的规模，每个月的工资支出也是一笔不小的成本，加上投放成本、服务器和带宽成本、办公室租金等，每个月的成本差不多要 2000 万元，最多的时候要 3000 万元，一年就要两亿多元。

而高途 A 轮虽然融了 5000 万美元，但兑换成人民币也就三亿多元。也就是说，如果没有收入没有利润，在无法获得新融资的情况下，账上的钱，最多只能维持到 2016 年年中。

到 2015 年年底，公司的财务压力陡然增大。更麻烦的是，高途 A 轮估值已经是 2.5 亿美元，要融下一轮，就必须拿出足够亮眼的数据以及可以被证明的商业模式。好消息是，彼时高途每个月的 GMV 已经接近 1 亿元，但坏消息是，几乎没有收入。另一个好消息是，同行同样没有多少收入，并且由于疯狂补贴，现在他们账上的钱也越来越少。坏消息是，由于教育 O2O 迟迟没有跑通商业模式，资本市场已经开始怀疑教育 O2O 模式，不愿意再追加投资。

2015 年 7 月份左右，高途开始尝试进行 B 轮融资。曾有投资方给出 5 亿美元的估值，但团队内部进行讨论后觉得估值太低了，"应该涨到 10 亿美元，但人家不愿意给"，这事就暂缓了。而到 9 月份，资本市场转瞬间进入寒冬，陈向东主动放下身段，去约见一些投资人，只期望以 3.5 亿美元的估值融资，但还是拿不到。这给了团队重重一击，原本大家是奔着未来百亿元乃至千亿元估值 / 市值的愿景投身创业的，而现在 B 轮连 3.5 亿美元的估值都拿不到。

这境遇与几个月前有着天壤之别。刚创业时，陈向东并不想融天使轮，但在寻找办公室时，他在中关村软件园孵化器办公室与启斌资本联合创始人顾凯偶然间结识，顾凯拿出陈向东"三顾茅庐"请合伙人的热情，数次力邀陈向东见面。最终，在中关村创业大街附近的咖啡馆，面对陈向东提出的天使轮6000万美元估值，顾凯想都没想就答应了，连合作协议都是顾凯手写的。

A轮融资时同样顺利，高榕资本领投，启赋资本跟投，当时公司上下信心满满到听闻融资，纷纷要求跟投，一开始陈向东并不同意，因为考虑到创业风险大，员工工资又普遍不高，都发股权和期权了，就没必要冒风险真金白银买入份额。最后，在很多人坚持下，陈向东只好妥协，发全员信声明可以自愿认购，但不能超过20万美元，不许借钱认购，钱必须在一个礼拜之内打给公司账上。就算有这些苛刻的条件，还是有136位伙伴认购了份额，投入了900万美元资金。

短短半年后，曾经投资人、伙伴的信任都变成了陈向东的压力。原来的投资人不愿再投，找新的投资人很难，降低估值来融资大家肯定不愿意，陈向东感到了深深的焦虑。后来他回忆说："（如果失败了）5000万美元我还能还得起，如果拿得更多，做砸了，加上那么多伙伴和他们家人的信任债，就真的还不起。"

那时候陈向东焦虑到经常半夜醒来，凌晨三四点发呆。他理解任正非在创业最艰难时为什么会想到自杀，理解任正非"撞墙"之后的那种痛苦，这是常人难以想象的。虽然整晚地失眠，但第二天上班时，作为当家人，陈向东还是必须激励士气。他告诉所有人："我们不会缺钱的，我们会有钱的。"

作为团队的一号位，他绝对不能在团队面前泄气，否则人心就散了。但是晚上回家后，陈向东还是恐惧，万一失败了怎么办？

B轮融资困难，很大一个原因是增长乏力，很难说服投资人。这时候有个内部核心的人找到陈向东说："要不要做个假数据？"

陈向东很惊讶地问："什么意思？"

那人说："通过技术手段可以做数据的。"

陈向东问："然后呢？"

那人说："然后咱们就可以拿融资了，就可以把公司做下去了，就可以把公司做上市了。"

陈向东勃然大怒："我们的价值观是什么？是诚信！宁肯不要这家公司，也不能做假数据。"

那人还不死心地说："那公司没钱了怎么办？是活着重要，还是诚信重要、脸面重要？"

陈向东想都没想就脱口而出："公司就是一个组织，这个组织如果不诚信，我们在这里还有什么意义呢？我创业不是为了证明自己，我是和伙伴一起探索自己生命的可能。作假这事，想都不用想。"

那人追问："没钱了怎么办？"

陈向东说："如果没钱了，我会把家里所有的钱全部拿过来投。"

不久，鼓动他作假的那人就离开了公司。

高途的价值观之一就是诚信。"作为一家公司，核心价值观非常重要。"诚信也是陈向东的信仰，种子从小时候就被种下。小时候，大部分农村家庭只有过年时才能吃到肉，平时想吃肉，就只有遇到村里有人家办喜事吃宴席，但按习俗，每家只能去一个人。有的人家为了让孩子吃到肉，会厚着脸皮带着孩子们一起去，但陈向东母亲从不这样做。陈向东不解，曾问为什么，母亲说："诚实很重要，再缺吃少喝也要有骨气。"

诚信既然被陈向东写进了高途的价值观里，他就不可能违反，他也不希望团队有人违反。在 2014 年 11 月，公司发现有伙伴在拉老师入驻的业绩上好得不正常，经内部审查发现，此人是虚假注册，即使那人没有从中获利，陈向东还是力排众议开除了他。这两次事件，让陈向东更加意识到，团队内部不能再出现类似的情况，越是困难的时候，越是要保持内部的共识。

而当时，团队中许多人还沉迷于自家产品比对手做得好的骄傲感之中，并没有真正意识到危机的来临，这让他更为紧张。

大概有两个月的时间，陈向东每天晚上都拉着团队去烧烤店吃烧烤喝啤酒，谈论人生、公司文化、使命、价值观，常常讨论到凌晨 3 点。对于一家企业来说，这并非多此一举。历史无数次证明，在艰难时刻要维持一支队伍走在正确的道路上，"软实力"非常重要，团队领导的凝聚力、领导力非常重要。陈向东说："什么叫领导力？我认为领导力就是服务于他人的榜样力。我不是被人认为已经功成名就了吗？老大都忙成这样了，他们也就知道该做什么。"

见识了资本市场的残酷，陈向东明白了自强才能万强，接下来最紧迫的就是：干干净净地赚钱。

2.2 永远不要指望别人考虑你该考虑的问题

2015 年 9 月 26 日，"老师来了"B 轮融资失败，成立仅仅一年两个月，它就烧掉近 2000 万元，不得不黯然退场。当时有人分析说，表面上"老师来了"是死于融资失败，资金链断裂，其实是因为教育是低频服务，O2O 导致商业模式不清晰，由此推断"谁先烧完钱谁先死"，"大部分教育 O2O 产品很难活过 B 轮"。

据统计，截至 2014 年 12 月，有近 60 家在线教育公司已倒闭或转变方向，占全行业公司数量超过 10%。而据不完全统计，2015 年关闭的在线教育公司远高于全行业的 10%。

陈向东对此有清醒认识。他对媒体表示："通过烧钱来获得更大量的用户，这件事在逻辑上讲是通的，问题是能不能有那么多钱供你烧下去。"他认为："目前大多数在线教育公司都在 2013 年下半年到 2014 年上半年拿到融资，估计到 2015 年，20% 到 30% 的机构肯定会被淘汰出局。"

如果说"老师来了"的倒下是个阴影，那么高途就绝不能被阴影吞噬。这是场赛跑，必须跑赢烧钱的速度，学会挣钱。其实，陈向东很早就学会了将知识变现。18 岁时，他就办过一个为期 14 天的培训班，每个学生收 2 元，赚了 300 元，那时候普通人一个月工资就八九十元。2002 年，他写了几本书，一年版税就几十万元。

只是，那段时间陈向东也过于相信互联网，相信未来有的是变现的机会，一度宣称，"不考虑变现，有懂变现的专家"。这种懈怠，一方面是因为陈向东是"互联网新兵"，团队有更专业的互联网变现专家，他选择了过度授权；另一方面，当时核心创始团队拥有互联网、教育多元化背景，陈向东曾希望团队能产生化学反应。化学反应也的确产生了，有好的有坏的，好的是打下了雄厚的技术基础，坏的是没人从商业的本质去思考适合高途的商业闭环。

其实面对 O2O 这个新鲜事物，即使是互联网人也没想清楚闭环的商业模式。罗斌认为一开始高途的核心团队还是比较务实的，但 A 轮融资后，团队有点飘了。"我们团队这么豪华，拿了那么多钱，好像资本市场也比较认可我们。但其实 2015 年跑下来之后，我们发现其实大家对商业模式的理解不是那么清晰。到底要给用户或者客户解决什么问题？是不是真的解决了？怎样才能挣到该挣到的钱？这些问题我们都没有找到很好的答案。"

2015 年第四季度，看着公司不断上涨的财务压力，陈向东终于要两位"互联网变现专家"去做变现了，先去试试看能否跑通变现模式，无论规模大小。

一开始，他们觉得有成熟经验，变现会信手拈来，于是就按百度、阿里那样的平台流量变现模式去做，尝试竞价排名模式。结果出乎他们意料的是，变现的结果很惨淡。坐拥入口的百度、阿里已经有数亿用户和海量流量，把位置、流量变成钱，是很容易规模化完成的事情。但高途本身用户基数就小，流量还需从外部采购，有限的流量再次销售，中间损耗很大。更麻烦的是，撮合教育交易是低频的，甚至是一次性的，用户被导给教培机构、老师后，续课就极大可能脱媒，不再通过平台了，而产品本身又没有太多让用户能够长期高频使用的内容或者场景，用户留存率很低。

这让罗斌一度怀疑人生，想不通为什么结果会这样，他还想着如何把运营效率提高一些，把广告位卖得更贵些，或者更高效分配流量，但用户不足、流量小，价格提升反而导致无人想买，陷入恶性循环。

面对危机，显然再等待"化学反应"自动生成一个结果，已经没有时间了，团队的一号位必须做个决断，这是一号位才能做的事，谁都不能替他做。

2015 年 11 月，陈向东做出了决断，明确公司的主题是："变现、变现、变现！"争分夺秒去变现，将一切可以变现的资源，包括技术、流量尽快去变现，做好准备，自力更生活下去。变现任务被分解到每个业务的最小单元，最小单元必须都有毛利，每个业务线的员工都背上了变现指标，如果两个月连续完不成，排名靠后的人就必须离开。

虽然时代背景、业务有所不同，但相似的是，带领 IBM 复兴的郭士纳担任 IBM 公司 CEO 后，为了扭转公司颓势，所做的头等大事是使公司重新实现盈利。"远景规划的第一个框架最好是赚钱并使公司扭亏为盈"，为此，需要尽快实现为客户服务、缩短产品生产周期、加快产品交付速度，以及让公司上下感受到压力。郭士纳说："如果你不得不做一些非常糟糕的事，那就尽快去做，并确保让所有人都知道你所做的以及为什么要这样做。"

彼时，员工对于公司能不能开下去心里是没底的。艰难时刻最考验一家公司的向心力、战斗力和执行力，公司一号位下了决断，公司上下就必须高效率执行，首先从最熟悉的市场做起，那就是服务教培机构和老师，做 to B 的生意。

此前，高途已经云集了不少老师工作室、中小教培机构，但产品对老师端、机构端是免费使用的，也不抽取服务费。2015 年 11 月，产研团队仅用了一个月时间，就推出了会员产品。同时，根据不同群体的需求，整个会员体系被分为会员、高级会员、超级会员三个等级，有相应的权益。会员可以获得流量支持和生源推荐以及会员标签、页面装扮等服务；高级会员则更进一步享有照片、视频拍摄，页面诊断包装等服务；超级会员则享有平台额外匹配的一对一顾问服务。这些新服务成为创收的抓手。

会员产品是 to B 产品，需要销售，要做的是把用户变成"客户"。各分公司都领到了"军令状"，说服平台上的头部机构和老师升级为会员，并且到 2016 年 6 月，各分公司必须做到自负盈亏，否则就会被关停。任务下达后，洛阳分公司的李惠君感受到了全员变现的压力，让所有人都去售卖会员产品。从推广免费产品到售卖会员服务，有道巨大的鸿沟，得要懂客户的需求痛点、心理以及销售技巧。当时不少分公司的负责人此前并没有销售经验，曾经是老师、校长的负责人们不得不购买销售类书籍专门学习。

既然已经没有退路，就唯有全力以赴。虽然有重重压力，但幸运的是，会员服务确实能帮助机构和老师解决流量、生源、推广、转化的痛点，加上客户长期以来的信任，有充足客源的地区还是取得了"开门红"。北京大区在全面变现的第一个月就达成了百万元收入。陈向东自己花钱从美国买回来一台 iPhone，奖励给北京大区负责人屈建民，他至今还保留着这台iPhone。

除了会员产品，当时高途孵化出的另一个平台级产品是天校，它的诞生多少有点无心插柳。邓弘来到高途后做的是 to B，在引进教培机构入驻平台时，需要在平台上做一些对它们的后台系统建设。不同于大公司能斥巨资打造 IT 系统，中小教培机构、老师虽然有教学能力，但普遍缺乏排课、续班、数据统计、财务结算等后台能力，天校正好能帮助解决这些痛点，且能开发一个系统提供针对学员的全生命周期管理系统解决方案。沉淀下系统和能力后，当公司全面变现时，天校也就顺理成章地考虑如何变现。

但一开始，天校的变现进展并不是很顺利。难点一是，对于邓弘来说，这个业务是全新的，他需要对市场环境有更深刻的理解；二是中小教培机构普遍"慕强"，觉得天校产品的运营效率、方式跟巨头之间有很大的差距，需要进行市场教育；三是天校产品是市场上最贵的，别家类似的产品年费就一两千，天校的年费则高达 25800 元起，专门定制的系统更贵。

开疆拓土本来就不容易，邓弘还需要带领团队一边学习、理解行业，一边开发客户。幸运的是，不同于竞品用零碎功能拼凑出来的产品，在跟谁学网上"生长"出来的天校，本身就为解决中小教培机构、老师的痛点而生。客户经过尝试后，即使高价也接受，并且还介绍给同行。由于广受欢迎，天校引起了钉钉的注意，钉钉研究发现，在市场口碑、用户体验中，天校是最好的产品，并一度希望将天校嵌入钉钉体系里。

邓弘总结认为，天校能卖出这么高的价格，是因为这个产品是有灵魂的。"一套系统背后需要有管理思路做支撑，在管理思路上有相应的运营服务等等。天校针对教培、老师的需求理解是清晰的。"

2016 年，淘宝直播正式上线，此前，直播还仅限于游戏、娱乐领域等，淘宝直播上线掀起行业潮流，于是 2016 年被公认为"直播元年"。这一年里，国内接连涌现出了 300 多家网络直播平台。高途赶上了这波潮流。早在 2014 年 7 月，也就是高途成立的第二个月，视频技术团队就开始研发直播产品。2015 年 3 月，该直播产品就可以满足 3000 人同时在线。又过了半年，高途开展了万人在线直播课。由于互联网产品的通用性，这个直播产品在满足高途自用的同时，也可以为缺乏自研直播能力的中小教培机构提供直播服务，这个 SaaS 服务后来形成了百家云产品。

当时高途的技术能力是超配的，有来自各科技公司的顶尖人才，所以当内部微创新变现的号角吹响时，能一下子打造出许多产品。伍新春来自金山，一开始负责支付团队，解决支付的稳定性、安全性问题，以及退课退费的时效性。在全员变现时，他设想过试水做一些互联网金融相关的产品，服务于老师和机构。此外，他还设想过对平台的一些视频课程进行收费，收取一些提成。他带着团队开发了两三周，产品做灰度测试时产生了一些收入，给了团队极大的信心。虽然在临近上线时出于各种原因被叫停，但也印证了付费模式是行得通的。

如果说在之前，大家对"互联网"存在崇拜的心态，寄希望于做平台获得用户指数级增长，那么在求生的压力之下，所有人就回归到商业的本质，从基于"用户"考虑到基于"客户"考虑。两者一字之差，但有天壤之别。明确了教培机构、老师是客户后，各地分公司迸发出各种新的业务模式。

对于变现这件事，杭州分公司的蔡卫星是很兴奋的，他做过学校的校长，深知哪怕公司融到了 5000 万美元，如果不盈利，钱也很快会花完，变现是迟早要考虑的事。在得知要变现时，由于没有统一规范，分公司每个人发挥才华，八仙过海，各显神通：有给机构拍照的，有设计活动方案的，做得很辛苦。虽然第一笔生意只赚了 800 元，但分公司团队还很兴奋的，觉得自己能挣钱。

虽然小有成绩，但显然 800 元连公司的房租都不够。在与教培机构负责人交流过程中，蔡卫星发现负责人们经常咨询他与管理相关的问题，他忽然意识到给中小教培机构提供管理培训有巨大商机，于是他把团队叫在一起，说，咱们搞个商学院。这个打过地推硬仗的团队很快就把整套流程、物料全部弄好。第一期，蔡卫星就高举高打，邀请到了两家当地的龙头教培企业。由于是第一期，他心理底线是把免费当作宣传，结果这两家企业各派了 5 个人过来，还坚持要付费。于是蔡卫星心里有谱了，编辑文案让大家同一时间统一发朋友圈。龙头企业的示范效应很显著，第一期就招满了 40 个人，进账了十五六万元。

这引起了陈向东的注意，他给蔡卫星打了几次电话询问：这个模式能盈利吗？能持续赚钱吗？能做大吗？

蔡卫星用结果回答了陈向东的"灵魂三问"。由于第一期非常成功，客户纷纷发朋友圈宣传和转介绍，蔡卫星觉得第二期可以扩大去做。在上海举行的第二期商学院培训，连远在贵州的机构都派了人来，一传二、二传四，商学院的名声就传开了，不但能养活分公司，还可以继续做下去。

商学院不但可以继续做下去，还能做大。高途总部分管全国分公司的是吕伟胜，他牵头把商学院升级为全公司项目，各公司分别做。已是洛阳分公司负责人的全娟在3月份开展了第一个商学院的课程，那一场办得很成功，让分公司团队看到自己变现的能力。

彼时，各地分公司的变现方式有点百花齐放的感觉。有一次偶然的机会，太原分公司的负责人高福厚与太原的英语老师续智贤交谈时，谈到了跟谁学网上的万人直播课，续老师也曾经观看过这门课程，他认为自己的教学能力与那位主讲老师不分伯仲。这时，高福厚灵机一动，提议道："你付给我们20万元，我们来帮助你进行运营和推广如何？"

续老师毫不犹豫地答应了。这个订单成了"城市英雄"项目的起点。"城市英雄"项目内容是在每个城市为每一个科目找到一位优秀老师，在全国范围内进行推广和运营。2016年，山西分公司成功打造了十几位"城市英雄"，在全国所有分公司中达到了利润第一的水平。"城市英雄"项目所带来的收入，大约占到了那一年高途公司总营收的三分之一。

高途有个传统，每个人都能尝试新业务，扩展自己的能力项。曾任深圳新东方学校校长的周斌当时负责视频运营部，进到了全新领域，免费帮助平台上的老师做推广视频。2016年年初开始，他开始考虑场景如何才能商业化。在运营视频时，他发现考研是一个大市场，考研课程本身是刚需，学生是成年人，有自主性，能自行选择课程，没有家长干预，于是他选择切入考研市场。团队全面负责老师的课程开发、将免费课程转化为付费课程、前期流量获取等工作,收益与老师分成。

周斌之所以没选择 K12 赛道,是因为当时家长对孩子上网还有些抵触,不愿孩子上网课学习。但公司也有小团队在 K12 和成人教育赛道摸索,模式与周斌的类似。

2016 年第一季度末,微信每月活跃用户已达到 5.49 亿,成为移动互联网最大的一张"船票"。虽然很多人都注意到了这个巨大的流量池,但在线教育怎么切入这个流量池还处在探索阶段。当时许翔已经转岗到留学项目负责人。全面变现时,他想到做"大咖课",许翔虽然年轻,但开拓资源的能力非常强,有韧劲,盯住了目标就会不遗余力去邀请,很快他邀请到了 38 位行业大咖,给大学生开了职场课程,收费 99 元,通过在微信生态里裂变的方式,一周收获了 2000 多个付费用户,进账 20 多万元。

看到效果后,许翔觉得不如直接做个求职项目得了。当时求职项目很火,于是做了个叫作"蝙蝠求职"的项目。之所以叫蝙蝠(英文 BAT),因为当时互联网三大巨头的百度、阿里、腾讯被合称为"BAT",结果消息被泄露出去,名字也被人抢注了。但求职项目还是做了起来,许翔带着两个实习生做笔试课、面试课,通过微信裂变获取用户,月收入最高时有五六十万元。那时候许翔就意识到了微信裂变的能量。

除了许翔,罗斌也切入了微信生态。2016 年 6 月 15 日,罗斌负责的公司营销服务业务线推出了针对教培机构产品进行分销的"U 盟"产品。罗斌发现,移动互联网时代,用户的消费和学习习惯已经发生改变,但很多中小教育培训机构在渠道管理、营销方式特别是微信场景以及其他场景上还无法适应变化,所以高途打造了 U 盟,用于教育行业的全渠道分销招生,提供工具、服务和培训三位一体的解决方案,帮助机构打通从学生报名,到管理,到微信公众号再到后续营销的全链路。为了研发这个产品,在一年里,罗斌团队走访了几百家机构。

为了售卖 U 盟，各地分公司会邀请一些老师和机构，让它们的总部派人来参加互联网教育升级培训，培训过程中卖产品。罗斌虽然是技术出身，但很快锻炼出销售技巧，只要他一出场，就能卖出十几套系统。这位"销售小男神"，在 2016 年 12 月，一个月就跑了 22 座城市。虽然 U 盟受到了客户的欢迎，但那时大家还没意识到，最需要 U 盟的是高途。

2016 年 3 月，高途五大事业部，大部分精力都在 to B。如果说，此前高途的发展思路中，"互联网思维"更重一些，互联网人的想法更具有话语权，那么此时，就更加侧重于教育产业本身，需要熟悉教育的陈向东寻找方向。如果说过去高途是从"用户"出发，那么，现在则是从"客户"出发，"所谓的技术人才和教育人才之间的区别不重要，重要的是我们没有找到真正的客户需求，找到一个客户需求点"。

陈向东后来反思："教育 O2O 模式肯定是有问题的，当时是被别人定义的，我们被裹挟进去了，或者为了融资方便才说是 O2O，但是我最早创业的时候希望做的是什么？是不是真的就是 O2O 呢？"

但告别了 O2O 迷信，全面发展 to B 业务，就真的能把高途从悬崖边缘拉回来吗？

2.3 乱成了一锅粥

高途的核心团队里，缺少一位销售出身的成员。

如果说当时互联网大厂里，百度的技术最受推崇，那么，线上销售最强的就是阿里巴巴。从"中国黄页"起步，阿里锻造出了一支"中供铁军"，是众多互联网公司销售的"黄埔军校"。从 2015 年年底起，陈向东就密集约见了在阿里做过"省长""区长"的几十个销售管理者，都没找到合适的人选。直到 2016 年年初，经朋友介绍，陈向东结识了祁秀平。

祁秀平在阿里干了 12 年，全程经历了"中供铁军"，做到阿里国际事业部北方大区总经理。离开阿里后，祁秀平参与去哪儿网内部孵化项目。因去哪儿网与携程合并，该项目的发展与祁秀平的想法不再一致，他萌生了寻找新机会的想法。陈向东跟祁秀平吃过一次饭后，就觉得祁秀平正是他要找的人。他几次邀请祁秀平加入高途，不断跟祁秀平讲述公司的使命、愿景、价值观，最终打动了祁秀平。2016 年 5 月 10 日，祁秀平正式入职高途。

祁秀平来公司时，工资都没谈，就把精力放在了工作中。"我刚来公司的时候，按照我对公司的了解，我大概也能推测出公司账上还有多少钱，我们还能支撑多久。毕竟我工作了将近 20 年，我可以很清晰地判断符合商业规律的事情。"

2016 年 3 月，高途就有超过 900 万元的收入，但相对于公司的体量，这点收入既不多，也缺乏稳定性，并且分散，多属于临时性的项目收入，显然这是不可持续的。

当时公司的主力产品是会员服务。祁秀平把会员服务产品的定价从 980 元调到 1980 元，最高档达到 7980 元，机构产品则卖到 13000 多元。全面推广"城市英雄"服务，优秀的老师可获得高途所有的资源支持，一年会员费 20 万元。直播解决方案，硬件加服务最高到 100 多万元。当时高途在全国有 26 家分公司，每家分公司都背上了 KPI（绩效指标）。

在资本大量涌入在线教育时，出于竞争，各家竞相给予员工慷慨的薪资和股权、期权激励，总包价码高于社会平均水平。但当资本潮水退去后，不再能靠融资烧钱混日子，就必须激发员工的斗志，多拉订单。当时高途有 26 个直营分公司，早期做师资拓展和运营的伙伴里，不少人每月底薪就有近万元，再加上可观的激励，月薪可达 3 万元甚至更高。

祁秀平认为这并不符合商业规则，是互联网狂热时带来的后遗症，应该修改。于是，他将一线员工底薪降到 4500 元，同时将薪酬结构改为更明确的绩效导向。李惠君来的时候工资是 5000 元，在客户经理的工资统一拉齐后，变成 4500 元。但这造成拉来与过去同样多的付费客户，收入还不如以前。不少员工表示不理解。

仅仅降薪是会极大影响士气的，所以祁秀平将阿里"中供铁军"的标准化打法、激励精神带到了高途，激发真正愿意从事教育行业并坚信公司的伙伴尽快有业绩产出，形成标杆效应。只要大家看到有标杆，就会跟进。

一些专业销售人士在这期间加入公司。丁鹏飞是青岛分公司的负责人，他的第一份工作是在 58 同城做渠道运营，工作中好多方法是借鉴阿里的，对阿里的销售方法比较熟悉。祁秀平去去哪儿网时找他聊了两个小时，丁鹏飞觉得祁秀平的商业嗅觉、行业分析能力很强，就跟着去了去哪儿网。祁秀平加入高途后，又找到他，希望他来高途管华北区的销售，丁鹏飞连薪水待遇都没问就答应加入。此前丁鹏飞好的时候一个月收入有三四万元，觉得加入高途后怎么也不会差太多，结果入职后得知是 6000 元底薪 + 提成，还需要自己招团队，自己摸索怎么干。

丁鹏飞想了想，反正已经离职，总要找活干。"地都是自己拼出来的，活都是自己干出来的，创始人还挺牛的，看这公司应该黄不了，先坚持坚持，至少干半年看看。"

回到山东后，为了销售好产品，U 盟产品两百多页的 PPT，丁鹏飞每一页都会背，还针对客户的痛点进行了详细解释，讲解完后，客户先交订金可以享受打折优惠。丁鹏飞把这套方法教给团队，团队 6 个人每天都复盘学习，每个人都要能熟练地讲那份两百页的 PPT。当时分公司在一套三室一厅的房子里，两间房间分别是男生宿舍、女生宿舍，另一间是签单室，大厅是办公区，早上大家出了房门洗完脸就开始办公。

这样敢打敢拼，当年高途全国一半的 U 盟产品是他们团队售出的，干半年就做到了全国第一，成为标杆。团队之所以能保持旺盛的战斗力，就是"我信，他们也信"。

各个分公司在标杆、排名的激励下，有伙伴做出了一个月十几万元的业绩，收入保持了相应的高水准。事实证明，只要努力开拓就有收获，分公司军心也就能稳定下来。到 2016 年 6 月，不少分公司能把自己养活，并且还能够创造营收，而那些小型的、缺乏营收能力的分公司就只能关停。全娟被允许带着一些人到郑州来开分公司，郑州分公司是当时全国分公司里最后一家，但在她找到打法和感觉后，业绩在当年年底还是做到了排名前三。

不拼命大干一场，人永远不知道自己的潜力。

从表面上看，此时的高途已经稍微可以喘口气了。但陈向东知道，这并非可持续规模化的营利。因为当时五大事务部的负责人都在跑销售，但公司的月度营收还是停滞，无论如何都不再增长。

这还不是最麻烦的。在创业之初，所有人都觉得在线教育赛道很宽，O2O 又是最热门的概念，而高途的创始团队底子好，公司快速扩张，应该能很快跑出来，仿佛名利唾手可得。但 B 轮融资失败，账上资金快速消耗，高途不得不削减开支，变现求生，一下子宛如从天堂坠入地狱。

核心团队绝大多数人在创业前已经功成名就，因此其中的很多互联网人是基于市场价值来看待教育，而教育人则判断互联网是大势所趋。

这么做本身确实也没什么错误。在伍新春的记忆里，双方是经历过蜜月期的，互相之间敬畏心很强，教育人觉得互联网人太牛了，跟搞核弹似的，非常高大上；而互联网人看教育人也是类似的感觉，一个个口才都超级好，说话一套一套的，体系丰富，逻辑自洽，洞察还深刻。

但这恰恰说明，这是两个基因不同的团队，只是被时代的潮水推到了一起，随着困境的到来，反方向的作用力让间隙出现了。

"业务经营出了点状况后，互相就有点瞧不上了。"伍新春说。做互联网的嫌做教育的太保守，做教育的也嫌做互联网的不懂业务。

更麻烦的是，公司的 5 个事业部分别独立突围，形成了各自的闭环，各事业部只管自己冲业绩，没有协同，也没有互补。每周的高管例会慢慢变成了每个事业部各自汇报自己的业务进展，汇报完就完事，宛如 5 家独立的公司凑在一块自说自话。并且由于各业务板块缺乏战略规划，各自摸着石头过河，在定价、资源配置、打法上常常出问题，虽然有营收，但还是在亏损或亏损边缘徘徊，甚至增长也陷入停滞，焦虑焦躁的气氛蔓延，没人能从公司整体发展的角度考虑。

罗斌注意到，2016 年会上的争吵多了一些，和 2015 年时招兵买马、产品升级的热血阶段有天壤之别。虽然那个阶段也有财务压力，但大家对业务寄予厚望；当财务出现问题后转而做变现，但变现又没那么顺利。虽然业绩一直在增长，但是不稳定，还是在亏钱。在重压之下，每个人的状态都变得消沉。

罗斌后来回忆说："那时我们的认知是比较肤浅的，觉得做 to B 是简单的事情，但这个判断是有偏差的。在主业务和主赛道没有跑顺之前，我们又重新开辟了几块新战场，希望通过曲线方式去支撑主业务，这种做法实际上是分散了整个公司的战略资源，让战略失焦了。"

高层的失败主义气氛很快弥漫到公司上下，主业缺失，同时 5 个业务线各自为战，高途并没有找到"增长飞轮"，实现"从 0 到 1"的突破，创业时宣扬的伟大的事情没有发生，大家反而在为一日三餐奔波，军心再度涣散，甚至包括核心创始团队成员也在看外边的机会。尤其是能看到数据的技术伙伴觉得模式跑不下去了，就另觅他途，这导致大量的技术伙伴离职。有一位技术团队的伙伴在离职后加入当时如日中天的打车软件公司，靠把前同事内推过去，一年内光是内推奖金就拿了 28 万元。

公司"乱成了一锅粥"，外边都传言"高途不行了"。

在新东方时，即使陈向东工作非常繁忙，也能倒头就睡，那时候他还嘲笑俞敏洪要靠安眠药助眠。等到自己创业，彻夜彻夜失眠的时候，他才意识到作为创始人是没有退路的，每天都要解决各种各样的难题，他终于理解了俞敏洪。有一天醒来，陈向东突然发现，自己的眼白全红了，因为压力太大，眼球上的毛细血管爆裂了。

每个人都可以说要撤，只有创始人不能撤，当然陈向东也肯定不会撤。"那时候心里还是挺难受的，之前我天天在外边漂着走着为公司做宣传，在内部对接少，过度授权，这样做是不对的。"

在这段"至暗时刻"，陈向东逐渐想明白了，每个人都是正常的，大家都是很善良的人，但人性也是很复杂的。"我创业时把做公司想得简单化了，其实黑暗中人的动作和阳光下人的动作是不一样的。公司活到能赚到钱的时候，人们的动作都会更加自然一些。但如果公司没做起来，大家一着急，人的动作就不一样了，所以唯一的方法就是得把公司做好。"

在这段最艰难的日子，陈向东还是告诉伙伴们："我们不会缺钱！"为了安抚团队，重塑信心，2016 年国庆节，陈向东自己掏钱，给近 30 位干部安排了一次为期 9 天的英国豪华游，去了伦敦、爱丁堡，参观了剑桥大学、莎士比亚故居。陈向东一方面给团队加油鼓劲，畅想未来，另一方面也在着手做重大变革。此时，他心里对公司未来的规划日渐清晰。

祁秀平发现陈向东从来没放弃过，无论是开会还是内部活动时，他都表现出非常强的信心，每天风风火火。他也明白陈向东背后肯定承受了很多压力，只是他很少把自己的焦虑和压力表露给大家。"这其实非常棒。他感染了我们，只要他心里还是有底的，我们就可以再继续做下去。但是我们也知道，再赚不到钱的话，公司其实是没法持续做太久的。"

2016 年的 12 月份，高途的收入达到峰值，每个月 1300 万元左右，虽然接近盈亏平衡，但还是亏损 100 万元。祁秀平乐观地认为，再坚持下就能盈利，公司就能养活自己。但其实那时候，公司账上真的快没钱了，眼看工资就要发不出，现金流接近断裂。陈向东决定自掏腰包给公司。他和爱人商量，爱人流着泪说："反正我嫁给你的时候，你也是一无所有。你觉得重要的话就去做，需要就都拿去吧。"

于是，陈向东连夜飞香港，从私人账户拿出 1000 万美元，一个上午就打到公司账户。当有离职的伙伴想退股，陈向东会毫不犹豫第二天就把钱打给他。

这笔钱解了公司的燃眉之急。因为 2017 年年初，会员产品到期，要续费了，但续费的情况非常不理想。因为当时"一对一"模式很火，2016 年 8 月，VIPKID 获得了 1 亿美元的融资，在投资人和朋友的劝告下，高途也尝试孵化"一对一"项目。但老师和机构觉得，高途既然是做平台，收了会员费，还自己做一对一的自营业务，就是在跟老师和机构抢用户。如果续费会员少，收入从盈亏平衡点再度下滑，大家的情绪和信心都受到影响。

陈向东回想起小时候天降暴雨时，河、湖水位会暴涨，洪水咆哮着越过河滩，横冲直撞，把村里的梯田全部冲垮。他家的院子就靠近河滩，暴雨哗啦啦地下，他总是担心洪水会不会泛滥到灌进院子。此时岌岌可危的公司，就如同当年风雨飘摇中的农家小院。

雨过之后，往往会天晴。而此时，改变高途命运的"太阳"，其实已经在公司办公室大楼 3 层的角落里，等待东升。

第五部分

创新：第二次创业

1

跑通直播双师大班课

1.1 创新往往发生在外部

2014 年 7 月份，高途就组建了视频直播团队。该团队来自梯子网的张弩团队。陈向东看到梯子网关闭的报道后，马上跑到楼下，把张弩团队基本都谈了过来。当时有伙伴质疑，我们不是做 O2O 吗？为什么要做视频直播？

陈向东脱口而出："这就是未来。"陈向东当时凭的是直觉。他早年学过电子技术，用直播做教育这件事早已刻在他脑海里，他预感这会是个大机会。

2015 年 3 月，高途的直播技术上线，一开始准备做个千人在线课堂，结果一下子涌入 4000 人报名。那天晚上，核心团队在开办公例会，正在激烈争论的时候，突然被告知服务器挂了，直播进不去了，大量的学生在投诉。会议第一时间中止，技术团队紧急行动，技术负责人带团队进行紧急修复，运营负责人部署应急措施降低用户体验的负面影响，迅速解决了事故。

虽然事情圆满解决，但事后，陈向东还是跟团队说："这个事故的发生在情理之中，但是对于一个伟大的团队而言，却是不应该的。"

于是李钢江作为 CTO 自罚了一个月工资。技术团队承诺一年之后高途的直播作为独家研发技术，应该能够再创新高。其实不到一年，仅仅半年后，高途的一场在线课程就进了 1 万多的观众，全程流畅，展现了整个互联网教育直播领域的顶级水平。

万人在线课程成功后，陈向东觉得在线直播大班课"这事肯定能成功"。陈向东很熟悉大班课。1999 年年底，他刚进入新东方，就直接教大班课，一个班最多五六百人，是教室容纳的极限，但不是老师教学产能的极限。互联网技术能把在线直播、交互做到极致，只要找到最好的老师，就能用少数老师发挥最大的效能。线下一个老师一个大班只能教 500 个学生，而线上一个老师可以教 5000 甚至上万个学生，优秀老师的产能就能放大 100 倍。

那段时间，陈向东密切关注着行业的动态，他发现业界另一位大咖曹允东也注意到了在线直播大班课。曹允东是好未来联合创始人，好未来上市后离职，在 2014 年年底创办了乐学教育集团，旗下的乐学在线面向高中，一开始做的是录播短视频模式，销量一般。在 2015 年 7 月，乐学在线发现直播课模式不错，就开始转型做直播课。

也就是在 2015 年七八月份，陈向东更笃信"直播大班课这事儿很靠谱"。到 9 月份，随着高途的在线课堂支持一万人同时在线，他就知道万人直播大班课也肯定能成功。

但当时公司内部没人来做这事，陈向东只好天天出去找人来做，他聊了不少人，包括当时乐学在线技术负责人李建辉。

李建辉以前在思必驰工作时，两人就已经认识，交流过数次，陈向东曾邀请李建辉加入高途，但当时李建辉并不看好 O2O 模式，所以没能合作。虽然之前没能邀请到李建辉立刻加入公司，但两人对做好教育服务的追求是一致的，还是保持着沟通。2015 年年底，陈向东再次约见李建辉，跟他分享了直播大班课模式，这次他说服了李建辉。2016 年 2 月，李建辉加入高途，直播大班课项目开始启动。

当时，公司上下都在做 B2B，董事会也不同意做直播大班课项目，对 B2C 的在线直播双师大班课模式存疑。虽然陈向东认定直播在教育场景中有变革性意义，但并未被董事会接受进入高途的战略主轴。

陈向东决定自掏腰包，出资 1000 万元，在公司体外孵化该项目。他非常认可《创新者的窘境》中的一句话，创新常常发生在企业外部。体外孵化高途课堂的做法，得到了董事会的同意。高途从拿到投资的第一天起，就成立了董事会，每个季度都召开董事会，所有重大事项都递交董事会审议。规范、公开、诚信是陈向东一直坚持的准则。

事实上，高途第一次拿出季报时，就令顾凯非常惊讶。顾凯做过二级市场，熟悉上市公司财报，他发现这家创业公司的报表体系比上市公司的都齐全，除了有数据，还有数据分析以及各个板块事业部负责人的情况。从创立伊始，高途就在公司治理、公司财务管理体系上搭起了上市公司的架子，规范化运作。

这一次，陈向东还是坚持规范运作，虽然在体外孵化，由他自己个人出资，风险都是陈向东在承担，但他还是给了公司 30% 股份，剩下的 70% 用于激励项目团队。这意味着，如果项目失败，陈向东自己承担损失，而如果成功，则收益共享。投资的全过程董事会股东都看在眼里，这使得顾凯对此颇为感慨，说陈向东是"表里如一、始终如一、知行合一"。

那时，直播大班课项目创始团队只有 8 个人，默默地被安置在公司办公大楼 3 层的一个角落里。最开始连名字都还没想好，后来团队从"名师出高徒"中摘出"高徒"两个字，陈向东加以升华，命名为"高途"，既寓意"名师出高徒"，又寓意学生高中（zhòng），有远大前途。"高途"这个名字就这样与这家公司结缘，并在后来成了这家公司的整体品牌名称。

直播在当时已不是新奇的事物。在直播赛道上有 YY、9158、映客、花椒、斗鱼、熊猫 TV、一直播、虎牙、龙珠、陌陌等平台，但大多从事秀场、娱乐、游戏、体育等直播服务，还有的曾因诱导打赏、擦边等违规行为，屡遭整顿。2016 年 5 月，淘宝直播正式上线，直播与电商开始结合，头部网红迅速走完陡峭的成长曲线，使资本快速涌入直播赛道，那一年，国内接连涌现出了 300 多家网络直播平台。

怎么做一个"吸金""杀时间"的直播，已经有现成的模板，但显然这些模板、模式跟教育是背道而驰的。

教育直播产品并没有现成的模式，高途课堂团队只有不断地摸索、打磨。他们开发了双屏联动功能，可以让 widows 系统电脑做主屏，连接 iPad 做副屏，主屏显示课堂的行为数据，如孩子的专注度、答题的错误率，老师可以基于数据更好地把握课堂节奏；副屏则支持老师和学生直接在课件上手写内容，实现实时互动。学生在做练习题时，可直接在页面上选择答案，老师就能直接看到统计结果。这双方互动的模式，直接高效解决了教育直播的痛点，在当时属于首创。

在最初测试时，高途课堂从当时火爆的奥数课开始实验，团队给外部几个优秀的奥数老师做了一个教研课件开发系统，老师可以在系统里开展教研工作，支持多人共创，最终迭代出让老师们非常满意的效果。

游戏、娱乐、电商直播在一定程度上是符合了人性中追求"即时满足感"的天性，用户花时间看直播，甚至不惜花钱赢取主播、观众关注，满足虚荣心获得快感，具有一定的成瘾性。但教育直播不同。首先，决定学生能不能上直播课的是家长，由于直播乱象迭出，不少家长在当时颇为排斥直播，这就降低了学生上直播课的可能性。其次，教育在某种程度上是"反人性"的，是一种"延时满足"。在学习时，需要极大的专注，耗费脑力，而"满足感"只有提高成绩时才能获得，具有滞后性。家长一开始很难甄别课程是否有效，更麻烦的是需要辅导的学生中有部分是厌学的，加剧了用户对直播上课的排斥。

这就意味着，在教育服务场景里，用户和客户是分离的，学生是用户，但支付费用的家长是客户。陈向东后来意识到："技术是为解决用户需求服务的，真正检验技术高低的标准是，看它解决了用户哪些实际问题，并赢得客户信任。技术再牛，你没有解决用户的问题不行，没有赢得客户的信任也不行。"

1.2 伟大的事情发生了

老高途课堂团队成员基本是技术出身，对前端招生、转化、运营等环节缺乏经验，也没有足够的人手和精力。指导团队组建几个月后，团队才引进了一个运营负责人。不巧的是，这位负责人缺乏互联网思维，只有线下经验，他带着团队到河南线下招生，试图通过线下体验课引流，导入到线上。这种模式效率非常低。团队花了几个月都没跑通商业闭环。

高途课堂业务在一段时间里并没有实现闭环，即使因业务发展，人手逐渐增多，接近了苏伟团队，被他注意到后，他还是不以为然，认为"这是个错误的决定"。只有陈向东坚信："一旦解决了客户的来源问题，这个技术的爆发力是非常大的。"

但当时，谁都不知道怎么解决这个问题。肯尼斯·斯坦利、乔尔·雷曼在《为什么伟大不能被计划》一书中写道："新奇性搜索带来的经验看起来是在不刻意寻找目标的时候，找到'目标'反而更容易。换句话说，当你不担心如何解决问题，而是真正采取行动时，反而能够解决更多问题。"

高途课堂后来的成功，源于团队之外的两位伙伴的"新奇性搜索"，那就是钱杨和罗斌。2016 年 8 月，当时天校业务的产品经理钱杨在着手打造内容赋能产品，如主做数学培训的教培机构，天校可以额外给其提供语文课程包，使机构更有意愿使用天校的后台管理系统服务。

为了搜罗合作伙伴，钱杨到处跑，其间认识了人称"曾老怪"的作文老师曾曦。曾曦颇具传奇色彩，他是理工科出身，当过海军，退伍后从事作文教学，他创新地将军事对策论理论与作文教学结合，独创了类型作文课程，并曾任全国八大作文课改实验区专家组组长。

钱杨从曾曦的讲课录像里了解到他，觉得这个老师不错，就专程去曾曦讲课的学校找他聊，还去了好几次课改实验区，亲身体验曾曦的课堂。钱杨拿出当年跑金融业务的韧性，反复沟通了两个月，最终打动了曾曦。在同年10 月，天校与曾曦成立合资公司"一三作文"，这家公司也是高途的第一家"孙公司"。

因为曾曦当时已 50 多岁，没精力承接太多课程，为了效率最大化，最开始"一三作文"对商业模式的设想是，把曾曦的内容输出给其他教培机构，并不想自己售卖课程，但为了更好说服机构买单，"一三作文"决定先打个样，自己做课堂自己招生，证明曾曦和课程的市场吸引力。钱杨也决定试试直播双师大班课模式，做个作文大班。

这是"一三作文"的第一个产品。产品上线前，钱杨、曾曦和各自的助理联手反复打磨课程，每磨一节课，就找身边朋友来听，看课程是否能打动人，有哪些"学生"听不懂的，得到反馈后就会及时修正，反反复复，花了两个月才最终把课程一节节打磨好。线上直播和线下教学的一个重要区别是，在线下，如果学生有不满意的地方，校长和客服能及时了解到，并有时间有机会改进，而线上却难有这样的机会。

所以课程打磨非常重要，直到现在，高途对磨课都非常重视，教学的逐字稿常常是一个字一个字地反复打磨。

课程打磨好后，为了招生，2016 年 12 月 14 日，"一三作文"在公众号导流转化用户，结果当晚营收就实现了超 10 万元。

陈向东知道后，兴奋地说："天啊！伟大的事情发生了！"

后来，在复盘这段激动人心的模式跑通经历时，钱杨谦虚地认为这个样本做得还比较粗糙。在全流程中做得最好的是流程转化和课程履约两个环节，其他的，如流量裂变等环节，还处于最为基础的阶段。

钱杨说那次课程的流量来源其实非常传统，采用了业内通行的做讲座、和其他机构互换流量的方式。公众号裂变流量虽然采用了罗斌的团队做的流量裂变工具，但它的效果还谈不上裂变，裂变说法更没有得到有意识的利用。最大的突破在于——课程设置，以及发挥了名师的个人魅力。

曾曦是名师，自带流量价值。其实陈向东很早就知道名师的价值，因为他自己就是名师。陈向东 17 岁在铁门一中教书的时候，由于教得太好，他带的班学生最多时有 70 多个，上课的人太多，以至于教室后边的门都打不开，而一般来说，一个班的学生是三四十个。那时候陈向东就深深体验到好老师的作用和价值，"好老师永远是稀缺的"。在新东方时，名师的课程能吸引数百人来听，课室里挤得满满当当。从数十人到数百人，已经是名师在线下教学的极限。

要想再放大名师的杠杆，就要让名师优质的教学方法帮助到更多的学生，尤其是打破地理限制，让全国各地的学生，都能享受到最顶尖名师的课程，这就必须用互联网。

在创业时，陈向东就笃定要用互联网释放名师的价值。但"教育老人"陈向东在当时还是"互联网新兵"，在 O2O 概念泛滥的年代，高途的动作一度被各方裹挟直至变形，本来平台应该专注于赋能名师，但当时变成了互联网人最擅长的营销玩法："提升声誉，拓展生源，降低成本。通过建立一套师资管理系统，帮助老师们进行自我营销；通过与百度等搜索网站合作，增加老师们的曝光率。换句话说，这就是在替老师招生。"

本来名师们就缺乏打造互联网产品的思维，也没有工具赋能，仅仅给他们增加曝光是难以闭环的。幸运的是，在黑暗的探索期，陈向东始终坚信"在线教育无论如何发展，最后的决定因素是老师，尤其是名师"。

在获得这个知真后，以名师为核心的逻辑始终贯穿在高途的生命线当中。

此外，作为一个老师，陈向东一直鼓励团队探索创新，技术团队解决了技术储备，使得大班课的模式有了技术底座，如果用外部技术，可能就接不住。在平台模式以及后来各业务线分头突破期间，高途积累了大量名师资源。此时只待一个低成本、高效率的获客方式，整个商业模式就能跑通。这个获客方式，其实罗斌也早已经打磨好了雏形。

正如肯尼斯·斯坦利、乔尔·雷曼所写："在某些情况下，成就伟大事业的种子早已埋下，只待合适时机破土发芽。"

而在这个过程中，没有人确切地知道，哪些踏脚石会催生最伟大的发现——"我们最不应该做的事情，就是阻止其他人去探索被我们忽视的踏脚石——谁知道他们会发现什么？"

探索的过程本身就是试错，试错也不是无谓的损失，而是积累经验，塑造人的思维和意志。陈向东后来回忆说："我在农村和县城待过10年，每天早上5点多起来，跟学生跑步、早自习，拉着学生检查作业，时间浪费了吗？其实没浪费。俞敏洪当年在农村边插秧边学习，在北大五年，休学一年，最初那几年教书也教得不容易，难道都浪费了吗？其实都没有浪费，都是积累。现在的人都太着急了，总希望能一步到位。"

"那些to B的项目是我让做的，因为当时要变现，只要能赚钱，能让公司活下去的都给机会去试。其实马云在创业初期也是，可能赚点钱的项目，他都试一试。"陈向东说。

这些试错极大地锻炼了团队，锻造出公司最值钱的"资产"：团队，能打硬仗的团队。只要不偏离目标，过去的积累或许有一天就无心插柳柳成荫，而只有强大的团队才能接得住泼天富贵的机会。

做人、做事其实和教育一样。在陈向东看来，"每个人都有权追随人生的激情所在，即使它们偏离了最初的计划，或与最初的目标相冲突。因为改变方向的勇气，有时也会带来意想不到的丰厚回报。"

高途课堂丰厚的回报就在眼前。

2

抓住微信裂变红利期

2.1 变革要深入最小单元点

2016 年 10 月，高途各部门开始准备第二年的规划。但直到 2017 年 1 月，规划都没有成型。规划之所以做得如此艰难，是因为大家发现怎么做都不尽如人意。整个公司上下都茫然不知所措，继续做平台还是做自营？是 to B 还是 to C？这些日渐变成生死攸关的问题。

虽然所有人都在努力，但个别亮点暂时还不足以照亮全局，营收所得并不多。整体上，公司仿佛陷入被魔咒困扰的停滞状态。优衣库创始人柳井正认为："企业发展一旦停滞，它就失去了存在的意义。"

"企业经营是九败一胜的事情，一定会经历一连串的失败，败多胜少。可以说，失败是生意的伴侣，两者形影相随。你挑战 10 次新事物，必定会有 9 次失败。有些成功的企业家甚至说：'100 次尝试中有一次成功，那已算不错。'现实就是这般严峻。经营环境在飞速地变化，常常令人晕眩。要跟上这个变化，让经营持续下去，让企业生存发展，我们就必须经常对企业进行自我革新，并不断地追求发展。"这位日本首富在《九败一胜》的书中写道。

陈向东做过中国最大的民营教育公司二号位，管理过数万人，有着丰富的管理、教育经验，但创业是第一次，还选择了互联网这个对他而言是新事物的切入点。在很长时间内，他选择了放权，让专业的人做专业的事，放手让团队做创新、业务，自己做最擅长的教育、运营、激励团队。为了打响公司知名度，他花了很多时间接受媒体采访、公开演讲，在各个微信群交流，批量发送公司广告，发红包求转发，源源不断地将曝光量转化为流量，一度使跟谁学 App 的动态下载量排名第一，为公司省了不少品牌宣传费。

但作为公司创始人、最高管理者，决策是他特有的任务，无人能替代。正如德鲁克所言："卓有成效的管理者，做的是有效的决策。有效的管理者不做太多的决策，他们所做的，都是重大的决策。"

此时，正是要陈向东做重大决策的时候。在英国团建时，一个重大决策就在陈向东心里酝酿，并逐渐成形。最终让他下定决心的是那年春节在美国休假探亲时，他反复审视创业以来的过程，想明白了如果一家公司做不下去，肯定是一把手造成的——"你在伙伴身上尽了多少力？是不是在做正确的事？"

陈向东给了自己一个否定的答案。这个答案令他很痛苦，下定决心做重大决策令他更痛苦。但此时还为时不晚，再晚一点就回天乏术了。于是在美国期间，他就每天写邮件、打电话沟通，为接下来的大变革做准备。

回国后的一个晚上，陈向东约了两个核心创始团队成员到住所谈话，谈话的要点是公司战略将回归教育的本质，业务模式要调整到以自营为主，陈向东将从务虚转向务实，这意味着将有一系列人员要调整。那次谈话颇为艰难，张怀亭一度失声痛哭，但最后大家还是理智地达成了共识。

　　第二天，也就是春节假期结束的第一天，早晨 7 点，陈向东召开总裁办公会，正式宣布要亲自接管业务。会后陈向东让核心骨干互相打分、评估，根据评估结果，直接决定让两个人离开。其中一位正在休假，陈向东直接跟他说"以后不用来了"。还有一位问能不能第二天离开，陈向东说："不能，必须今天就离开。"但得知对方经济有些窘迫时，陈向东马上转账借给了他10 万元。当然，他们的股票期权全都保留了，日后这位伙伴用卖掉股票的钱，还了这笔账。这些离开的伙伴不但经济上获得了巨大回报，还以是高途早期伙伴为荣。

　　因为谁都知道，公司是以盈利为目的的组织，最高管理者必须带领公司成长，最大限度提升公司的效益，否则就会在竞争中失败关张，所有人都得另谋出路，而不只是小部分人。这很现实，也很残酷。壮士断腕，四个字，字字不容易，唯有牺牲小我，才能成就大我。

　　陈向东不是狠心，他总念叨："我很幸运遇到了这些人，虽然决策是我做的，他们也不得不执行，但他们都很善良，很理解我。"

　　而他的做法是公司面临巨大危机时的通行做法。2017 年 9 月 12 日，陈向东的公众号发了一篇文章，题为《为什么说拖死公司的"杀手"往往是优柔寡断？》。文中引述了郭士纳、杰克·韦尔奇各自在公司面临巨大的经济危机时大刀阔斧减员增效的故事。两人虽然在不同行业，但都通过撤掉亏损部门，裁减大量冗余人员，给有前景的部门、优秀员工留下了足够大的发展空间，最终扭亏为盈，起死回生，成就了公司传奇。

　　陈向东写道："在面对艰难局面，做重大决策的时候，他们都采取了同一个原则——快。管理者做决策就是要快，只有把各类功课都做扎实了，才有可能做到快速决策，彻底摆脱优柔寡断的死局。如果做不到，只能说明管理者自己的功夫还不到家。"

　　天下武功，唯快不破。把各类功课做扎实的陈向东做了最快速的决策，自上而下地推动了大变革。他深知时间不等人，市场风云瞬息万变，他唯有用强大的意志把变革的计划尽快落实到每个最小单元，才能重启这辆快要生锈的战车。

在那段时间，雷厉风行的陈向东每天从早上开始就开会，把重要事项写在黑板上，要求马上执行，第二天就检验结果；每一份文件，他都亲自签批，细到打车费报销标准制定，他都要参与；恢复每周一与新伙伴聊天的传统，陈向东会跟大家围坐在一起，聊上两小时，就聊各种感想。通过会议、制度、交流，陈向东把想法贯彻到每个最小单元与每个员工，达成了共识，让所有人都知道"larry 现在亲自管业务了，高途要彻底变革了"。

这对内忧外患的高途来说，无疑稳住了阵脚。

2.2 在线教育的核心驱动力是什么

变革从业务模式开始。2017 年 2 月，陈向东先后安排组建几个运营创新小组，大致分为两大组，即 K12 和非 K12。K12 组里有由运营负责人组建的面向小学生的"伴节课"，另外还有初中、高中和出国留学业务等不同的创新团队，以及一对一的"来师"；非 K12 组里卖瑜伽课、吉他课、Excel 课、PPT 技能课程，以及建筑师培训、会计从业培训、执业药师资格培训等。同时启动对在线直播双师大班课的进一步探索。

其中刘威带队的"伴节课"团队执行力最强，他们采用的模式和一三作文类似，但比一三作文走得更远的是，团队敏锐地找到了流量裂变的密码，在完成公众号导流后，团队会建家长群，制作精美的广告页，随后发送到群里，如果家长完成了转发，就会得到一份礼品，例如书籍或者免费课程。裂变通过家长的转发展开了，"伴节课"团队一次活动，最多能涨粉 30 万，随后伴节课的场景跑通了，有了持续现金流，小场景中花出去的成本和拿回来的营收持平。随后，流量运营成为行业标杆，同时销售模式也经历了迭代，从电销进化到微信营销。

陈向东深知微信的强大连接能力，能够串联每个人的有效关系。早在2014年，高途就在微信上投入，2015年5月份收购了一个叫"百分家长"的微信公众号。罗斌做的U盟产品就是帮助教培机构做社群裂变流量的。社群是当时最流行的玩法，通过转发公众号、微信群，吸引微信用户参与转发裂变，再进一步将用户导入私域群。当时市场上使用私域打法的基本上是电商行业，U盟是最早在教育行业做私域的产品，但产品最初bug非常多，模型和逻辑也不太清晰，而且各个客户的情况不同，难以做到标准化。

但这个产品与高途的执行力结合后，迸发出强大的能量。当时微信还未封杀一些用户裂变的外部链接和群控工具，社群的红利期仍在。高途采用的裂变模型主要是"载体＋工具＋创意＋技术＋运营"相相合。其中，载体包括了微信生态中的公众号、微信群、H5、个人号、2016年4月出现的企业微信，以及2017年年初正式推出的小程序。而工具则涵盖了拼团、邀请、砍价、转群等功能，其中最常用的就是"邀请"，即用户分享海报给几位好友扫码，达成任务要求后，就能获得目标产品。创意是吸引用户参与的核心要素，没有好的创意就无法打动用户，更谈不上传播，一张海报的文案如何更能吸引眼球，常常需要团队苦思冥想。

运营是个琐碎又繁重的累活。用户源源不断地加入，运营人员需要及时提醒用户如何操作和分享。当用户完成任务，他们会在群里发布截图确认，运营人员需迅速反馈告知任务完成。这意味着运营人员需要全天候关注微信群，一旦出现延误，前期所有的努力都将付诸东流。因此，运营人员常常从早上6点工作至凌晨1点，有的运营伙伴甚至随身携带20部手机上下班，过安检时差点被安保人员报警。

罗斌团队对 U 盟产品进行了技术升级，把运营的伙伴从纯手工中"解救"出来，程序会自动执行标准化动作，用户进群后，程序会自动发送提示信息，在用户分享完内容后，程序自动做审核，帮助用户完成任务。自动化程序能大幅提升运营效率，规模化服务客户，并快速建立起私域流量池，带来了巨大收益。

技术的支持是裂变过程的关键。经过迭代的 U 盟已经是较为成熟的可供使用的技术平台。陈向东后来总结说："如果没有罗斌技术团队做的微信裂变支持平台，那这个伟大的渠道创新和革命，其实我们是抓不住的。"

陈向东很早就注意到这项技术。2016 年年底，公司经营非常困难，没有市场营销预算，陈向东提出，是否有方式是可以不用花钱或者花很少的钱，就能够达到很好的营销获客效果的。之前公司花钱的方法都试过了，效果没有多好，会有不花钱就有好效果的方式吗？陈向东从老员工出去创业的项目里发现了通过微信社群社交式裂变的打法，数据非常好，就介绍给了罗斌。罗斌最开始还有点看不上，觉得没有太多想象空间，还停留在做大平台的惯性思维里。后来实在是没办法了，还是研究并做了 Demo，做完之后，他们发现真的可以获得不错的流量和用户。

但他同时也发现，如果通过人工来运营，可能运营人员早上五六点钟就得爬起来，一直干到凌晨两三点钟，都得一直盯群，只要有人进群，就要给他发消息、做审核。针对这个痛点，罗斌团队发挥技术优势，最终通过技术手段做到了规模化和自动化。

之前教育培训行业的获客方式主要是打电话，高途创立的这套业内最强大的微信社群流量转化玩法，在作为 U 盟产品销售给会员时，因 bug、客户需求各不相同等因素而难以起量，但高途自己用了之后，效率却提高了超过十倍，对行业形成了降维打击。私域的低成本获客是当时高途能起死回生的关键因素。

陈向东关于微信的判断，令祁秀平"非常非常佩服"。陈向东不是互联网出身，但他作为教育人，却敏锐地捕捉到了微信场景的重要性，这离不开他细致的观察和洞察力。他对流量的敏感，也在后来要求各业务线做抖音直播、高途佳品抓住流量红利时展现得淋漓尽致。

机会总是稍纵即逝的。2018 年开始，微信开始大规模查封裂变行为，但高途已完全熟悉微信生态，能不断根据生态的变化而进化。2018 年，高途投放的投资回报率（ROI）高达 1∶4，到 2019 年上半年，依然维持在 1∶3 左右。2019 年，高途的成人英语有 3.8 亿元收入，贡献了 1 亿元的利润，很大程度上，高途靠的就是以低成本获得流量的能力。

从各个渠道汇集来的潜在客户，进群后先听公开课，有意愿继续使用的用户会转化为付费课程用户；而暂时还没意愿的，高途依然好好维护，推送资讯，维护 3 周后，会转到裂变组，再重新分流沉淀。本来是数学组的群，可以再筛出来到语文群，进入二次循环，或者沉淀到服务号与公众号，方便客户领资料，或者查看与教育有关的信息，双方保持着接触和联系。祁秀平认为："不管别人是不是说微信红利过期了，我们依然要通过微信去触达用户，这反而是效率最高的方式。"

而微信大规模查封裂变行为，在某种程度上对高途反而是利好的，因为此时的高途已经有了足够的积累，而竞争对手却失去了模仿的可能性。即使微信没有这些举措，别的公司想要学微信裂变打法，也很难学到精髓，因为别的公司没有积累，没有迭代时间，也没有足够的专业度。高途因此成为微信生态里最大的教育行业玩家。

有着充沛的低成本流量，公司可以更从容地发展。罗斌认为："如果我们的流量都是买来的，那么花 100 万元买过来的流量，即使能转化 50 万元，那也等于亏了 50 万元，要是出现这种情况，大家内心会很焦虑，动作也容易变形。但因为我们可以源源不断地获得免费流量，所以哪怕效率低一点，也都是挣钱的，这样大家会更从容。"

2017 年 3 月，伴节课的月度营收已经小有规模。次月起，陈向东又安排钱杨和许翔负责初中和高中团队，运用同样的打法跟进。6 月，学前、小学、初中团队继续跟进。在此期间，陈向东一直把握着节奏，业务以有效收益为主线，稳扎稳打，不盲目铺大；找到突破口，突破了再撕大口子，逐步做大。

在罗斌看来，流量并不是最关键因素。后来经过信息流投放大战复盘后，他认为："在线教育从来都不是一个靠流量取胜的行业，如果是的话，像头条这样的公司有足够多的用户和流量，做教育不早就成功了？流量是一个重要的影响因素，但不是核心的驱动力。"

那么，在线教育的核心驱动力是什么呢？

那段时间，陈向东提出了"客户体验提升 + 服务效能提升 + 客户价值提升 + 回归创业初心"的理念，日拱一卒，每日精进，让用户和客户每天感受到高途的变化，其中最重要的核心是：客户。

从表面上看，低成本流量、续班、扩科（购买跨科项目与子模块）、转介绍（扩大客源）是业绩倍增器，但如果客户没有获得感，那么这个链条的第一环就断裂了，不会有后续的连接。如果客户进群后，对课程不满意，试听后对老师讲的内容不满意，就不会购买付费课程。所以，让客户获得物超所值的教育产品才是最为关键的。

在线教育本质上还是教育，唯有好老师、好课程提供优质的教育才是连接起所有环节最重要的因素。

教育是陈向东最擅长的，他一开始就主张要招募好老师。在 O2O 阶段，高途就积累了 60 万名老师规模的数据库，有了数据做支撑，公司就可以判断哪些是适合线上教学的名师。高途在招募老师时，内部有过争论，能不能降低门槛放开招使劲招。对此，陈向东明确提出反对意见："招好老师就是难的事儿，我们的标准就是比别人高，但这事做好后，咱们就建立门槛了。"

公司上下都注意到，仅从 2017 年 5 月开始，教育的事情越说越多，先由内部懂教育的小伙伴来分享，然后请懂教育的外部人士来分享，培训内容集中在老师的培训、教学质量和续费管理上。此时的高途在补过往闷头发展互联网所欠下的教育课，让非教育出身的小伙伴学习教育，全员补教育培训管理思想迭代的课。

业务模式变化的背后是理念的革新，高途从过去对互联网盲目地崇拜，回归到教育的本质。好的在线教育产品是应该让用户有身临其境的感觉，让用户能最大程度听取名师传授的知识，这离不开强大的视频直播能力。

在公司极度艰难的时期，董事会出于节约成本的考虑，曾一度决议把所有能砍的技术团队全砍掉，最大限度地外包，最小化运作。但陈向东力排众议，核心产研员工一个都不裁。即使在 2017 年，公司拆分 to B 业务时，陈向东也坚持保留视频直播技术团队。

经过持续的投入，2015 年 9 月，高途视频直播系统已经解决了视频传输中的卡顿和延迟问题，视频直播产品已经和市面上视频会议产品达到同样的技术等级。2015 年 11 月，团队又率先完成了对客户端的全终端覆盖，也就是说，用户用任何设备都可以来听课。因为个体老师和学生的终端设备五花八门，网络带宽也常常不够，而一旦直播课程卡顿延迟，就可能会造成用户错过关键内容，极大影响用户体验甚至会影响教学成绩。为了解决这个难题，张弩团队花费了不少心思和力气。

2016 年 5 月，高途的直播系统再次大幅跃升，单个教室容量达到 10 万人，部署的整个服务器可支持 100 万人同时上课。在聚焦 B2C 直营业务后，老师、课程都是高途自己的，此时优化方向变得更明确，技术难度、复杂度随之降低，团队把 PPT 区域和视频区域合成一屏，大幅提升了老师的体验，也让客户满意度提升。

这是高途能接住流量，将流量转化为付费客户并续班的技术底座。手心手背都是肉，在极端困难时期，哪个最重要，哪个最有长期价值，是考验决策者眼光的重要时刻。和当年郭士纳、杰克·韦尔奇一样，陈向东做出了正确的决策。

每个月，高途的数据都呈爆炸式增长。陈向东被巨大的喜悦感包围着，大家也欢欣鼓舞。"天天晚上开课，天天晚上都能来5000人以上，甚至上万人。"周斌回忆当时的盛况，"如果是一个线下教培机构每天开工来这么多人，谁受得了？这个机会太大了！"

2017年9月，公司实现单月盈利，从那之后，陈向东就不再失眠。10月4日那天是中秋节，陈向东发了一封全员邮件，邮件中写道："2017年9月是可以载入高途发展史册上的一个月，不仅仅因为我们是目前为数不多的以线上基因为主导的教育公司中能够盈利的一家，更重要的是，在面临重大变革和调整的情况下，公司的组织能力经受住了检验，9月单月盈利比我们在年初制定的12月实现单月盈利的目标提前了3个月。9月能够实现单月盈利，这意味着之后的每个月我们都可以盈利，并且有可能更好地实现规模化的盈利。"

正是从这时开始，陈向东要求内部奉行"黑暗森林法则"。而他自己，也从2016年年底开始就不再参加公开活动了，不接受外部访谈，和大家一起埋头耕耘，专注于内部，专注于业务。

高途终于走出谷底，打开了"第二次创业"的大门，而当时大量的同行还在亏损中挣扎。

有人说高途是家幸运的公司，但陈向东不这么认为。他说："一个公司的成功率有多少运气的成分在里边？那些谦虚的人都说是因为运气，但背后的实质不是运气，而是正确的方向，再根据天时地利人和做出正确的小决策，无数正确的小决策连接起来，才能转动命运的齿轮。"

那一年，陈向东提了一个口号，就有三个all in，其中两个是all in微信，all in直播双师大班课。

3

全面聚焦在线直播双师大班课

3.1 一个亿有什么意义呢

2017 年年初，陈向东又去上课了。

虽然早已经是经济学博士、公司 CEO，但陈向东还是保持着终身学习的习惯。在新东方时，他在休假的时间里，要么就在国内上课，要么就去美国学习上课，都是自己掏的钱。这次他选择了两门课程，清华五道口金融学院的 EMBA 课程和青腾大学的课程。当时 B2B、在线直播双师大班课都在运行，他需要为公司的未来蓄积更多思考。

从表面上看，高途的业务并不复杂，但实际上，它的内核远比传统公司要复杂得多。高途不仅是一家互联网公司，也是一家教育公司，更重要的是，它还是一个知识型组织。知识型组织这个概念是由管理大师德鲁克提出的，指的是由拥有不同知识和技术的专业人员组成的团队。在这样的组织中，团队成员不仅依赖命令来完成任务，而且根据情势的逻辑和任务需求，自动自发地达成合作。这种知识型组织的特性，使得高途在应对各种复杂情况时更加灵活、高效。

教育行业本身就具有高度知识密集型的特征，而在线教育又云集了来自百度、阿里等顶尖互联网公司的专业人才，以此构筑起的高途是一个新物种，这个新物种要探索在线教育的新模式，这需要最高管理者充分授权给员工，既给他们提供足够大的创新空间，又需要把握好战略，敏锐地发现最大、最有前景的创新点，集中有限资源撬动最大的杠杆，将创新点发展为可持续的商业大机会。

这就需要最高管理者不断"充电"。所以陈向东不仅去上课，还要在学习中完善思考，知道未来在哪里，基于未来做最终决策，做一锤定音的布局。那段时间，陈向东的睡眠好了许多，在青腾大学这所腾讯公司面向创始人和企业家生态创办的公司级大学中，他确定了高途的未来发展方向。

青腾大学汇聚了不少创业者。在这里，陈向东放下 CEO 的身份，归位创业者。他几乎不落课，还像求学时一样，每次上课都坐在第一排，每天都在认真地记笔记。在学校期间，他跳出公司，将自己置身在学习的场域里，汲取老师们教授的知识，构建和完善自己的思考能力。他是带着问题来上课的，这些问题涵盖公司的方方面面，有业务方向层面的，也有组织层面的，详细到新岗位该怎么设薪酬、定激励，如果老员工跟不上了，该如何帮助他们重新定位，等等。

每次上课，陈向东都带着他的问题清单去。其中有 200 个问题，他会在下课时约不同的 CEO 交流。在思想的激烈碰撞中，陈向东让自己的大脑飞速奔跑，不断刷新认知，他不仅要获得这些问题的答案，更准备将答案付诸实施。

在青腾大学期间，陈向东认真学习，以至于看起来"内向腼腆，不善言谈"，让很多不明就里的同学忍不住猜测：他的公司是不是不行了？不然创始人怎么还要跑来学习？

当时有些参加过湖畔大学、青腾大学课程的学员热衷于标榜身份，并不把学习放在第一位。而陈向东在学习时，也非常关注腾讯文化中的互联网色彩、工程师要素、快速迭代及包容等特征。腾讯是一家非常成功的科技企业，成功的企业一定是技术创新、业务创新、组织创新多头并举，将创新成果最大化。如德鲁克所言，"企业家必须学习如何进行系统化的创新"，向最优秀的企业学习是难得的机会，陈向东不会错过任何一次这样的机会。

回到公司后，陈向东把学习成果分享给伙伴，给大家做培训。频次最高的时候，从周一到周六，他拉着四五十个核心骨干，每天早晨都培训。所有务虚都是为务实做准备，变革需要共识，核心团队首先要在思维上统一维度。

在时机成熟时，陈向东决定向核心团队阐明他变革的方向。在人大西门，陈向东与核心创始团队成员共进晚餐，表示公司应聚焦于 B2C 场景，但团队成员普遍认为 B2B 业务仍需继续探索。于是，陈向东决定与团队成员逐一沟通。他坚决地表达了聚焦 B2C 的立场，认为 B2B 业务必须被关闭、整合或拆分。

张怀亭觉得陈向东的决策过于激进，他认为应采取更温和的策略。罗斌则沉浸于独立创业的激情中，因为公司每月都有收入进账，他相信只要再努力一些，收入很快就能增长。也有团队成员担心转型 B2C 后，不再是平台化运营，会缩小生意的想象空间。7 位副总裁中，只有祁秀平一人赞同陈向东的意见。

在公司前途命运的问题上，当时团队的认知并未达成一致。祁秀平则认为，公司聚集了一批来自百度的伙伴和优秀的教育背景人才，他们的专业知识密度很高，但在商业认知上还有所欠缺。他认为："真正的互联网公司通常是某人提出想法后，团队全力支持。但在高途，大家的判断非常不一致和纠结。"

面对团队的分歧，陈向东给予了充分的缓冲期。在半年的时间里，各项业务的数据和目标都清晰可见，如果连续几个月未能完成目标，团队就会认识到必须进行调整。

到 2017 年 6 月，虽然高途的 B2B 业务一个月大约有 1000 万元的收入，但增速已放缓，各业务之间缺乏协同，不具备互联网产品成本边际递减、收益指数级增长的效应。最重要的是定位缺失，高途到底是做什么的？做平台还是做 B2B？是为教培机构服务的，还是为学生提供优质教育服务的？当时谁也说不清楚，公司呈现的定位、战略、业务都模糊不清，而一家定位不清晰的公司注定是家平庸的公司，甚至会四分五裂，慢性衰竭。

当时高途课堂每个月的数据同比增长 100%，拉出一条陡峭的增长曲线，直播双师大班课的模式成功在即，这将是区别于其他在线教育公司的新模式，有望在教育直播市场获得大量份额。而从战略角度来看，在一个市场拥有50% 的份额比在五个市场各拥有 10% 的份额要强得多、健康得多。

陈向东是经济学博士，2010 年就担任新东方执行总裁，除了丰富的管理实践经验，喜好阅读的他读企业战略的书不止 100 本，拥有比其他核心创始团队成员更深的商业、战略理解。这次，他决心已定。2017 年 6 月，陈向东写了一封邮件，宣布由李建辉负责的老高途课堂团队、刘威负责的伴节课团队，以及钱杨负责的初中团队、许翔负责的高中团队、吴璇娟负责的学前团队，这 5 个团队整合成新的高途课堂项目部。

高途课堂重组完成后，就该确定 B2B 业务的去留。虽然每次开会谈到要砍掉 B2B 业务时，都有人反对，甚至痛哭，但在 2017 年 8 月的年中会上，陈向东还是当机立断，宣布彻底聚焦 C 端业务，B 端业务能砍掉的砍掉，能剥离的剥离，分公司全部关停。

这意味着高途要舍弃年营收 1 亿多元的业务，all in 当时每个月只有 100多万元且尚不稳定的 to C 业务。虽然团队此前经过多轮沟通，早有思想准备，但当决定被宣布出来，还是引起了强烈的反响，大家纷纷表示反对。但陈向东已经想得很清楚，没有商量余地。他暴风骤雨般宣布了接下来的安排：原有5个事业部中的3个to B业务要关停或剥离，除高途课堂项目部外，同时设立"跟谁学好课"项目部，这是另外一个在线直播双师大班课业务，由祁秀平负责。跟谁学商学院得以保留，但抽调商学院的业务骨干去充实主营业务部门，也就是高途课堂和跟谁学好课，首批抽调的人员包括吕伟胜和副院长屈建民等人。

短短40分钟，陈向东就结束了这次决定公司前途命运的会议。时间很短，但酝酿已久，符合他一贯的认知——"管理者们在充分掌握当前形势的大前提下，对于重大抉择应该追求快速决策，这才是一个合格管理者的正常表现。"

会议结束后，陈向东就赶赴机场出差。候机时，他接到了罗斌的电话，再次劝他再想想。陈向东当然知道这并非罗斌一个人的意思，张怀亭一定就站在他身边，陈向东没有半点犹豫："不用想了！"

对于一个管理者而言，深思熟虑的决策已下，就不能再说"我再考虑考虑"，否则就陷入了优柔寡断的窘境，而犹豫不决或者说优柔寡断，实际上是最危险的事情，甚至比错误决断的破坏性更大。陈向东明白，"一个领导者的任务就是把大家带到同一个方向，过程中我也会有痛苦，会觉得不开心，但是这事必须得做"。

当天晚上，投资人打电话问陈向东为什么不等到高途课堂更好地证明自己的价值时再调整。陈向东很明确地回答："资源有限，时间有限，时不我待。"

世界最著名的营销战略家艾·里斯认为，成功的公司在起步时往往高度聚焦于一个产品、一个服务或一个市场。久而久之，公司会变得失去聚焦，它涉足的市场太多，提供的产品或服务也太多，就失去了方向、目标和动机，公司的使命宣言也失去了意义。其实，比这更严重的是，公司起步阶段没有清晰定位，有限资源放在多个产品、服务上，进入多个市场，最终一个都做不出来。

　　其实陈向东早就意识到这点。"管理企业其实就是管理自我，管理他人也是管理自我，管理自己的人生也是管理自我。管理自我的前提是认知自我，认知自我就是说要知道自己有啥能做，有啥不能做，应该做啥，不应该做啥，做啥重要，做啥不重要。最重要的是"不"，主要是不做什么，不要什么，不奢求什么。把要的想清楚，把不要的想清楚，道路其实就通了。"

　　这与艾·里斯的理论异曲同工。他认为："既然你无论如何都不能成功地吸引每一个人，也就不难接受放弃的概念。其实你什么都没有放弃，你是在明确自己的定位。而明确定位的好办法就是知道自己不是什么。"所以，"一家专业化的、聚焦的公司在定位方面远远超过一家全面经营的公司"。

　　为此就要裁撤掉没有足够前景的业务。即使是强大的通用电气公司，在杰克·韦尔奇上任后，也一直在精简规模和重新定位，用十多年时间出售或关闭了几百项业务。杰克·韦尔奇说："只有在市场上排名第一或第二位的业务，才能在日益激烈的全球市场竞争中获胜。其他业务就需要整顿、关闭或出售。"

　　这就是定位理论中著名的"二元法则"。德鲁克同样建议企业家"集中资源，抓住最佳机会"。

　　面对最佳机会，决策已下，高途人以超强的执行力迅速行动起来。当时平台的会员业务不再签单，刚缴费的可以退款。已服务了一半的可继续使用平台的流量、高途的直播工具，如果客户要退费也可以退。一部分用户选择了在平台上继续交付课程，同时高途也会偶尔招到一些学生，但是大部分客户选择了退费。高途团队处理了大量的退费，没有形成恶性纠纷事件，这相当不容易，因为当时的会员规模已经高达上万人。

　　B2B业务的百家云、天校则被采用"股东平移"方式拆分，即把在高途的股权作价，直接平移到拆分出去的公司中去，李钢江和邓弘分别成了百家云和天校的大股东，自主经营。百家云和天校拆分的同时，U盟从2017年起不再对外销售，只服务于高途体系内部。跟谁学商学院则成为公司此前四大 B2B 业务中唯一保留下来的项目。

高途本身专注 B2C，不再持有拆分后的任何一家公司的股份。单飞后的百家云赶上了在线教育直播风口。由于底层视频播放技术需求猛增，百家云发展迅速，获得了多轮融资，衍生出多条业务线，2022 年 12 月 26 日在纳斯达克上市，成为中国音视频 SaaS 第一股。

相比之下，天校的命运则要坎坷些。在得知公司剥离 B2B 业务的消息时，邓弘的想法是："公司不容易，我得帮公司多建几个'逃生舱'。"拆分后，陈向东和邓弘先各出一部分钱作为独立后的业务启动资金。当时天校团队已有约百人，月收入 200 万元上下，吸引了资本的注意，甚至头部基金也表现出兴趣。2019 年年初，天校成功拿到了融资。虽然在很长一段时间内，天校发展稳定，但业务很快就进入同质化竞争。2020 年，天校的主要客户——线下教培机构受疫情影响，普遍困难，连带着天校也步履维艰。经历过风浪的邓弘稍作盘算，预判前景黯淡，决定及时止损，主动提出解散大部队，给员工留出足够的遣散费，只保留了很小的队伍，完成对既有客户的服务维护。到 2020 年年底，天校宣布彻底关停。此后，邓弘、卢佳等天校骨干回归高途。事实上，即便在天校独立运营阶段，他们也从未觉得自己不是高途人。"我觉得自己从未离开。"卢佳说。

虽然商学院留在公司，但仍未盈利。选择去了商学院的全娟，被安排去做了讲师，天天在不同的城市、不同的酒店里讲课。别人给她买好了票，她到站了就打车去酒店，到酒店里修改 PPT，然后去上课，上完课，晚上答疑促单成交，第二天醒来，有时候都不知道自己在哪个城市，又要赶高铁去另一个地方，周而复始。2018 年 5 月，跟谁学商学院更名为成蹊商学院。年底，蔡卫星上任为院长，他改变了策略，将客户分层，调整客户比例，细分转化场景，服务分层，控制小型客户的比例，大幅提升千万级以上大客户的占比，将不同规模的客户的转化场景做细分区隔。同时，对不同层次的客户提供完全不同的服务内容。此后两年里，蔡卫星共计跑了 16 个省，走访了六七百家大中型教培机构。从 2019 年 3 月起，成蹊商学院的营收攀升，半年后做到了单月收入 500 多万元，年度盈利达六七百万元。在行业内，成蹊商学院几乎家喻户晓，活动办得有声有色。

但事实证明，商学院也不是能构建商业大飞轮的业务。到 2020 年，线上教育迎来了大爆发期，线下教育举步维艰，成蹊商学院先将服务改为线上交付，后来还是将业务暂停了。直至 2023 年年末，成蹊商学院才再次复课。

从结果来看，无论是平台、百家云、天校还是商学院，都不是能成就一家伟大公司的业务。"千招会不如一招绝"，与其多项业务四处出击，全都做不好，不如把一项做到最好。要成功就必须聚焦，必须把精力放在最可能成功的业务上。在《卓有成效的管理者》一书中，德鲁克明确表示："管理者的一项具体任务就是要把今天的资源投入到创造未来中去。"

陈向东说："当年每个人都跟我说，我这个业务也许能做到 1 个亿。1 个亿有什么意义呢？我要的是我们 all in 一件事。"他要彻底聚焦，不希望任何可能导致自己分心的因素存在。

3.2 只做一件事

伴随着拆分业务，原本按照平台、B2B 业务进行配置的高途中台、后台、各地分公司，也在变革中不得不大幅削减人员。李钢江原本兼任的人力资源负责人一职，改由刘彤担任。上任伊始，刘彤的首要任务就是优化内部人员。在一年多时间里，公司缩编了产研团队，全国各地的分公司也基本全部关停，如果员工愿意留下来就来北京总部，不愿来北京总部的，有些可以转到商学院、天校。对于来北京的伙伴，公司给出了城市差异补贴的政策，标准是 3000 元。有不少伙伴选择了来北京。西安分公司的王瑶率领团队 8 人全部来到北京，青岛分公司的丁鹏飞也带着 4 人团队前来，他们都被编入崭新的 B2C 体系中。

当时丁鹏飞已经定居在烟台，对于要不要来北京，其实颇为纠结，家里人不太同意。但祁秀平承诺亲自带他，他劝动了家人，带着团队北上。到北京后，丁鹏飞自己出钱租了一个两居室的房子，团队住在一起，他睡客厅下铺，上铺还有个伙伴，两个小姑娘住一个房间，一对情侣住另一间。就这样，丁鹏飞整整住了一年客厅。他们白天工作，晚上回去在客厅里复盘。虽然丁鹏飞的底薪被提到 9000 元，但他要承担房租，还要给家里寄生活费，所以一度连菜都买不起，就煮面条拌鸡蛋炸酱、买个饼拌个菜，团队生活费控制在一天 100 元以内，一直做到负责的业务有起色，情况才得以改善。

祁秀平开始重新组建团队，陆陆续续接收了 10 个人左右，这构成了跟谁学好课 B2C 业务最初的班底，直接面向 C 端卖课程。

这些来北京与公司患难与共的伙伴们，后来都成长为公司的骨干。但当时更多的伙伴出于各种原因，没有来京，而是选择了离职，即使是当时离职的人员，在日后在线直播双师大班课被彻底验证可行后，也回流了一部分。刘彤认为，这有赖于公司当年在团队内部所累积的口碑，"这个组织是能真正让人成长的"。

能打胜仗的组织，才是真正能让人成长的组织。要带领组织打胜仗并不容易，成功的企业家不会坐等"幸运女神的垂青"并赐予一个"好主意"，不能指望做出的创新将掀起一场产业革命，或创造一个"亿万资产的生意"，或一夜之间成为巨富。那种夸张而空泛、急于求成的企业家几乎注定要失败。一个看似伟大的创新，结果可能除了技术精湛以外什么也不是；而一个看似普通的创新，反而可能演变成惊人且获利颇丰的事业。

在线直播双师大班课就是这样的创新。其实在 2017 年，在线直播大班课已经是在线教育公司普遍采用的模式，陈向东从不讳言，高途并非线上直播大班课的发明者，后来的双师模式也不是高途第一个想出来的，但高途是真正的在线直播双师大班课的全新定义者。一个未经考证的说法是，早在 2014 年，好未来就开始探索双师授课模式，新东方内部的双师项目也启动较早。

陈向东经常在公司内部讲，在竞争中赢的最佳策略是寻找标杆，模仿其成功之处，然后在此基础上进行创新和改进。陈向东并不反对采用跟随战略，关键在于能否在模仿的基础上实现创新，而创新的起点在于深入理解商业的本质。线下的大班课商业模式已经经过多年的验证，线上的关键在于是否具备精细化的系统服务。解决了服务问题，其他方面自然水到渠成。高途拥有名师、优质的课程和服务，再加上先进的技术，这为高途带来了良好的口碑，随着续班和转介绍数量的增加，高途与竞争对手的差距进一步拉大。

高途的创新之处在于成为第一家重新定义在线直播双师大班课模式的公司。高途明确了主讲老师和第二主讲老师的角色与协作方式，包括主讲老师的选拔标准和授课方式，以及第二主讲老师的能力和人才模型。高途还重新定义了大班的规模，打破了行业普遍认为的 500 人即为大班的认知，将大班规模扩大至万人，甚至数万人。此外，高途还颠覆了线上课程的低价观念，采取高价策略，就是"高价打败低价，培优打败补差"。

从这个角度上说，高途课堂有别于过往的线上直播大班课，完全可称为规模化在线直播双师大班课的开创者，并做到了盈利。

这就是聚焦，重构组织，定位于通过在线直播大班课向客户提供优质教育服务，心和力往一处使的"化学效应"。因为定位明晰所以有了方向，因为聚焦所以专注，这成为高途当时区别于友商的最大优势。此后，无论因业绩连涨走上巅峰，还是面临激烈竞争，还是被做空、根据"双减"做调整，陈向东都沉得住气。

如果说决心做一家技术公司，区别于以往的教育公司，积累了雄厚的技术实力，是陈向东创业时第一个最对的决定，那么这次彻底的大转型被陈向东认定为自己创业以来做得最对的第二个决定。此时的高途把几乎所有资源、精力、人力和战斗力都聚焦到在线直播大班课，背水一战。

陈向东意识到，可以通过技术手段把好老师这个教育中最核心的要素成倍放大，回归教育的本质，回归技术推动教育创新，而 B2C 自营能够更好地保证教学的质量，名师 + 技术 + 组织驱动直播大班课"质量更好，效率更高，价格更低"，形成增长飞轮。

2017 年 10 月，根据数据预测，高途课堂会有大规模增长，需要扩充管理团队和提升管理水平，高途课堂组织了"战狼特训营"，陈向东亲自做导师，由高途副总裁级别的高管给刚工作一年的新人分享管理经验，这也是诸多成功科技公司"传帮带"的模式。特训营奠定了高途课堂管理的基本思路与逻辑：带领团队打胜仗。

高途课堂的高速增长还在持续，但之前公司的技术主要用于适配 O2O、B2B 服务，与 to C 大班课需求的技术差异比较大。所以 2017 年 12 月，公司启动了"幂计划"，成立了高途课堂的产品技术团队，技术团队梳理了高途课堂的业务逻辑和工作流程，进行有针对性的开发，后来的直播系统优化、BOSS 系统、作业系统等都是"幂计划"的产物。

该计划之所以命名为"幂"，是高途希望将技术作为业务发展的倍增器。

确定了总攻方向，兵马粮草已备足，面对行业内的巨头，陈向东也无畏惧："巨头是很牛，但巨头要做的事很多，而我们只做一件事。"

4

赛马文化

4.1 唯有竞争，才能激发动力和创新力

2017 年 8 月，重新定位的在线直播双师大班课业务"跟谁学好课"由祁秀平担任总负责人。于是在在线直播双师大班课领域，高途形成了高途课堂、跟谁学好课双品牌运营。

从业务来看，高途课堂专注于 K12 业务，涵盖了学前、小学、初中、高中课程，以系统班为主。而跟谁学好课除了 K12 业务，还做更多探索，进入非 K12 领域，并延伸出成人英语、成人瑜伽等课程。在业务上，高途课堂和跟谁学好课有不同，但重叠之处还是颇多的。这不是重复建设吗？不是说好聚焦，为什么却分散兵力呢？

当时内部有伙伴对此表示不理解，陈向东回答："阶段性的、局部的重复我们是要容忍的。只有采纳适度的灰度管理，只有对适度可能浪费的容忍，

我们才能够真正让不同的业务线和不同部门的伙伴们敢于创新、敢于尝试、敢于失败、敢于迅速地复盘和总结，从而得到最优的经验曲线。"

这其实是"红蓝军赛马机制"。所谓红蓝军，最早起源于二战期间，指的是在军事演习中扮演假想敌的部队（蓝军），与红军（代表正面部队）进行有针对性的模拟训练。在中国企业界，华为于2006年在战略管理部实施红蓝军模拟对抗，蓝军的职责是战胜红军，考虑清楚未来三年怎么"打倒华为"。

在国内互联网企业界，"赛马机制"的出现则可以追溯到2003年腾讯上线的QQ秀，在研发部之外成立的开发小组开发了QQ秀，一举成为腾讯在前游戏时代的两大营收支柱之一。2010年，国外出现一款名为Kik的应用，上线15天就达到了百万级用户。当时腾讯内部有三支团队同时布局类似产品：QQ团队、QQ邮箱团队（张小龙团队）和手机QQ团队，看谁能先跑出来。最终，张小龙带领的团队用一个多星期就推出了微信，脱颖而出，让腾讯拿到了移动互联网的"船票"，奠定了腾讯在移动互联网时代霸主的地位。

此后，腾讯在游戏领域也复制了"赛马机制"，不断涌现的现象级产品，让腾讯创始人马化腾坚定地认为，"赛马机制"是腾讯最为成功的内部机制之一。"在公司内部往往需要一些冗余度，容忍失败、允许适度浪费，鼓励内部竞争和试错。"

腾讯内部赛马机制的成功引起各大互联网企业的争相引进，例如字节跳动、拼多多等互联网企业都相继引入赛马机制。

陈向东曾系统研究过华为，并在青腾大学上过课，但赛马机制并非模仿这两家公司的模式。陈向东说："我小时候就经常对标，如果有人成绩比我好，我就会学习他的长处，想办法超过他。到我教书的时候，当时有三个班，几个不同的老师，我想迅速成为全校第一名的老师，就天天听最牛的老师、校长怎么教，每个老师和校长都各有所长，我总结他们的教学方法后，第一个月我就成了第一名。这些都刻在了我的脑海中。一个公司只有一种打法肯定是危险的，如果多个团队齐头并进，鼓励每个人自由探索，说不定有人恰好非常具有学习力，当他洞察到有创新打法，可能机会就来了。"

其实在高途成立早期，4 个 B2B 业务团队就在各自探索，高途课堂早期也采取了学部分组、各自探索的做法。在线教育并没有现成的模式，所有公司都在探索道路，而公司内部保持竞争，有利于探索出行得通的道路。虽然公司 ali in 在线直播双师大班课，但在探索期，全公司不能只寄希望于一支队伍，唯有竞争，才能激发动力和创新力。

许翔在高途课堂担任高中部负责人，当时高中部并不被看好，不同于学前、小学、初中有足够的续班需求，高中生高考结束后就不会再续班，所以高考成为吸引用户的最重要抓手。为了打响高途课堂高中部的知名度，许翔在 2018 年 5 月做了个高考点睛班，四处找最好的老师。他在当时的跟谁学网上搜索"高中特级教师"的标签，搜到了 17 个特级教师的联系方式，许翔挨个打电话，但最终只联系到一个广东的数学老师，他在公立学校任职，没法全职，许翔反复游说，终于说服他答应线上授课。第一个班人数并不多，只有 100 来人同时上课，但学生的反馈相当好，这位老师才与高途建立了长期合作关系。

好老师是教育最重要的资源，虽然跟谁学网上有几百万老师入驻，但高途课堂筛选名师的标准极高。首先是要毕业于顶尖高校，有十年以上教龄，要有鲜明的教学风格、极其有效的提分技巧，以及干劲要强、价值观正，最好还要有极强的公开课招生能力。其中任意一个要求都能筛掉 90% 的人，同时满足多个要求的就更是凤毛麟角，这样的老师就是全国教育培训行业中的顶尖人才。更麻烦的是，当时高途课堂没什么名气，经常遇到的情况是看上了一个候选人，人家看不上高途课堂，好不容易彼此看对眼了，但是候选人"背着"竞业协议，不敢轻易跳槽。更多的情况是，对方一听说高途课堂，就直接挂了电话。

为了网罗天下名师，高途课堂的教师招聘团队从 2017 年 11 月至 2018 年 4 月，奔赴全国各地拜访名师，哪里有名师，高途就往哪里跑。衡水中学声名远扬，许翔就带着团队跑到衡水，却发现衡水中学管理严格，根本进不了大门，只能在门外徘徊，后来从学员信息里找到了一个在衡水中学读书的学生。巧合的是，该学生的家长是衡水中学的老师，还是特级教师，这个教师在接待他们时说："我的孩子在你这儿上线上课。"

许翔感觉很诧异，因为高途课堂在那一年里都没打过广告。许翔问他怎么知道高途课堂，老师回答说，他的爱人在微信群听过他们的课，觉得很好，然后就给孩子报名了。"我第一次觉得非常自豪，虽然我们从来没有打过广告，但连衡水中学老师都觉得我们的课好，给孩子报课。"许翔说。

这位老师带他们参观校园，请他们在学校食堂吃饭，还给他们引荐老师，让团队感受到了同行之间的尊重，对于教育行业的价值观有了更多认同感，也使得他们决定要给学生寻找到更多名师。衡水之行还让许翔的团队收获到了一位想来北京发展的女教师，真是不虚此行。

虽然找寻名师很难，但许翔还是秉承高标准，只要特别好的老师，他要求伙伴要找 99% 的学生接触后都觉得比线下老师好，或者比所能接触到的老师都好的老师。在线上试课时，效果不好的也不行，得有网感，还要非常勤奋。"宁缺毋滥，不是好老师不要。"

除了高中团队，高途课堂初中团队同样够拼，多次去过山西太原，因为太原有线下大班，有大班的地方就有名师。郭志强就是这样一位初中物理名师，他最早和伴节课有劳务合作，但第一个月的收入只有 4000 多元，这让他深感失望。因为与线下比，线上他要自己准备讲义、教研材料、PPT、动画等，投入度更高，但收入水平却相差很大。当时负责初中部的钱杨用各种方法挽留他。半年之后，他一堂课的人数从几十个人变成了 100 多人、200

多人，后来很快到了 600 多人，收入也水涨船高，郭志强才坚定信心，要做好这件事情。

高途邀请郭志强来北京正式加盟时，他在线下已开了 4 家机构，但他也知道高途课堂线上学生的数量增长速度很快。经过一年交流，郭志强在高途课堂开设了一门初中物理课程，课程类型偏向于兴趣培养，这样的课程在线下很难招到学生，但到了线上，他却招到不少学生。即便如此，他依然没有打算全职加入。后来，高途课堂初中部负责人换成了纪建镖。纪建镖每天像同步新闻一样，告诉郭志强全国哪个名师又加入了，中关村的气氛有多好，他劝说道："郭老师，你再不来，这个机会就真的没有了。"

郭志强经受不住天天被他信息轰炸，感觉自己真的就要错过什么重大历史时刻，于是在 2018 年 10 月来到北京。在高途的办公区，他瞬间就被这里的气氛感染，感觉到被尊重，觉得这群人太有激情了。回到老家，他把原来的培训生意转给了合伙人，并说服老婆和老妈，在 3 个月后正式加入高途，成为初中物理学科负责人。

类似对老师锲而不舍的邀请还有很多。在赛马机制下，所有人都用尽了全力，常常会遇到老师们没时间见面等突发情况，他们就跑到老师所在的机构楼下，等到晚上 10 点老师下课，有的兴趣寥寥，话不投机，聊几句就散场；有的气味相投，大家谈到凌晨；也有些老师虽然有兴趣，但因为薪酬、工作职责、刚生育、领导挽留、竞业禁止等多种原因不能加入，他们也从不放弃机会，有些老师甚至在他们跟了 3 年后才入职。

早期高途是没有专职老师的，而是采取与名师合作的方式授课。一度媒体误解为这是在模仿韩国在线教育机构 Megastudy。许翔听闻，笑道："不是。一开始哪有那么多钱发给老师？而且我们也不知道能不能成，所以如果成了，咱一起分钱；不成，咱都别分钱。"

这种合作互惠的做法能吸引到敢于尝试的老师。祁秀平的跟谁学好课团队也去找名师商谈，看对方是否愿意转型做跟谁学好课的独家合作老师，如果课程效果好，赚到钱后，再以课时费的形式，把名师之前已经支付给公司的会员费逐渐抵消掉。这种模式很快吸引到了名师。语言品类负责人王瑶找到了教小学英语的宋维钢老师，搭建起了课程体系，效果非常显著，最后宋维钢的课程业绩"大爆发"，为公司贡献了相当高的收入，最高时一年达到6亿多元。

相比之下，跟谁学好课职业品类负责人丁鹏飞的开局则要艰难得多。职业品类课程包括除了成人英语以外的所有成人业务，但他缺少人手，也没有老师，年轻气盛的他就从卖 PPT 开始，一步一步卖财经课程，挖到了西木等名师，终于把业务做了起来。

随着高途课堂与跟谁学好课的发展，它们在业务上不可避免也会发生冲突。丁鹏飞后来进入了小学领域，就与高途课堂苏伟负责的小学业务发生了正面竞争。丁鹏飞的打法是找老师开始卖记忆力课程，但记忆力课程续班率并不高，往线下走交付成本太高，丁鹏飞就将记忆力结合英语进行授课，这套组合打法，用了两个半月就把苏伟打迷糊了，天天投诉丁鹏飞抄他们的课。丁鹏飞说："教育这件事就是互相借鉴，你不是也借鉴别人吗？别人借鉴你，为什么你就要生气？"

虽然两个团队为这件事纠结了许久，但最终还是妥善解决了。

4.2 如果奇迹有颜色

有竞争，有借鉴，竞争才是良性的，良性的竞争更能激发所有团队的创造力。因为在线教育不只比拼名师，名师是稀缺资源，但仅仅有名师，并不足以让高途的在线直播大班课在竞争中胜出。不同于线下教学,线上教学需要课程研发、招生支持、产品支持、服务支持。这些能力,正是在高途课堂、跟谁学好课的红蓝军赛马机制中逐步建立起来的。

Sam 是西安知名的英语培训老师,他原本与苏伟团队签约,但因为薪酬问题没谈拢。于是丁鹏飞邀请他来北京,给了他一个自己都觉得不可思议的提成承诺。丁鹏飞告诉他:"只要你相信我,相信我有这种能力,并且在接下来我让你做啥,你就全力以赴做啥,如果达不成目标,一年以后咱俩可以拜拜。"

丁鹏飞之所以有这个底气,是源于他探索出了一套服务流程和产品思维。在招生环节,他要求所有的招生顾问要把 Sam 的课学一遍,细到一节课一个章节的内容,必须全都掌握;在服务端,他要求辅导老师全部都是英语专业硕士,同时口语要非常棒,甚至好多是留学回来的;在产品端,他要求找人设计故事线,以动画、插画形式做好产品,跟谁学好课足足投了 1 亿元才把产品优化到极致,其中一张插画就要 1000 元,光插画一年就需要投入 3000 多万元。为了做好服务,丁鹏飞要求,前来面试的顾问候选人要符合硬标准,首先大学英语成绩要好,面试时要用英语自我介绍,发音得标准,入职后还需要培训并进行考核。

有了这些超强的产品力和组织力的支持,Sam 老师的课程在一年内成功地销售了 7 亿元,这一成绩远远超出了他的预期,并为他带来了丰厚的收入。

这个探索在 2019 年成长为高途的另一个重要产品。那年 4 月,高途为暑假班筹备了两个重要产品项目,一个叫"Z 计划",另一个叫互动课件。这两个项目都支持优化直播回放体验,因为学生大部分时间都会花在看直播回放上,为了做好产品技术体验,高途投入了很多的资源。互动课件则是基于教育场景,用动画互动形式激发学生的兴趣,有场景、有人物、有 IP、有游戏以及各个环节设置,有能像玩水果忍者一样连线的考题,还有像玩"疯狂的小鸟"一样的选择题。同时，专门设置了故事线，通过故事线把知识点串起来，这种动画、视频相结合的互动式教学的模式，深受孩子们的喜欢。

高途课堂也有一个重要探索，不但改变了在线直播大班课的模式，使之升级为在线直播双师班课，更是影响了在线教育行业，那就是建立辅导老师团队（即所谓的双师制），形成了主讲老师与辅导老师配合授课的模式。小何老师是高途课堂伴节课的首位数学老师，最初高途课堂配备了两位辅导老师，配合小何老师的数学课，做试卷分析、批改作业、答疑、每日一辩等各种工作，这个尝试使得小何老师暑期班的续班率提升到了 70%。

高途课堂通过复盘，发现辅导老师是在线教育重要的提效器。因为线上授课与线下不同，成年教育与 K12 教育对线上课程的体验逻辑也不同。成年人在线上课，只要老师讲得好，就没有问题，但对于 K12 阶段的孩子来说，家长才是决定孩子选课的关键，家长会担心孩子自律能力不够，更愿意参加小班课。这时候如果有辅导老师在课前、课中和课后，增加与学生沟通与辅导的频次，为家长和孩子提供更优质的教育服务，使得孩子在大班课中有小班课的体验，不但能打消家长的疑虑，让孩子有效掌握知识点，老师也能及时了解孩子的学习进展，查缺补漏。

辅导老师能提高学生和家长体验，提升教育质量，这个岗位并非高途首创，但高途课堂是首个敏锐察觉其中重要价值的团队。在高途课堂，辅导老师最开始是一个新岗位，没人明确这个岗位的具体职责，更没有岗位手册。暑假结束后，两位辅导老师把这段时间的经验整理成文字，并在 2017 年 9 月形成了第一版《辅导老师工作手册》。这版手册有 10 多页，详细列出了辅导老师每个动作的核心工作流程，确定了对辅导老师的能力要求：有责任心、热心、有良好的服务态度、有学科知识、有学习方法、懂家庭教育、有心理学知识以及有学习能力。

有了手册指导，这套模式摸索迭代首次用于在线直播大班课上，效果立竿见影，大班课的课堂效果大幅提高，薄薄的手册也几经迭代。2018 年 8 月到 12 月，高途课堂成立了若干新部门，其中之一是辅导老师标准化工作委员会，把那 10 多页手册扩编成《辅导老师工作流程标准化手册》，全文有 300 多页。为此，委员会邀请了十几位卓越的辅导老师参与讨论和编辑，最终沉淀了 33 项流程环节，从开课前到行课中、续班期再到结课期，无论流程或标准都有清晰的解释。单单是行课中，就分成了开课提醒、到课提醒、课前直播、作业布置、批改反馈、学情反馈、试卷分析等 20 多个环节。

这本手册不但是高途课堂提高教学质量的秘密武器，也成了全公司辅导老师的业务标准。辅导老师在日后升级为二讲老师，在线直播双师大班课成型，使高途的教育质量大幅提升，二讲老师也成了高途课堂最大的团队。二讲老师对于高途是如此重要，以至于在 2018 年，高途曾短暂主动停止招生，放着唾手可得的几千万元收入不要（当年公司收入也不过 6 个多亿），因为当时二讲老师的带班量达到了上限。

高途二讲老师的工资一直高于行业平均水平，2018 年，有一位二讲老师的年薪高达 50 多万元。高工资刺激了优秀人才源源不断地加入，并常常勤奋工作到深夜。陈向东说："那时候整个后厂村路堵车，都是我们造成的。甚至半夜两点多，伙伴们下班时，打车能顺利上高速都需要很大的运气。"

在线直播双师大班课正是陈向东苦寻已久的高杠杆拳头产品。互联网产品的核心要素是：成本边际递减，服务的用户呈指数级增长，效益倍增。线下教学，课堂最多只能有五六百学生，线上教学虽然能突破这个物理限制，达到上万人，甚至更多人，但教学质量难以保证。而在线直播双师大班课很好地解决了这个难题，它不仅容量大，而且服务质量高，用户体验也好。由于服务到位，客户付费意愿大幅提高。

这使得高途敢于卖高价课。传统上，在线教育公司一般是从低价课完成转化，跟谁学好课准备卖高价课时，祁秀平并没有信心，所以从 299 元的课程开始，10 天之后再卖 3000 元的课程，但后来他们发现，学员在上了一段时间 299 元的课后，3000 元的课程就卖不动了。因此他们就想到，能否直接卖 3000 元的课？团队中就有人担心，定价是否太高了？会不会卖不动？陈向东觉得没问题，只要给学生提供相应的价值，他们就会有购买动力。实践结果证明，高价课果然卖得出去。

直接卖高价课的模式被高途课堂借鉴，正价课报名人次从 2017 年的 65092 人次增至 2018 年的 552294 人次，同比增长约 748%。2019 年第一季度正价课报名 190197 人次，同比增长 226%。高价课的可行性体现在业绩上，聚焦在线直播双师大班课业务后，高途的营业收入持续保持高增长，2018 年实现净收入 3.97 亿元，同比增长近 3 倍，扣除期权成本后，运营利润达到 2565 万元，净利润达 1965 万元。2019 年第一季度，公司又实现净收入 2.69 亿元，同比增长近 5 倍。这个增长速度，当时还没有哪家在线教育公司达到过，并且这个规模增长还是良性的。

有了好老师、好产品、好模式，并不一定就有好业绩。在在线教育这场残酷的竞赛里，需要的是"六边形战士"：好老师、好产品、好模式、好服务、好管理，以及好流量。

线下教培机构一般开在学校附近，天然可以汲取学校的生源，有原生的流量，但在线教育公司需要在茫茫网络世界寻找到精准的生源流量，否则巨大的投放成本会消耗掉公司的营收。

为了获取便宜、精准的流量，一开始许翔走的是"野路子"。当时新浪高考有各种家长群，许翔和伙伴潜伏进去，不断甩课程链接，群主发现就把他们踢出去了。但小号还在里面，继续发，又被踢出去。靠这种笨办法，他们第一个月实现了 16 万元营收。但这不是长久之计。

那年 7 月高考结束后，许翔带领团队依托微信，做了高考志愿填报的线上活动，"每天带你了解一所学校及其专业"，没想到的是，这个活动在微信平台一下子就火了。大概在一周时间内，这个活动带来了 20 多万的流量。当时各个学部都有各自的活动，比如小学做了诗词大会的活动，但出圈的是高中部的高考志愿活动，活动的内容不断在微信群里裂变，用户频频晒朋友圈，又产生新的裂变，用户从刚开始的 30 多万增长到 8 月份的 90 多万，到 9 月份就过百万了，到了 12 月份，甚至高达 500 万。

高中部"复刻"了伴节课的微信裂变成功模式，并取得了超出想象的战绩。这个成功彻底证明了微信裂变的可行性，使高途有了极低的流量成本，反映在业绩上，是其 K12 业务覆盖了全品类、全学段、全学科课后辅导服务，营收占比在 2018 年以及 2019 年第一季度分别为 73% 和 75%，业务毛利率从 2018 年的 63% 提升至 2019 年第一季度的 70%，且季度环比和同比持续提升。

有流量还要转化，早期高途课堂采用公开课模式来获客，和行业传统一样，只讲一次课，转化率偏低。后来跟谁学好课团队发现，只是一次课仓促的体验不足以让家长有足够的判断，他们设计出直播集训营的模式，采用连续讲五天的训练营模式，让学生和家长对老师的风格和课程内容都有了充分的了解和感知后再做决策，获客效果非常好，转化率得以大幅提升。于是高途课堂也于 2018 年 11 月全面转向训练营模式。

"流量—转化"的模式跑通后，高途的用户高速增长。郭志强加入高途时，一堂课的学生只有 800 人，纪建镖跟他说，半年后会达到 5000 人，一年后是 10000 人。郭志强觉得这个数字太夸张，还将信将疑，但既然自己已经选择加入，他觉得半年后不用到 5000 人，有 3000 人就行。结果不到半年，郭志强的课堂人数就突破了 5000 人，之后很快超过 10000 人。又过了半年，郭志强知道自己已经回不到过去的生活状态了，每天都像在打仗一样，总有目标等着自己去完成，去应对裂变式增长。他的眼袋比在太原时大了不少，每天晚上基本都要和团队奋斗到深夜。

如果仅仅是公司获得流量、用户、营收、利润，而学生成绩不能提高，在线直播双师大班课也是失败的。所幸，到2018年7月份，高考放榜，高途课堂高中部第一批学生的成绩出来，有数学满分的、英语满分的，也有物理进步的，从30多分进步到80多分的案例比比皆是，进步最大的学生甚至从40多分提高到148分。

"那时候，团队的自信开始起来了，一开始我们只知道营收增长快，但是真正的教学效果，大家没有完整地看到，但成绩出来后，大家都觉得非常兴奋，觉得我们在做一件的确能够帮助到学生的事。"许翔说。

一位叫任凯舟的一线伙伴高兴得在群里发了一句感慨："如果奇迹有颜色，那一定是高途红！"

即使面对"泼天的流量和财富"，当时团队在人员规模上还是非常谨慎，这或许是因为O2O时代激进扩张导致最后不得不裁撤伙伴的事件，给大家留下了心理阴影。所以祁秀平极力做好成本控制，跟谁学好课在很长一段时间里，没有广告投放，就靠做流量来获客，员工也没有扩招得太疯狂，很多团队一直保持着很小的单元。在2019年年初，跟谁学好课达到月收入四五千万元的水平时，整个业务团队才300多人。"在维持最小单元的时候，我们保持的时间其实足够久。沉淀得足够久，我们才能想清楚很多业务是不是跑得通。"

同样，高途课堂也在有意识地控制规模。许翔在早期，一个人带两个实习生做了好多项目，从2017年6月份才开始招正式员工，到那年年底，团队全职的员工也不过30人，他还记得，"那时候，业务模型的经济效益非常好"。

商业不同于打仗，不一定是"韩信点兵，多多益善"，也可能是"贵精不贵多"，高效能的组织一旦找到有效的策略和创新，抓住风口，就能极大放大杠杆效应。对于这个结果，许翔认为："任何竞争中，很多服务别人可能都会做，不可能说有服务是你做他不做的，但是能不能做到教学服务的品质领先，其实是与组织能力息息相关。"

而组织能力也离不开最高管理者的鞭策。事实上，陈向东密切关注着高途课堂、跟谁学好课的红蓝军赛马，不断鞭策他们激发活力。2017 年 2 月到 8 月，由于团队一直在打胜仗，在制定 9 月目标时，团队里出现了懈怠情绪。因为 9 月进入秋季班行课阶段，这是传统教育行业的招生淡季。出于惯性思维，团队制定了一个与 8 月持平的目标。陈向东否掉了这个目标，提出了更高的目标。最后在会议上制定了一个看起来不可能完成的目标：2017 年夯实基础，2018 年增长 5 ～ 10 倍，2019 年增长 3 ～ 5 倍，2020 年增长 2 ～ 3 倍，努力实现 3 年增长 100 倍的目标。

设置高目标才能激励团队，陈向东说自己"喜欢高标准，爱极了高标准"，"只有对自己高标准，才能配得上周边伙伴的高标准；只有对自己高标准，才能配得上周边伙伴对你的信任。任何高标准都有通用的衡量方式，就是要有高目标，所谓求其上者得其中，求其中者得其下"。

这个高目标促使高途课堂、跟谁学好课继续保持增长，2021 年上半年，合并后的高途课堂做过统计，3 年增长 100 倍的目标已经提前实现。

由于红蓝军赛马机制，在运营模式上，高途课堂、跟谁学好课二者互为竞争对手，但文化、价值观、使命、愿景是共同的，所以两者并不以"打倒对手"为目标，而是定位于相互学习的亲密战友。跟谁学好课成立伊始和第一次续班，都是由当时高途课堂的干部去做的培训。同样，跟谁学好课团队一旦有内部创新，也会及时分享给高途课堂。

2020 年 9 月，跟谁学好课的 K12 业务和高途课堂正式合并，红蓝军赛马实验结束。陈向东很庆幸高途抓住了这个千载难逢的机会——"现在要给谁 200 个亿、300 个亿再复制出一个高途，是做不起来的，因为那个时代已经过去了。"

5

与资本市场的故事

5.1 88 天冲刺上市

去美股上市的念头，最早在 2018 年就出现在了陈向东的脑海里。尽管那时高途刚刚聚焦在线直播大班课一年时间，并且也仅仅进行过 A 轮融资。

但是陈向东觉得是时候考虑这件事了。2006 年，他曾经经历过新东方在美股上市，知道一家公司的整个上市筹备期是非常长的。所以，如果高途必然要走向资本市场，那么早准备总比晚准备要好，对于重要的事情，陈向东有个经验，那就是不要着急。

2018 年 4 月，陈向东已经开始和投行、律师、分析师、审计师等相关专业人员接触，并开始遴选公司未来的合作对象。与此同时，他还在悄悄物色 CFO 的人选。

同年 12 月，沈楠入职高途，担任首席财务官。沈楠出生于 1984 年，是一位非常年轻的女性高管，曾就职于普华永道和山东一家民营教育公司，此前并无 IPO 经验。但在众多候选人当中，陈向东选择了她，最主要的原因是，所有候选人中，只有沈楠在见面之前，把市面上能找到的在线直播大班课都听了一遍，把陈向东的外部讲话以及《做最好的创业团队》也找来看过。在和陈向东交流时，沈楠直言不讳：高途的课程从课堂的表现形式上，比如光线、背景的体验可能不是最好的，但老师对课程内容的把控程度、控场能力非常成熟，相当吸引人。她甚至为此做了个对比表格，进行了很详细的分析。

这件事至少反映了两个事实：第一，沈楠是个具有极强学习能力的人；第二，她很重视高途 CFO 这个工作机会。陈向东非常看重这两点，对于他来说，有没有 IPO 的经验不是最关键的决策要素，因为自己就参与过新东方的 IPO，没做过可以学，但一个高管的学习力和意愿力才是决定她能力的上限。

的确，在沈楠担任高途 CFO 的几年里，无论是在日常财务、资本市场工作中，还是"双减"落地后的艰难时期，她都表现出了极高的专业性和韧性。"双减"落地后，高途财务部、IR 部门人员一度极度缩减，沈楠身兼数职，有 3 个多月时间，每个月的财务分析报告都是她自己写的。

不过，沈楠刚入职时，陈向东对她说，高途还没有明确的上市计划，让她先去业务线轮岗，她就把二讲、顾问等基础岗位都轮了一遍。陈向东深知中台管理干部懂业务的重要性，后来有很长一段时间，他也要求中台干部去业务线轮岗。

但跨过年去，锅盖还是掀开了。2019 年 1 月 8 日，陈向东终于做出了赴美上市的决定。事后来看，促使陈向东下决心要实施 IPO 计划的主要原因有两点：第一，为了更好地打造品牌力，第二，出于对投资人和创业伙伴负责的考虑。

自从 2017 年跑通在线直播大班课模式后，高途实现了超高速的盈利性增长，此时公司应该抓住一切机会，为进一步增长提供土壤。

由于行业才刚刚起步，整个学生规模处在陡峭的增长曲线当中，所以在当时所有的在线教育企业的增长结构当中，新增客源占比很大。那时，高途已经探索出了微信流量裂变模式，比起其他竞品，无论是获客效率还是获客成本，都有巨大优势。但劣势同样不可忽视，此时的高途已经施行"黑暗森林法则"两年，公司就像是沉入了深深的水底，既不做品牌广告，也不接受媒体采访，在百度上连个品牌专区都没有。

困扰逐渐明显起来。前端顾问在卖课时，经常会被家长怀疑是骗子公司，这时伙伴只能打开摄像头，举着手机转一圈，给对方看："你看，我们不是骗子公司，我们有这么多人，这是我的工位。"

但这终究不是办法，陈向东也感觉到，高途急需打造品牌力，比起大量铺设品牌广告，上市绝对是一条既经济，又有说服力的途径。

此时的陈向东想要让公司上市，还有另外一重目的。公司从2014年创业开始，无论是投资人也好，还是员工也好，在此期间都投入了大量金钱和精力，他无时无刻不感到肩上有一副担子，他太想把这担子给卸下来了。

2019年1月16日，高途正式启动了上市工作。陈向东喜欢6这个数字，他生日里有6，公司创办的时间是6月16日，本来，在他的计划里，希望能够让公司在成立五周年时上市，也就是2019年6月16日，但那天是星期天，所以高途最后的上市日期是6月6日，六六大顺，这是中国人都很喜欢的日期。

当然，对于一个企业家来说，所有决策的支点不可能是因为一个吉利数字，决定高途要在6月份上市的关键因素，还是每年暑假之前必然来临的"暑期大战"，高途一旦赶在这之前完成IPO，到时候媒体上必然会进行大量报道，等于省下一大笔广告费，这笔账很划算。

但这也意味着高途的上市筹备期只有约3个月时间，基本相当于一场闪电战。当时中介机构都觉得，要在这么短的时间内完成所有工作，是不可能的，此前几乎没有这样的先例。但陈向东却坚信，只需要这些时间就能完成筹备工作，原因有三：

第一，高途的上市筹备期根本不是3个月，而是五年，从创业第一天开始，陈向东就是按照上市公司的要求，在规范公司的财务和管理。

第二，高途还有一支"将心注入，全力以赴"的团队。2019年上半年，高途财务团队放弃了所有节假日，和中介团队一起冲刺IPO。

第三，也是最重要的原因，就是心态。以往，很多公司在Pre-IPO阶段，都会经历和基石投资人反复拉锯的过程，讨论公司究竟应该怎么定价，少一分钱，在双方的心目中，都会随着发行数量被数以千万倍地放大，真是锱铢必较。但高途的定价过程堪称短平快，沈楠先和投行谈，然后和陈向东做汇报，随后陈向东进入会场，只用了5分钟时间，就和对方敲定了价格。

这是因为，在整个定价过程中，陈向东坚持"洗衣机理论"，即洗衣机只能洗衣服，不能指望它还能做饭。高途就是要"洗衣服"，借助上市，扩大品牌影响力，加大在客源端和人才端的吸引力。陈向东要的就是单页上的那行小字——美国纽交所上市公司。

但最终的上市筹备期还是因为一些特殊情况，比预计的时间延长了一些。在审计过程中，德勤看到高途的数据增长太快，还专门派人从美国飞到高途总部做访谈，回去后，又做了很多复核工作。

经历了88天的筹备期后，美国东部时间2019年6月6日上午9点30分，陈向东敲响了纽交所的钟声，高途正式登陆纽交所，是以当时公司的产品名跟谁学上市，股票代码为"GSX"，发行价为10.5美元，以发行价计算，市值为27亿美元。

这是陈向东第二次敲钟了，但对于在场的绝大多数人来说，这是人生的第一次上市体验。此次上市，公司安排了当时所有的核心创始团队成员、核心管理干部都到纽交所，共同见证这改变自己人生的一刻。因为时间紧张，很多人都是赶着办的美国签证，也有个别管理干部，因为签证没有及时拿到，错过了那个宝贵时刻，这个遗憾后来伴随了他们很长时间。

在时代广场上，跟谁学的巨幅广告闪耀登场，上百名高途人在下面，拍了张合影。在这家公司的前五年里，他们一起加入了这段一路向东的旅程。在随后的五年里，有些人还走在这条路上，也有些人离开了，陈向东对此并无遗憾。他从来理解人性，但绝不考验人性。这条路，高途和大家留下一段彼此成就的故事，这就足够了。

由于仅融资 A 轮就上市了，并且早期很多员工都购买了公司的原始股，在股权结构上，高途的员工持股比例非常高。上市后，仍有近 30%，这种员工持股比例是非常罕见的。并且，高途没有像很多公司那样，在上市后将 10 股合成 1 股，而是把 1 股普通股拆分为 1.5 股 ADS（美国存托股票），员工拿到的普通股，按照发行价为每股 16 美元左右，如果是优先股，则大概每股 20 美元。

这是一场大型的集体创富活动，大量高途早期员工，在这一天成了百万、千万，甚至是亿万富翁，其中当然也包括陈向东。过去五年，在穿越幽暗的隧道时，陆续有内部股东、老股东选择了退出，每次，陈向东都个人掏钱把股份接下来。虽然那时，他也无法笃定，这条隧道还有多长。但客观上，这种选择还是让股权不断向创始人汇集，上市后，陈向东在高途的持股比例高达 46.8%，此时已是超过 10 亿美元的身价。

对于这一天的来临，陈向东将其视为命运的馈赠。在当天晚上的庆祝活动上，有朋友问他："Larry，你们是在美国融资规模最大的教育公司之一，也是市值最高的教育公司之一，并且迅速成为中国在美国市值前三的教育公司，为什么能做到这一点？"

陈向东回答："运气。"运气太好了，简直好爆了，好到他不能"贪天之功"。话说到这里，欢庆的大厅里就响起了"拧发条"的声音，陈向东对身边的同事说："我们要更加努力，配得上这份千载难逢的大运气。"

如果你翻看 2019 年 6 月 6 日美国时代广场上的那张照片，会发现这些人的脸上写着的，绝不是仅有"好运"两个字，还有"相信"。他们相信跟着陈向东，可以成就一番事业，穿过至暗时刻，创造生命的价值。他们相信只要将心注入，全力以赴，就一定会获得回报。

很多高途的早期员工，都几乎押上了自己全部的身家去购买公司原始股。对于陈向东来说，这种相信已经不仅是一种激励，更是压在他肩上的重担。上市当天，他接受采访时说："信任不被辜负。那么多人跟着你，现在终于可以给他们一个交代了；投资人投你，现在也有了交代；你自己跟很多人'吹的牛'，现在也有交代了；身边对你信任的目光，在这一瞬间可以融化为有形的成果。这就是信任的力量。有信任，就有交代。"

所以，请允许那一天的陈向东，有片刻的松弛。晚宴上，他只喝了几杯酒，本来以他的酒量，这点酒顶多只能算漱漱口。但他居然醉了，醉梦中，他想起自己在 2015 年、2016 年白头发开始疯长，多少次半夜惊醒，坐在床边发呆。他想起自己的母亲，因为担心会给儿子添麻烦，身患重病，还坚持要去郑州做手术。因为陈向东的姐姐在郑州，方便照顾母亲。

五年后，回忆起来，陈向东仍然会觉得，那一天是他人生的分野。从此后，世俗上的赢对他已经没有意义，满足自己虚荣心的阶段也已经过去，一切的压力都卸了下来，他带着大家履行了承诺。接下来的日子，"我不再是我，你也不再是你，而应该是我们，大家荣辱与共，一起往前走"。

他将尽其所能，把一切交给老天。

正因如此，此后尽管高途仍然走在"取经"的路上，为到达"真北"而经历"九九八十一难"，但陈向东笃定，只要他这个 CEO 能尽到作为 CEO 的责任，伙伴们能尽到伙伴们的责任，最后的命肯定不会错。

因为高途就是这样从北京五道口的一间地下室里出发，仅用了五年时间，就走到了纽约证券交易所的大厅。

完成 IPO 后，当陈向东回到国内，很多事情印证了他当时的判断。北京后厂村博彦大厦 C 座楼下，人头攒动，几百人排队叫号等待面试，从不带保镖和随从的陈向东从人群中穿过，没有人注意到他。但陈向东知道，这就是他要的炙热的夏天。

高途是在 6 月 6 日上市的，这天也是全国高考的第一天。和往年一样，三天的高考一结束，教培行业的暑期招生大战就鸣锣开鼓了。如陈向东所料，伴随着铺天盖地的媒体报道，2019 年暑假，高途的招生"整个就爆掉了"。在沈楠的记忆里，那是高途有史以来增速最快、利润最高的一个暑假。

但对于陈向东来说，那不是一个好过的夏天。从美国回来后，他患上了重感冒，咳嗽竟然一个多月都没好。

后来，他看到索尼的创始人盛田昭夫的著作《日本制造》，其中有一段内容让他心有戚戚焉。原来当年索尼在美国上市也很不容易，上市后，盛田昭夫一回到日本就开始生病，卧床不起，在床上躺了大概两个礼拜。

看到这一段时，陈向东泪流满面。

5.2 史无前例的做空大战

2020 年 2 月 26 日，美国做空机构灰熊发布了一份针对高途的做空报告，从那时起，围绕高途这个标的，一场史无前例的做空大战展开了。其间，不仅有美国空头针对中概股的大猎杀，也上演了一次美股史上堪称惨烈的多空博弈。

后来，沈楠回忆起这段日子，发现一切都不是巧合。

在 Pre-IPO 阶段，很多投行，包括高盛都表示看不懂高途，也不敢接这个案子。毕竟这是一家几无历史的公司，2017 年还在亏损，2018 年就已经盈利 2000 万元了，谁能保证它将来的曲线是什么走向的？

最终是瑞信接了高途的案子，而瑞信同样是瑞幸咖啡的保荐机构，比高途略早，瑞幸咖啡于 2019 年 5 月 17 日上市。

此外，两家公司上市后，虽然也都经历了短暂的破发，但很快便止住了下跌的势头，股价一路上扬。2019 年 11 月 21 日，高途成功增发 2070 万股 ADS，价格比首次公开募股高出 33%。到 2020 年年初，2019 年美股上市的中概股公司当中，没有破发的只有瑞幸咖啡和高途两家公司。

2020 年 1 月 31 日，瑞幸咖啡被浑水做空，几天后，高途也被灰熊做空了。

就灰熊那份报告而言，总计 59 页，列出的主要问题是为什么高途的毛利率远超同行。在灰熊的认知里，这是不可能的事，尤其高途的老师薪酬比行业平均水平高出了 40% ～ 50%，销售人员的薪酬也超过行业平均薪酬 30% ～ 40%。

事后来看，灰熊对这个行业几乎一无所知，教育的核心在于人，一旦人获得了包括收入在内的正反馈，就会被激发出无限的潜能。这一点，早在新东方时代就已经被验证过了。张戈在被派到苏州新东方担任校长之后，就发现这是一个"越花钱越赚钱"的行业，当你对老师越好，就越有可能得到超预期的回报。

作为新东方最早期的知名校长，陈向东当然不会不理解这一点。所以，在高途确定了名师直播双师大班课模式之后，给予名师的激励一直是行业最高水平，没有之一。及至今天，包括周帅、褚润等大量行业名师在内，都仍然在高途教学一线，就是因为双方之间能持续进行正反馈，共同实现更高的目标。

所以，灰熊的报告一出，陈向东和沈楠等人看了之后，也只能付之一笑，只当是公司上市后的一次"成人礼"。众所周知，由于美股有做空机制，所有公司在纽交所或纳斯达克上市后，都会面临被做空的挑战。当然，大部分公司被做空的时间点都是在上市一年后，因为做空机构也需要一个相对稳定的股价和高交易量作为土壤。而高途自上市后，交易就一直很活跃，于是被首次做空的时间点稍微早了一些。但高交易量也说明，这家公司没有被控盘，是一家真正具有投资价值的公司。通透，一直是陈向东的行为准则之一。

灰熊的做空很快就草草收场。但 2020 年 4 月 2 日，中概股的一个大雷被引爆了，还是连累了高途。当天，瑞幸自爆财务造假，股价当即暴跌80%，这是继 2011 年东南融通等公司造假事件后，中概股遭遇的最严重的信任危机。

美国资本市场再次掀起一连串做空及猎杀中概股的狂潮。4 月 7 日晚间，爱奇艺遭到狼群（Wolfpack Research）做空。狼群在其网站发布的报告称，爱奇艺早在 IPO 之前便存在欺诈行为，且涉嫌财务造假。爱奇艺股价盘中一度下跌超 14%，不过随后持续反弹。

4 月 8 日，美股收盘后，曾在 2018 年遭遇浑水做空的好未来，自曝在公司的例行内部审计中，公司发现"轻课"（Light Class）业务的某位员工存在违反公司行为准则的不法行为，与外部供应商合谋通过伪造合同及其他文件的方式虚增轻课业务销售收入。公告马上引发股价闪崩，市值一夜蒸发 60亿美元。

4 月 14 日晚间，香橼在社交媒体上也发布了针对高途的做空报告。报告中，香橼认为高途夸大财务数据、存在"虚假"学员、管理层涉嫌多种金融欺诈等，最终直指该公司虚报收入高达 70%，其股票应被立即停止交易，并启动内部调查。

北京时间 4 月 15 日，高途举办了春季媒体沟通会，陈向东终于从黑暗森林中走出来，开始正面反击恶意做空行为。

正是从此时开始，高途才真正地浮出水面。对于很多人来说，这不啻一次横空出世。当年轻的媒体记者走进这家公司，才发现，原来这个不曾闻名的公司，在北京最炙手可热的创新高地后厂村，规模已经大到占据了半条街。

他们在一个深夜，毫无预兆地闯进了其中的一间办公室，发现灯火辉煌，人声鼎沸。

但是远在美国的做空机构感受不到大洋彼岸的热烈，他们几乎执拗地相信做空报告的威力，如果一份不行，那就再来一份。

4月30日，香橼发布了第二份针对高途的做空报告。5月6日，一家不名一文的做空机构——天蝎，发布了针对高途的做空报告。次日，香橼又发了第三份做空报告。5月18日，浑水也参与进来，发布了一份长达20页的做空报告。

对于被做空，陈向东并不陌生。

2012年7月17日，新东方宣布其调整VIE结构的动作引来了美国证券交易委员会的调查，公司股价下跌34%。第二天，浑水发布做空报告，给予新东方"强烈卖空"的评级，导致新东方股价再度下跌35%。

陈向东从新东方被做空事件中得到的最大认知是，如果一家公司没有作假，那么所有的做空都是短暂的浮云。正是基于这样的认知，当时陈向东将所有的个人存款都用来买了新东方股票。后来，在决定创业之前，他将所持有的全部新东方股票清仓。某种程度上，这些被他一直放在活期上的钱，构成了高途的安全垫。十年来，陈向东从不在高途领工资，反而在公司困难时期，自己出钱让高途撑下去。其间，陈向东还多次个人出资，在体外孵化创新业务，这些业务也都成为公司增长曲线的锚点。

回到2012年，经过100余天的拉锯战后，10月14日，美国证券交易委员会宣布，认可新东方公司过往的财报数据及VIE结构，奥本海默基金分析师发表正面研究报告，并将其目标价提升到25美元。受该报告影响，新东方股价开盘大涨。浑水对新东方的做空以失败告终。

当然，如果一家公司造假了，那么它的结局会截然不同。2020年6月29日，瑞幸咖啡从纳斯达克退市，以非常不体面的方式下了美股的"牌桌"。但高途没有下牌桌，核心原因当然是这家公司没有财务造假，也有一部分原因在于，它上市是来"洗衣服"的，心里装着的根本不是资本那副牌。

但是，空头既然上了牌桌，他打出的牌，就是要唱空高途，这就和公司的名誉相关了。很大程度上，此后，高途守护的并不是公司的股价，而是公司的名誉。

为了达到自己的目的，空头往往会在做空报告中，竭尽所能去污名化一家企业与它的创始人。那些跟随空头，寄希望于做空获取暴利的散户们，也会添油加醋，给一个他们甚至并不了解的企业和企业家泼脏水。

一段时间里，网络上充斥着对高途及陈向东的贬损之言。最匪夷所思的是，网上竟然出现了假德勤网站，冒充高途的审计机构去发布惊悚言论。

那段时间，沈楠接到过恐吓邮件。有时半夜她还会接到骚扰电话。

至此，针对高途的做空已经超出了常理范畴，碰到像高途这样"头铁"的公司，空头们的理性逐渐消失，最后完全被偏执所控制。

一开始，面对泼来的脏水，高途的伙伴们还会严阵以待。由于中美之间的时差，大部分做空报告的发布时间，正好是中国夜间，做空应对小组连夜工作。公司会给大家准备烧烤做夜宵，这几乎已经成了一种仪式感。

但随着做空的次数越来越多，事情的严肃性逐渐消弭了，高途决定对此置之不理，于是做空就变成了空头们的独角戏。并且，由于没有一次做空报告落到实锤，无论是香橼还是浑水，这些曾经成功做空过中概股的机构，也在股民心中逐渐失去了公信力。

2021年1月，围绕美国游戏公司GME的股票，一场史无前例的逼空大战展开。实际上，2020年，疫情给全球经济都带来了极大的不确定性，在这样的背景下，做空成为美股当年的关键词之一。据不完全统计，至少有 21 只中概股被做空，而就整个大盘来说，被做空的股票更是数不胜数，这种状况逐渐激起了多头的不满，开始疯狂向空头反扑。

2021 年 1 月 27 日，高途的股价上升到历史最高点 149.05 美元，市值达到 381 亿美元。陈向东的身家也因此暴涨到近 200 亿美元，在福布斯全球实时富豪榜上列第 102 位。

但是，很快，震惊美股的 Bill Hwang 事件爆发，这位韩裔投资家偏好高杠杆操作，偏偏又重仓过大量中概股，包括百度、腾讯音乐、唯品会、高途、爱奇艺等公司，3 月 23 日，由于 Bill Hwang 爆仓导致其持有股票被强平，一场抛售狂潮席卷美股，多只中概股遭血洗，短短五天里，1100 亿美元灰飞烟灭，创下了"人类史上最大单日亏损"。

3 月 26 日，高途的股价直接腰斩，一夜之间跌了 41%。4 个月后，随着"双减"的来临，包括高途在内的所有教培行业的股价都开始剧烈下跌。2022 年 11 月，高途的股价最低到达过每股 0.64 美元。

在此过程中，陈向东的身家也经历了大幅缩水，被网民称为"2022 年最悲惨的富豪"。但是陈向东并没有觉得自己悲惨，他在个人抖音号上，坦诚地分享过个人的感受："不要因为外在有巨大的变化，就觉得你是悲惨的，也不要因为别人说你悲惨，你就觉得自己是悲惨的，永远想想你是谁，什么是不变的，把不变的做好了，才是永恒的。"

对于陈向东来说，挑战从来不在股价的波动上，他从来不为高途的股价上涨而惊喜，也未曾因为短暂的下挫而觉得挫败。但是，当他感觉到伙伴们的注意力被股价牵引时，还是感觉到了害怕，也因为被污名化而产生过愤怒。这是一位爱惜羽毛的企业家，也许这是他的短板，做空大战期间，沈楠发现他在短短几个月里，头发白了一大片。

2020 年年中，为了自证清白，高途聘请了外部审计机构对公司展开了内部调查。同年 11 月，审计机构出具调查结果——未发现对公司历史财务报表有重大不利影响的证据。2022 年 10 月 19 日，高途收到了 SEC 的调查终止信函，表示美国证券交易委员会对公司的相关调查已经结束，且基于已经获取的信息，不会对公司进行指控。

要知道，近 10 年来，SEC 很少给一个被诉造假的公司发这样的终止函。至此，证券史上空前绝后的做空大战正式落下帷幕。这是一场没有赢家的战争，空头在多轮轧空中，损失惨重，而高途也因此不仅付出了高昂的审计费用，还被牵扯了大量精力。独立调查期间，第三方审计机构展开了大量的调查工作，包括对关键干部的问询，拷走大家电脑、手机里的资料，耗费了大量时间。

但陈向东还是看到了好的一面。在 2021 年下半年的总裁面对面沟通会上，他说："我们在 6 岁的时候被一个全世界最苛刻的机构、最苛刻的公司做了一次全面体检。我们懂得了什么叫诚信，什么叫善良，什么叫真实。"

如果说高途要做一家百年企业，陈向东认为，对于发生过的这一段故事，"应该无限感恩"。

6

载入商业史的营销大战

6.1 变革超出了所有人想象

2020 年，对于高途来说，无疑是最重要的一年。这一年，它经历了空前绝后的做空大战，同时因为新冠肺炎疫情，在线教育行业迎来了爆发，它随之被卷入一场足够留名商业史的营销大战中。

2020 年 1 月 26 日，原本在美国陪家人过春节的陈向东，提前回到了北京。此时，疫情刚开始，他召集核心团队开会，决定向武汉当地学生赠送价值 2000 万元的正价课。为了保证免费课的质量，高途紧急调了近 1000 名辅导老师。

2 月，各省市积极探索和开展多种形式的线上教学实践活动。

高途响应号召，于 2 月 6 日开启了面向全国中小学的全学科免费公益课，配以公司最优秀的 49 名主讲老师。此外，公司的微师平台，还在疫情防控期间为超过 134000 家培训机构和个体老师提供线上授课服务。

这些行动的初衷，源于一家企业的社会责任感。疫情阻断了上学的路，但求知的路不能断。陈向东同样也预感到，疫情将对教培行业产生深远的影响，在线教育的奇点即将来临。

同年 2 月 18 日的内部分享中，他说："如果说 2003 年'非典'改变了整个中国电商行业，那么这次的疫情会真正改变整个中国在线学习的地位，以及人们对线上学习的态度，变革速度会超过我们所有人的想象。"

后来发生的事情与陈向东的预判几无二致。和高途一样，疫情刚开始的时候，很多在线教育公司都推出了免费直播课。此外，包括"学习强国"等平台在内，也通过合作的方式，推出了线上免费课程。

在这个过程中，大量线下学员完成了与在线教育的第一次握手，行业的渗透率随之不断攀升。《中国青少年在线学习白皮书》显示，按学生人数计，2019 年在线教育渗透率为 17%，2020 年已高达 33%，当年在线教育用户规模达到了 3.51 亿人。

行业规模在这种高速渗透的进程中迅速膨胀。根据艾媒咨询发布的《2020 中国在线教育行业创新趋势研究报告》，2019 年中国在线教育市场规模为 4041 亿元，增速为 16.1%。2020 年，市场规模达到了 4858 亿元，增速上升至 20.2%。

反映在公司报表上的，也是一些能激起人肾上腺素的数据，截至 2020 年 4 季度，高途曾经创造过连续 9 个季度，收入同比增长超过 2 倍的骄人战绩。周斌那时在高途课堂担任业务线负责人助理，他还记得，当时伙伴们看自家公司的财报，又去对比了那些以线下业务为主的同行，真的觉得"高途课堂天下第一了"。

这是一种很容易令人迷失的刺激感。同样刺激的还有高途的股价。一开始，大家还会在早上打开手机看看股价，但是后来看得也少了，不是不在意，而是因为它 100% 在涨，天天涨，只有涨多涨少的问题。

周斌知道，在这段时间里，这个组织里的每个人都很难保证完全清醒。"但凡你有个 10 万股，100 美元一股，就是 1000 万美元，你说谁这辈子见过 1000 万美元？"

毕竟大部分人对资本市场并不是很懂，所以很容易产生错误的判断，将股价的上涨归因于个人的能力，这正是陈向东最担心的事情。2020 年至 2021 年期间，他多次在内部讲一个坐电梯的故事：在上升的电梯里，有人站着，有人跳着，有人趴着，最后都会到达顶层，这时，电梯里的人会产生错觉，觉得是因为自己站着、跳着和趴着才到的顶层，他们忘记了上升的原因是自己就在电梯里。

这种错觉会在电梯停了之后，给人造成巨大的心理落差。沈楠觉得，心态上的落差导致了"双减"后，很多人选择了离开公司。"原来一个月赚 8 万元、10 万元，现在少了很多，还要辛辛苦苦重新做一遍产品，很多人就想，这个钱我宁可不赚。"

对于后来行业的转折，陈向东其实并非没有预感。他是一位极其强调配得感的企业家，无论是公司跑通了在线直播双师大班课场景，拿到教育产业下半场的船票，还是疫情催化了在线教育的渗透速度，让高途可以"好风凭借力"的时候，他总在内部强调，这些都是千载难逢的大运气，而"我们要做的，就是配得上这千载难逢的大运气"。

危机感总是来得特别早。仍然是在 2020 年 1 月 28 日的那次内部会议上，陈向东恳请高途的伙伴们都想一想——"在这个巨大需求爆发的前夜，我们到底应该做什么？应该怎么提升自我？怎么去身体力行？以及如何站在未来审视和洞察今天的决策？"

一开始，高途做的主要是增强服务能力。2020 年大年初五，为了迅速应对疫情给业务带来的挑战，高途的核心干部都放弃了休假，回到公司上班。

2月，由于开展了大量免费直播公益活动，高途辅导老师的带班压力大增，很多人每天都要工作到凌晨两三点，早晨六点又起来继续和家长沟通。

与此同时，高途还进行了大规模的招聘，并在全国各地开设运营中心。这当然非常必要，在线直播双师大班课由于设有一对一辅导环节，仍然有一定的人力密度。当学生规模处于陡峭的增长曲线当中，公司的人员规模也需要有所增加。

尽管几乎所有在线教育的龙头企业，总部都在北京，但各家都采取了在全国各地开设运营中心的做法。一般来说，大家都会把运营中心选择在武汉、郑州、西安这样的二线城市，一来这些城市高校众多，每年有大量的应届生走向社会，二来当地物价不高，相较于北上广深来说，人力资源的成本有很大优势。此外，教育本身具有本地性，每个省份的教材、考卷都有所不同，所以在省会城市设置前端顾问和后端辅导服务人员，可以提供更加差异化的服务。

仅 2020 年，高途就在全国新开设了 11 个运营中心，公司人员规模也从年初的 6000 多人增加到了 2 万多人。及至"双减"前，高途在全国共有 14 个运营中心，近 4 万名员工。

但是，很快，高途人就发现，还有很多东西，他们并没有准备好。

6.2 这是你自己的战役

伴随着在线教育的爆发，这个行业成了资本的"宠儿"。2020 年，全国教育行业共披露融资事件 206 起，融资金额约 492 亿元，几乎是 2019 年的 2 倍。

并且，资金还在向头部企业聚拢。2020 年在线教育融资前十位的融资总额达 462 亿元，占总融资额的 85.67%，其中仅猿辅导、作业帮两家公司的融资额就高达 380.1 亿元，占总融资额的 70.48%。

2020 年 12 月 7 日，高途也完成了一笔定向增发。遗憾的是，由于当时高途仍处在针对做空的内部调查阶段，融资不能在公开市场进行，所以整个计划是以定向增发的形式开展的。

定向增发过程非常短平快，只用了一个周末的时间。星期五，沈楠团队开始和投资人沟通，周六和周日就已经过完了所有的合同协议，包括确认打款的条件。

在此轮融资中，高途融了 8.7 亿美元，正是这笔钱，支撑着高途度过了"双减"后最艰难的阶段。

这些钱在随后不到一周的时间里全部到账。"很多人好奇，别人做一次定向增发可能要几个月，为什么跟谁学一周就完成了？我说，其实就是因为相信，因为有些投资人对我们很了解，他知道这是一家好公司，他知道我们特别具有学习能力、反思能力、战斗能力，他知道我们有一个要把事情做到极致的强大团队，他自然就会相信我们。"陈向东说。

事后来看，当年高途股价暴涨，不仅让它在一个相对高的价位上融了资，也在一定程度上，给竞争对手添了一把火。自始至终，在以在线教育为主营业务的中概股公司当中，高途的规模最大，所以它的估值水平也就顺理成章成了全行业的参照。

这些头部公司的基因更偏向于互联网，它们的创始人也都来自互联网大厂，在数轮高额融资后，它们都采取了烧钱换规模的打法，这也很像互联网行业的风格。

但这并不是高途的打法，早在公司的第一次创业期，就已经获得了有关盈利性增长的知真。但那时市场上的巨大噪声，还是让公司产生了迷惑，有投资人就曾指出："高途还是太保守，太不互联网了。"

所以，后来高途也参与到这场以高曝光、大投放为特色的营销大战当中。

在资本的推波助澜下，市场果然热到沸腾，大家纷纷迈开步子，进行大手笔市场投放。在大街上、地铁里、小区的电梯里、电视里、网络上，在线教育的广告铺天盖地。作业帮签约中国女排代言；猿辅导冠名《最强大脑》；有道精品课签约郎平、冠名《叮咚上线！老师好》；字节跳动旗下瓜瓜龙英语成为《乘风破浪的姐姐》广告主。Quest Mobile 数据显示，2020 年上半年，K12 在线教育企业平均营销投放同比增长 71.2%。仅 6 月份，猿辅导和学而思网校的线上投放费分别达 4.75 亿元和 4.18 亿元；作业帮略低，也达到 2.2 亿元。粗略统计，整个暑期，在线教育的市场投放费用最高一天达到 7000 万～ 8000 万元。据说，这一年，甚至有公司在市场投放上砸出百亿元。就连陈向东 70 多岁的父亲出门坐公交车时，都会充满担忧地给他发在车上看到的高途竞争对手的广告图片。

2020 年暑期，高途课堂冠名东方卫视《极限挑战》，牵手浙江卫视《中国好声音》；跟谁学好课则与爱奇艺携手呈现《亲爱的小课桌》。

这时，公司有两个品牌的问题就被摆到了桌面上，这等于你和竞品花了一样的钱，却只能给公司带来一半的品牌效应。2020 年 9 月，陈向东决定，将所有 K12 业务全部合并到高途课堂，所有成人业务也归集到"高途在线"品牌。与此同时，与业务相关的中台部门，也尽量被闭环到了业务线。例如，罗斌原本负责集团的增长部，那时他被派到高途课堂负责市场部门。

很难说，这样的安排在其他公司能否成立。罗斌不仅是高途核心创始团队成员，同时还带队探索了微信裂变的增长模式。但随着这次调整，罗斌到了业务线的二级部门，并且还要向业务线负责人汇报。

此时的罗斌的确感到焦虑，却不是被所谓的办公室政治困扰，也没有考虑个人的面子。他知道，这次调整，意味着高途将要拉满弓弦，全线投入此次以 K12 阶段为主战场的在线教育大战，而在这场战争中，最重要的战役在获客阶段，只有招来了新生，才有后期的续班，让这个公司生生不息，滚动向前。可以说，高途课堂的市场部在当时，就是"全村的希望"。

责任太大了。与此匹配的是，他所能支配的权力也太大了。按照当时的投放量，从他手上一天花出去的钱，可能就要高达 3000 万元。

罗斌不是那种好大喜功的人，他能够客观审视自己，认为个人能力更偏向于为增长体系提供工具和系统。"我不是亲自发钱，然后拿回来东西的人。"

但是，对于 2020 年的高途来说，确实没有比罗斌更合适的人了，他是"有条件要上，没条件也要上"。

罗斌成了那个"发钱的人"，和其他头部在线教育公司一样，当年的高途，也同样将绝大部分资金用在了信息流投放上，因为从那时起，这就是最大的流量通道。

由于投放量太大，后来人们将这种获客方式称为"工业化信息流外采"。但这种模式，的确不是高途所擅长的。然而，竞争的紧迫感围绕着高途，使它不得不躬身于一个陌生的获客领域。事实上，在后来的不断复盘中，几乎所有人都承认，公司是在没有准备好的情况下，匆忙入局的。

工业化信息流外采是一条链路，包括策略、素材、投放、调整等多个环节。广告主要想拿到好结果，就必须建立全链路的能力，一旦有一环脱节，整个获客成本就将失去控制。

比如说，投放人群的范围是宽一点，还是窄一点，稍微有点差异，对结果的影响就会很大。与此同时，负责投放的一般是代理商的优化师，而好的优化师本身就是稀缺资源，能不能拿到，配合好，都需要企业与代理商进行长期磨合。

客观上，此时的高途缺乏和市场磨合的过程，也没有对工业化流量外采积累足够的认知和能力。例如导流课，竞品曾主要投"49 元班"，获客成本为 600 元，而高途主要投"29 元班"，获客成本 1000 元。高途甚至还一度投过"9元班"。陈向东曾问，为什么我们不投"49元班"？理论上，入口班具有筛选功能，价格越贵，获客质量也越高，但用户支付门槛越高，获客难度越大，所以就需要在其中寻找一个平衡点。

陈向东得到的解释是"'29元班'更适合高途"，后来发现其实是自己的团队投不好更贵的入口班，对算法和建模理解不够深刻，如果投"49元班"，高途的获客成本可能就要达到2000元。

能力上的缺失造成的后果非常可怕。2020年一季度，高途收入为12.98亿元，花了约7.57亿元用于投放，平均获客成本为978元，但到了2020年11月，高途的单个学生引流成本已经达到1500元。

随着获客成本的攀升，在一段时间里，高途的ROI水平不断下降，也就是说，公司花1块钱，最后拿不回1块钱，甚至到最后只能拿回来5毛钱。在生意模型上，这种投流方式失效了。

但是大投放并没有停止。一方面是因为在K12阶段，在线教育业务还可以拆解成不同的单元，包括小学、初中和高中。自始至终，高途高中部都是赚钱的，而初中部有时候也有利润，小学部虽然亏损，但它处在客户生命周期的起点，大家又会考虑，结果会不会随着续班期的延长而改变。更重要的原因在于，在那种高密度的商业战争当中，入局的每个人，都很难保证完全克制和冷静。后来周斌回忆起那段时间，也觉得大家有点"杀红眼"了。他记得，2020年9月，高途课堂开始做来年的预算，所有人的预算都是按照100%、200%的增长来规划，哪怕很多指标已经不那么健康了，但大家还是往高了做预算。"没有人说，今年我们稍微把健康度做一做，明年的增长先缓一缓。"

因为，当时在大家的脑海里，响起了另一种声音："没事儿，只要2020年这一年能打赢，就锁定胜局了。"

那时，高途已经创业六年，成了这个市场里唯一一家实现规模化盈利的公司，并且率先在美股上市。周斌觉得，那时的伙伴们很害怕，担心自己稍微松松手，就会把胜利的果实拱手让给别人。

回头来看，在这一段时间里，这家公司的确被竞争对手所牵引。陈向东非常反感这种情况。他读了星巴克创始人舒尔茨的新书《从头开始》，在书中，青年时期的舒尔茨特别喜欢下国际象棋，有一天，他在街边与一位棋手下棋，对方给了他一个受益终生的忠告：孩子，下棋高手不仅要考虑对手的棋路，还要统筹考虑整个棋盘。因为和对手下棋是单向的，但棋盘有很多角度，高手能把所有角度都考虑在内。"你心中不能总是想着和对手大战，否则就会不那么从容。这是你自己的战役。"

当然，作为一家有近 4 万名员工的公司的 CEO，他不可能要求所有人都是高手。冲在前线的战士心里，装着对手，这是任何公司都无法避免的情况。更何况，即便仅从高途自身的命运出发，在这个公司自己的战役里，除了大投放之外，它也别无选择。

事实上，后来，针对此次在线教育大战，高途人进行过多次复盘，但最后的结论都并不指向策略性失误。在罗斌看来，当时的确也可以不走大投放这条路，但无论是开发增长工具，还是开展内容营销，虽然成本会降下来，但公司会损失规模和速度，在那样的战况当中，速度就是生命线。

无数次商战都证明了这一点，佛系也有佛系的代价，被美团兼并的大众点评，被滴滴兼并的 Uber 中国业务，被 58 同城兼并的赶集网，被携程兼并的去哪儿，这些公司无时无刻不在提醒着后来者，在巨大的竞争面前，小而美是很难实现的。如果高途没有在 2020 年跟进大投放，也许这家公司已经不存在了。陈向东想到过这个结局。

事后来看，那些没有投入战役当中的教培企业，也的确最先倒在了"双减"政策调整的变革期。原因无他，发展的窗口期太短了，如果在此期间，公司没有下决心躬身入局，也就没有了留在牌桌上的机会。

但也因为留在牌桌上的人不断出牌，2020年的那场牌局实在太喧闹了。当你走出家门，迎面而来的是在线教育公司的广告；在公司楼下等电梯，分众的屏幕上轮播的也是这些广告；闲下来刷刷手机，十条短视频里可能有一半还是在劝你给孩子报课。

仿佛全世界都在告诉家长们，必须让孩子上线上辅导班。这种现象类似卢梭提出的"剧场效应"。在一个剧场里，突然有一个人站了起来，直接把周围观众的视线全部都挡住了，导致后面的观众没有办法，只能够站起来，慢慢地站起来的人就越来越多。

当时就是这么一种情况，而身处剧场当中的人，并不知道，危险其实正在逼近。上海市教委负责人在接受媒体记者采访时说过一句话："当部分学生去接受培训的时候，会提高他们的分数；但是当所有学生都去接受培训的时候，可能只会提高分数线。"

这句话至少说明了两点：第一，剧场效应已经在真实世界中出现；第二，监管层对此已经有所警惕。

2021年年初的四条短视频，将矛盾推到了高峰。当时，由于各家的主要获客平台都是抖音，但市场上，仅有为数不多的广告公司在代理抖音教育行业广告。一家广告公司会为多家机构做广告。但一家公司又能有多少演员和脚本能力呢？由于投放量太大了，就出现了一个演员给各家都拍，类似的脚本各家都用的情况。而作为甲方的在线教育公司，通常对广告素材审核不严。

于是，就出现了猿辅导、作业帮、高途课堂、清北网校四家企业用同一个人拍广告的尴尬情况。她在这家机构是"从业40年的英语老师"，在另一家机构出镜时，已经"教了一辈子小学数学"。

听闻此事后，陈向东感到"震惊而羞愧"，随后高途全面加强了对广告素材的审核，所有投放素材均要通过内部审核后，才可以对外投放。

但是潮水的方向已然改变。

2021 年 1 月 18 日，针对此现象，相关部门发布文章，直指风口浪尖上的在线教育乱象和监管问题。文章指出，在资本的推动下，线上教育培训规模迅速做大，但同时也将在线教育行业推向了企业竞争加剧、获客成本高企、行业内耗严重的困境。

正是从这一天开始，"双减"的大幕徐徐拉开，直至 2021 年 7 月 24 日，正式"双减"文件出台，一场世纪商战的火焰就此熄灭。

回头来看，某种程度上，是"双减"救了这场战争中的所有参与者。如果不是"双减"，大投放不会那么早就停止，所有公司都将继续以流血为代价，去换取留在牌桌上的机会，"这将是一个全输的结局"。对于那个曾经出现过的可能性，罗斌甚至有些后怕。

第六部分

创造全新的自我

1
敢于冲锋，敢于胜利

1.1 进攻战

在线教育大战因为"双减"猝然结束后的一年多里，高途从喧嚣中安静下来，休养生息，修身养性，一切的目标只围绕三个字——活下去。

终于，2023 年 1 月 16 日的高途新春云年会上，陈向东向全体伙伴宣布——高途已经活下来了，并且来到了它最好的时刻，未来高途必然会为中国的教育事业做出更大贡献。

陈向东一直有一个观点，最难的时候往往是最好的时候。因为最难的时候，可以磨炼组织的心性，锻造业务的能力，沉淀战略、使命、愿景和价值观，以及锻炼出优秀的干部。同时，他也认为，最好的时候往往是更好的时候，而"更好往往源自我们的创造"。

创造，这是创业九年多以来，陈向东一直不敢用的词，但在 2023 年开始的时候，他决定要带领这家公司，去创造一个全新的自我。

很多业务都在此时进入了奇点时刻。

在雷雷寻求逆势突围的过程中，高中部的一对一产品线也被研发出来了，在整个教培市场当中，线上一对一产品一度是非常主流的产品形态之一，但是跑了一段时间后，很多公司都发现，这种产品最难克服两个问题。

首先就是成本问题。在线上一对一的场景当中，无论是师资成本还是获客成本，都无法通过规模化进行摊薄，所以即便在测算最小单元点时，也无法实现正向利润。"双减"后，一批主营线上一对一的明星公司倒下了。

但是许翔发现，如果把一对一业务放到综合化教学场景里，成本的问题就比较容易解决了。在高途高中部已有的学员中，一定有一批学员，有一对一的需求，由于这批学员已经来到高途，那么他们的采购，必然会大幅降低业务整体的获客成本。

一对一产品另外一个比较难解决的问题是优质主讲老师的持续供给能力不稳定。但是高途可是一家从O2O时代就已经深耕优质师资资源的公司，到2023年下半年，在许翔手上，已经有了上千名一对一的主讲老师库，随时调用。并且，他还在逐渐将这些一对一主讲转变为高途的全职老师，这样做，当然会在一定程度上增加公司的人力资源成本，但许翔认为："核心还是要保证教学质量。"曾经，很多公司都是用兼职老师。但是兼职老师是很难管理的，大家都抱着打零工的心态，这在很大程度上，也加速了这批公司的衰落。

此外，高中业务线也开始尝试小班课业务，到目前为止，整个高中线已经形成了由在线直播大班课、小班课、一对一组成的完整线上教育产品布局。

当然，无论是在线大班课还是一对一，都还是在线上的场景当中。对于第三次创业的高途来说，它不仅需要把已有的业务做到更好，更重要的是，要在没有涉足过的处女地里耕耘，唯有这样，才能书写公司新的增长曲线。

事实上，也的确还有更大的场景在等待着高途去突破，那就是线下。其实这些年，高途一直在思考，究竟应不应该去开办线下班。"双减"落地后，公司进一步明确了自己是一家教育公司，那么持续满足整个教育市场客户的需求，就变成了知真。而当在线教育的规模达到一定量级之后，如果仅通过线上模式，无论是获客效率还是教学质量的提升，其边际效益就开始变得非线性，如果要有所突破，就必须突破传统的模式，例如从线下班的物理特性入手去提高获客效率，并且以更个性化的教学来满足小范围人群的需求。

2022 年，陈向东提议大家可以去摸一摸线下的事情。

当年，刘文勇开始了线下业务的探索，第一站选在了沈阳。同年 9 月，原沈阳知乎考研团队在结束了与知乎的加盟期后，加入了高途。

很快，刘文勇就发现，高途一定能打赢线下，因为高途的优势实在是太明显了。对线下机构来说，这种竞争简直就是一种降维打击。

当时，调研团队把沈阳当地的线下机构都摸了一遍，发现每家给的学习资料，都是印刷店复印的册子，里面还有好多乱码。

但高途可是从在线教育大战里走过来的，几家头部机构什么都卷，包括送给学生的礼盒，也是一家比一家精美。高途考研提供的学生用书都是正版书。由于高途原本就有图书业务，近年来，刘文勇他们出版了很多考研辅导书，例如《考研英语词汇必备》《历年真题详解》等。

"别的都不用说，只要把这些书摆在学校门口，学生的体验马上不一样。"一想到这一点，刘文勇的情绪就上来了。

此外，因为高途是从名师在线直播大班课走到线下的，所以在课程体系上也能比线下机构有更多的创新。因为考研的学生大部分都是大学在校生，周一到周五上课不方便，所以校门口的那些机构平时课程特别少，周末也不多，主要的课时都集中在了寒暑假和最后冲刺阶段。

这种行课安排，其实并不方便学生科学地分配学习时间，所以高途考研采取的是 OMO 形式，即学生可以在周一到周五上线上课，周末和寒暑假再参加高途考研的线下集训营。

事情的发展果然如刘文勇所料，沈阳学校一开起来，现金流很快转正了。2023 年 4 月，高途考研北京学校的负责人也到岗了。8 月，北京学校的利润转正，刘文勇又马不停蹄地开始筹备郑州学校。

不过在 2022 年，针对线下业务，罗沫鸣表面上看起来是按兵不动的。他在等，等其他人比他更着急。他知道，"在一个大组织里面，你要想做成一件事，一定是在所有人都想做的时候。如果就我一个人想做，是做不成的，所以我就地等，等到大家都想做了，我就做"。

果然，一开始是祁秀平先急了，他开始"一天到晚地鼓动"罗沫鸣在中小学业务场景里开线下课。渐渐地，大家在开会的时候都开始撺掇他。

终于在 2023 年春节前后，陈向东公开表态要开始做线下，罗沫鸣知道时候到了。其实，他早就准备好了，陈向东一说完，他没多久就完成了布置，连人员都到位了。转眼间，高途在广州、西安的线下素养中心就开办起来了，很快素养中心的规模就拓展到了全国四个城市的十个校区。

在此期间，高途高中在广州和太原建立了本地化探索团队，4 月 14 日，高途留学也在北京中关村开起了第一家线下门店。

陈向东也一直没闲着。他本人就来自线下，早在 20 年前，他就是新东方最优秀的校长，但当陈校长要重返老战场，他仍然对此抱有敬畏之心。在考虑开启线下业务后，陈向东亲自去了一线考察。每到一个地方，他就背个包跑到线下机构，看人家的门头、客流，跟驻点老师聊，也找学生做访谈。

这些来自一线的市场洞察告诉他，一个伟大的市场机会在等待着高途。一方面，学生和家长对于高质量教育产品的需求一直在；另一方面，进入 2023 年后，整个市场的方向从减法过渡到了科学的加法。"双减"后，全国性布局的教育机构只剩下三家，其中就有高途。但是，陈向东说，在相当长的一段时间里，"高途的组织能力一直在收，一直善于收，但是没有去进攻"。

2023 年 6 月 16 日，高途的冲锋号终于吹响。在当天的全员会议上，陈向东大声宣布——2023 年，高途人要"敢于冲锋，敢于胜利"，抓住这个时代给高途的机遇，从而能够快速超越。

随后，他提议现场的伙伴一起把这句口号又喊了一遍。

"既然是敢于冲锋，既然是敢于胜利，那就意味着我们要由以前的防守、以前的相对积蓄力量、以前的苦练基本功等策略，转向真正的进攻战。"陈向东说。

在上述会议上，陈向东将具体的战役分为三场，第一是"线上 + 线下 +OMO 业务"，第二是短视频直播业务，包括抖音和视频号（内部称为"抖视战略"），最后一个是 ChatGPT+ 教育业务。

进入 2023 年，随着 ChatGPT 推向市场，全球人工智能产业迎来了"iPhone 时刻"。很多人都说，AI 将颠覆教育。但是陈向东不这么认为，他一直认为，终极的教育一定是"教"加上"育"，其中，一定要有人用自己的一部分生命，去交换另一个人的一部分生命。所以，对于教育产业来说，AI 扮演的从来都不是颠覆者，而是提升效率的工具。

他决定要拿出一个亿投入到教育 AI 当中，如果这是潮水的方向，高途一定要再次站上潮头。

"做企业真的是九死一生的事，真正的企业家精神在于，当他看到一个火苗的时候，他会想到背后是熊熊燃烧的一团大火。"张如国看到了燃灯者正高举着火把。

1.2 抖视战略：一百天太久，只争朝夕

从 2022 年开始，陈向东就一直在思考，这个时代的教育场景究竟会有哪些变化？这也是高途明确抖视战略的基本背景。

毫无疑问，当下如果说有流量红利的话，短视频和直播必定是一个重大的渠道变革机会，这个机会很可能带来整个市场的刷新和洗牌。

事实上，作为一个特别强调复盘能力的组织，高途这几年来一直在反思，过去还有哪些地方做得不够好。例如，实际上，陈向东早就看到了短视频、直播时代的到来，但出于各种原因，高途一直没有深入做下去。

早在 2019 年，他就已经要求团队全力以赴探索抖音、快手的变现路径，只是在 2020 年，在线教育大战爆发，公司不得不将获客重心放到信息流投放上，这件事才没有获得高的战略优先级。

后来，高途人也对于当时的选择进行过反思，这样做错了吗？

大家得出来的结论是没有错，因为当初如果高途没有参与到这场热战当中，它就没有办法抓住规模快速增长的窗口期，最后只会越做越小，甚至可能会消失在市场竞争的序列当中。

但是，这并不代表有些地方自己不可以做得更好。客观上高途的确错失了短视频、直播时代的第一拨机遇。2020 年前后的短视频，非常像早期的公众号，是一个积累粉丝，形成私域的红利期。

曾经，高途就是因为吃了两年多的微信裂变红利，才实现三级火箭式的发展，2017 年公司的现金收入是 1 个亿，2018 年就达到了 6 个亿，2019 年更是达到了 33 个亿的规模。

后来，祁秀平对此有过检讨："当时如果坚持做，那么今天我们在短视频领域很可能会像当年在微信公众号一样，构建起大量的矩阵。从今天推论来看，我们是犯了一个很大的错误。哪怕我们跟随对手，也依然应该保持自

我的特色，有自我的判断，但当时我们太狂热了。"

对于一个组织来说，对过去的复盘，并不是要纠结在错误当中，而是为了将来能走得更远、更稳健。就沈楠的观察，"双减"落地后，留在公司的管理层都经过了一段很长时间的反思和沉淀，并因此收获了巨大的成长。

不过，在大部队的流量策略集中在信息流投放上时，陈向东并没有放弃去探索短视频领域，他已经看到，短视频绝对是一个巨大的机会。2021年1月19日，陈向东带队去了长沙，回来后租下一间办公室，启动了金牛项目，专门探索短视频直播业务，几个月时间就做到了400多万粉丝。只是随着"双减"来临，金牛的负责人选择了离职，这个项目最终没有做下去。

时间来到2022年3月，一家MCN机构找到了高途，声称可以为高途非K12业务带流量。当时，陈向东和对方聊了聊，越聊越兴奋："天呐，这不就是我们原来做的事吗？"他马上让大家都重视起来，以更高的重要级，向短视频、直播业务突围。

今天，陈向东比以往任何时候都坚信，短视频直播时代的红利并未消退，那个伟大的渠道创新变革机会仍然存在。所以，高途必须在短视频和直播业务里边发力，要创新机制，要打破边界，真正在短视频直播领域里实现重拳出击。"我们的抖音也好、视频号也好，真的是'一百天太久，只争朝夕'。"

2022年7月，许翔回到了高中部，赵星义也跟着他一起回去，在高中部负责运营。但是干了半年，他觉得运营解决不了问题，还是得在市场端有所突破，就带着老师去干市场，摸索自然流。

一开始，赵星义摸索得并不特别顺利，自己还病了，胃出血，住了一个月的院。他也就在医院里想了一个月，终于想到了一个新模式。

赵星义发现，以前，虽然短视频平台是公司最大的流量池，但通常是以信息流投放的方式来获得初级流量，并以漏斗的方式层层筛选，最终转化为用户。所以，对于每家在线教育公司来说，流量都是卡脖子的环节，它不直接掌握在自己手上，永远需要大量投放来获取。

为什么不直接做流量呢？赵星义想到一条路径，从流量端到课程体系全面打造名师 IP，让名师在抖音直播，直接获客。

当然，打造名师 IP 并不是一件容易的事。抖音上，直播电商干得好的无非两种，一种是人带货，一种是货带人，董宇辉和小杨哥都属于前一种，由一个主播带火一个号，然后再去推动货盘的升级；但也有企业号很火，比如瑞幸，反过来也能把主播给带火。

客观上，老师要走前一条路并不容易，他们天然不可能有达人那么强的表现力，否则就不是老师了。后来，赵星义想明白一件事，都说"名师出高途"，根本上还是因为这些名师的课好。于是，他想到，针对每个老师出一款爆款产品，比如图书，走货带人的路。

在自己探索抖音直播变现路径的同时，赵星义也还在替其他业务的伙伴想，帮他们去找条路，拥抱短视频、直播时代。大概是因为自己当了 10 年老师，他就是喜欢帮别人，别人能做到更好，他也高兴，这也是高途一直提倡的"成就伙伴"文化。

2022 年 10 月，高途雅思团队开始在抖音上尝试直播，赵星义观察了一段时间，觉得刘薇特别适合给家长讲，那么是不是可以把业务从雅思扩展到 K12 赛道呢？然后，他又去问了自己老婆，如果出一套针对小学生的雅思课，愿不愿意报班？老婆回答说，肯定愿意，这就是客户的声音。

和托福偏学术不同，雅思考试涵盖听说读写，是非常综合化的英语能力考核，对应的学生学习能力，也是非常综合的。这种学习能力，不仅出国留学的人需要，它可以说适用于所有学英语的人。

赵星义把这个答案告诉了刘薇。正好，刘薇也一直在思考，将雅思课程从单一的留学培训，拓展成长线能力提升型课程，服务全年龄段学员。为此，高途雅思团队与出版社一起，研发了一套《雅思标准教程》，包括 8 本书和

4 个阶段的教程，可以满足用户从零基础一直到雅思 7.5 分的学习需求。

刘薇决定要在直播间售卖这套教程，有段时间，她每天和赵星义都要通个电话，互相交流探索直播的经验。

不过，她没有打算像高途其他业务线的直播间那样，先卖 9 块 9 或者 19 块 9 的低价产品，一上来产品的定价就是 1980 元，包括教程的前 4 本书和一套课程。

当时，公司的运营提醒她，以前没有人卖过超过 300 元的课，但是刘薇却认为，卖 300 元的课，可能会有很多家长都来买，但是大部分人对雅思一无所知，也对提高英语能力并没有很强的驱动力。因此她认为，还是要找到最核心的那批家长，去收集他们的用户体验，然后再考虑慢慢下沉。"既然没有人卖过超过 300 元的课，那总得先有人去尝试一次吧？"刘薇说。

刘薇自己也冲在了直播一线。2023 年末，她的个人账号"雅思天后刘薇 Vicky"拥有近 155 万粉丝，是抖音英语赛道里绝对头部的超级 IP。但对于高途这种规模的公司来说，最终的胜利绝对不是因为某一个人，而是整个组织的胜利，因为只有这样才能突破规模的天花板，形成长尾的增长能力。

这件事也让陈向东非常兴奋。对于一家在线教育公司来说，招生课的价格与流量质量成正相关关系。以往在大家的普遍认知里，直播课属于知识付费型产品，转化难度大，所以大家普遍将招生课的单价定得很低，9 块 9、19 块 9 是常态，甚至还有 0 元课。但这样一来，流量线索的质量就不高，大量来试听的学员并没有很强的报班意愿，导致后期转化的难度加大，转化率也不高。

而当刘薇团队跑通了 1980 元的课程场景，陈向东看到了在直播间里售卖高价课的前景。

2

拥抱短视频、直播时代

2.1 CEO 亲自下场

陈向东一直笃信一句话——因为看见，所以相信。尽管此前，很多人觉得这句话应该这样写："因为相信，所以看见。"但陈向东觉得不切实际，在他看来，99% 的人还是因为看见，才会选择相信。

那么，2022 年的陈向东看到了什么呢？

他看到，每次传播渠道方面发生重大变革，都会出现诞生伟大公司的机会。例如 21 世纪初的 PC 互联网时代成就了阿里、腾讯，2013 年之后的移动互联网时代，同样也成就了一大批企业，其中就包括高途。而在 2020 年之后，短视频、直播同样也是一次伟大的渠道革命，毫无疑问，时代仍然会蕴藏着伟大公司诞生的机会。"如果这里有这样的机会，高途则必须在其中有所作为。"

　　他还看到，抖音是内容电商，而高途不就是做内容的吗？在过去 8 年里，高途以名师为核心的高质量内容，对流量红利的高度敏感，以及优秀的运营能力，在全国化、全品类的教培机构当中，做到了数一数二。今天，如果高途在抖音上做内容，他绝对有信心，也会做到数一数二。

　　抖音也是直播电商，而高途干的不就是直播吗？早在 2014 年 7 月，那是高途成立的第二个月，就已经组建了音视频直播团队，2015 年 3 月，就做出了 3000 人的在线直播大班课，同年 9 月，做出了万人同时在线的直播大班课。在教培行业里，高途就是双师在线直播大班课的定义者。

　　的确，直播电商与双师在线直播大班课具有很强的相似性。例如，它们都需要完成流量的供给和转化，也需要解决产品供应链的问题，直播电商产品供应链的核心是找到优质商品，而在线直播大班课的供应链核心在于好老师。与此同时，两款直播产品都需要很强的运营能力，并且整个产品的交付也不仅在直播间里完成，直播电商的整个交付链条包括线下商品快递，以及售后，而在线直播大班课还需要通过辅导来完成全链条的交付。

　　《全力以赴》作者何伊凡，曾在书中将高途的成功总结为三个馒头，即私域流量运营能力、寻找好老师的能力、打造组织的能力，陈向东深以为然。直至今天，他仍然觉得是类似的馒头在持续"喂养"着高途：那就是名师的系统打造能力，包括产品销售渠道和流量运营在内的综合能力，以及强大的组织力。

　　不难看出，这三个"馒头"同样可以喂养直播电商业务，只要将名师的系统打造能力改成大主播的系统打造能力。

　　所以，陈向东还看到了，如果抖音未来是一座巨大的商城，那么里面必须有许多个商铺是属于高途的，是属于高途人的。

　　人们都说眼见为实，但究竟看到的是当下，还是一年后、三年后、五年后，这种超越时间的看见，考验的是一个人的智慧，也是他能否成为一名优秀企业家的重要分野。笛卡尔说"我思故我在"，对于陈向东这样的企业家来说，一旦他把事情想清楚了，也就看到了未来，来到了未来。

2022年6月，与高途拥有同样基因的东方甄选火了，陈向东和许翔聊了聊，看看能不能去尝试直播带货业务。9月20日，许翔团队创立的"高途好物"在抖音开播。

不过一段时间之后，陈向东发现了一些问题，首先"高途好物"这个名字不行，抖音有个好物节，在平台上还有很多类似 × × 好物的账号，这就意味着好物没法作为一个独立的品牌去打仗，慢慢就被埋没了，同时售卖商品的品类也比较繁多，这就导致抖音无法对直播间进行分类，也就无法拿到精准的流量。另外，高途好物虽然做的时间很短，但一上来就是两个账号，一个叫"高途好物"，一个叫"高途好物双语"。

陈向东认真想了想，反复推演后，给直播间取了新的名字——高途佳品，在2022年的冬天，陈向东成了这家创业公司的CEO，由于人员规模很小，一开始只有十来个人，伙伴们也开玩笑，叫他"陈经理"。

但是陈向东觉得非得如此不可，站在2022年年末的时点上，对于这个项目一定能够成功他并没有十足的把握，甚至觉得"大概率做不成"。如果要为一件大概率做不成的事找个人负责，那一定是CEO，因为如果是别人做失败了，可能就在公司待不下去了，但CEO完全没有这方面的困扰，他可以不用考虑业绩和利润，坚定地投入。

陈向东早就过了缺钱的阶段，做短视频直播也不是为了要跟谁较劲，更不是要跟自己较劲，他早就已经实现了财富自由，并在跌宕起伏的创业旅程中，和时代和解，也和自己和解。前方就是一个伟大的机会，他看到了，也比任何人都能够轻装上阵。他知道，做这件事的核心只有两个，第一是方向，方向错了，停止就是进步；另一个就是勇气，你敢不敢出发？怕不怕丢脸？

答案当然是不怕。2022 年结束，在面对 2023 年的时候，他曾经有一次和自我的对话：Larry，如果你今天不把以前那些你自己的 Stop-Doing-List 打破，如果你自己不能够站出来，在全新的赛道里边不怕失败，那你就真的老了，高途慢慢也老了。

他很难想象，当一个伟大的商业机会出现，创始人游离在外，还痴心妄想要成功。所以，对他而言，做这个决定其实蛮难的，可一旦想通了，他就会全力整装出发。

早在 2016 年年底，陈向东就给自己立过规矩，不接受访谈、不曝光、不参加活动。2020 年，由于公司被史诗级做空，陈向东一度打破过这个规矩，为了正面回应做空事件，接受过几家媒体的采访。但 2021 年后，他再次消失在公共舆论场上。从某种角度上来说，这是他的舒适圈，让他能够将更多的精力和注意力放到业务和自我修炼中去。

但是这一次，为了高途，他决心要进入无我的状态，开通自己的抖音号，并且亲自来带直播电商业务。在这个时代，高途必须在伟大的渠道革命中能拥有一席之地。

不过罗斌还是给他提了个醒："Larry，你做抖音得想清楚啊，万一做不成，那可能面子上过不去。"陈向东回答说："我既然选择做了，我就是趴着跪着也要往前走，我现在就是幼儿园的水平，我就学习，我就求教。"

在一段时间里，陈向东密集见了 60 多家电商公司的老总，面试、聊天、沟通了超过 300 位行业人才。有时候，与一个人聊天时，他会忍不住感叹："这是价值 5000 万元的认知啊！"再与一个人聊天，又感觉价值一个亿了。可以说，他是拿到了价值数十亿元的认知，才开始做这件事。

2023 年 1 月 6 日，陈向东的个人抖音号发布了第一条视频，在接下来的一年里，他一共发布了近 600 条视频，平均一天就有两条，是一名绝对高产的创作者。他获得了超过 400 万的粉丝，近 1600 万个点赞，其中最火爆的一条，内容是"破山中贼易，破心中贼难"，播放量超过6000万次，有7亿多的曝光。

在这条视频中，陈向东说，心贼有三，第一是"坐中静，破焦虑之贼"，第二是"舍中得，破欲望之贼"，第三是"事上练，破犹豫之贼"。

心贼已破的陈向东在抖音上逐渐游刃有余，他逐渐找到了属于自己的流量密码，那就是真诚。在这个抖音号上，陈向东不仅分享人生经验，也经常调侃自己，被粉丝们视为最真实、接地气的企业家。冬天里，陈向东曾穿着短袖，在颐和园里拍视频，这是硬汉的一面；也曾在粉丝数达到400万人时，在雪地里奔跑撒欢，这是童真的一面。

2023年2月16日，陈向东在抖音做了第一场直播，后来直播的场次越来越多，最高纪录是连续直播了15天，每天讲一本书。

事后他坦率地说，第一场直播时，自己还是挺紧张的。最开始，他觉得不用紧张，毕竟自己已经讲了那么多年课，教了那么多年的书，给大家做了那么多的分享，应该是手到擒来的事情。

但是真正到了抖音的平台上，需要把那些书用抖音用户可接受的语言、语气、语调、语境和状态讲出来，还是有一定的挑战性。再加上他自己特别渴望做好，所以第一次直播时，他其实蛮紧张。

在团队的帮助下，在很多好朋友的建议和谏言之下，他每天都在做改善。

很多人好奇地问陈向东，为什么要做这么多直播？他觉得做抖音直播是在修炼自己的基本功。因为当自己真正做了主播之后，就变得更加懂得主播，更加能够用主播的语言去互动对话了，而公司的主播也可以更加尊重自己的建议，毕竟自己也在播，能和他们感同身受，他自己踩的坑、犯的错，也可以让他和主播之间有真正的情感共鸣。

站在时代的大门前，陈向东知道，他必须躬身入局，与时代同频共振。

2.2 泼天的富贵终于来了

2022 年 11 月 16 日，高途佳品在这一天拿到了营业执照。

在前一天晚上，陈向东让人把新兴产业联盟 112 室打扫出来，专门给高途佳品用。当天晚上 11 点多，他忙完了手头的工作，一个人坐在办公室里，思考高途佳品到底要做成一家什么样的公司。因为这个问题，那一夜，他都没怎么睡着。

灵光随着窗外渐明的朝霞闪现，"佳"和"家"发音和意义都有相关性，陈向东的意思是，高途佳品卖的东西，都是为家人做的，可以推荐家人购买的。

于是，高途佳品的 slogan（标语）也就出来了——"为家人，做佳品"。产品品类也从衣食住行聚焦到了"食"上面，专攻抖音的食品赛道。

在陈向东的梦想里，这将是一家以真正高品质的产品为核心，通过文化、通过内容、通过技术来驱动的实业公司。

任何公司在开张后，第一重要的事情就是组团队，高途佳品也不例外。对于一家直播电商公司来说，首先要解决的是主播从哪里来的问题。新概念英语项目的夏天被派到高途佳品，担任主播团队负责人。

为了组建主播团队，高途佳品一方面从主讲老师中选拔高潜人才，例如高中物理老师川川、小学数学老师铜盆、高中化学老师马尼克、小学数学老师熊猫等，另一方面，紧锣密鼓地开展了两次主播大赛，主播铜盆和瑶瑶分别是两届大赛的冠军。

与此同时，其他业务部门也都在极短的时间内组建完成。

高途集团原人力资源部企业文化负责人王奕听被调到了高途佳品，负责人力资源工作，高途佳品高峰期时，员工大约有 270 人，这些人是从一个巨大的池子里被筛选出来的，据王奕听统计，从简历筛选到入职，通过率只有 4%。

　　和所有创业公司一样，高途佳品保持着绝对的灵活性，组织架构、人岗匹配都在随时根据业务进行调整。仅 2023 年上半年，系统里显示的人员变动信息，就多达 1000 多条。

　　2023 年 1 月，原在一个创新项目的孙中科也被调到了高途佳品，任产研负责人。其实，一开始，孙中科也不知道，自己能为这个新业务带来什么，直播是在抖音平台上开展的，抖音巨量引擎原本就可以提供一系列数据的展现和复盘。

　　但是很快，孙中科就发现，这里的产研有很大的发挥空间。巨量引擎的数据有一定的滞后性，同时也无法做到从货盘到复盘的全链路数据支持。很快，他便组建了一个 9 人规模的产研团队，开发了一套全链路的直播带货系统，支持从最初的商品入驻，到直播场里的运营支持，再到场后的数据复盘整个过程。很多来公司交流的友商在看到这套系统之后，都感到既惊讶又羡慕。到 2024 年为止，中国的头部直播电商当中，真正能实现系统化技术能力的简直凤毛麟角。

　　除了内部人员的调配之外，一些老高途人也被召唤重新归队。在高途，一直有"召必回"的传统，2022 年年末至 2023 年，随着高途完成了活下来的阶段性使命，进入到"活得久、活得好"阶段，一场以"归途"为名的老员工大规模回流开始了。

　　2022 年 11 月，钱杨加入了高途佳品。"双减"后，钱杨一度离开了公司，开始自己去抖音上尝试运动健康类创业。但只是接到陈向东一个电话，他就把公司关掉，回到了高途。

　　钱杨接手的是高途佳品的选品业务。整个直播电商业务包含人、货、场三要素，其中人和场的组合，需要在直播间里完成，但货品供应链的能力，则需要高途佳品在开播前就建立起来。

　　但是别说钱杨，就连整个高途，都没人干过这项工作。没办法，他只能边学边干。

他要搞定的第一个货品是烤肠，因为正好是冬天，生鲜、果蔬类产品的可选择范围太小了，而烤肠一年四季都可以生产。

钱杨一连去了全国十几家肉制品加工厂，从河南洛阳、驻马店，安阳，到福建厦门、广东惠州，他穿越了大半个中国。他的目标是找到口味、质量最好的产品，来作为高途的第一款自营品。

每到一个地方，他一天能去3家工厂，把每家主打的五六款烤肠都尝一个遍，什么原味的、黑胡椒的、芝士的，还有各种特色产品。

后来，钱杨计算过，那一周，他吃了几百根烤肠。也是自己没经验，很多人去工厂选品，每个都只是嚼两口，尝个味，但他太老实了，给多少吃多少，后来一看到烤肠就想吐。

最终，钱杨团队选了惠州一家工厂作为供货商，这款打着高途佳品LOGO的爆汁肠产品，因为用料实在，口味好，现在已经成为高途佳品直播间的大爆品。

2023年2月1日，赵航棋也回到了高途，担任高途佳品运营负责人。和赵航棋以前的人力资源工作不同，这是一份需要时刻和数字打交道的工作，账号的粉丝量、在线观看人数、评论量、成交量，这些数字实时投射在直播间的屏幕上，形成了一个压力场。

不过一开始，赵航棋所面临的压力还没有那么大，因为她接手的直播间，在线人数已经有上千，甚至几千。

高途佳品是在2022年12月24日晚上首播的，到了2023年1月14日，北方的小年夜，直播间的人数就达到了1348人，陈向东决定春节也不打烊，每天从早上8点45分播到晚上11点30分。在1月21日除夕，陈向东没有回家，和28名高途佳品的伙伴一起吃了年夜饭，大家一起喊口号，他还给每个人发了一个红包。按照原计划，当天的直播会在中午1点45分结束，后来加播到晚上 12 点多，大家一块儿跨年、一块儿过年，那天晚上直播间人数飙升到 3500 多。

那时候，大家意气风发，觉得账号应该很快能做起来。但不久后就发现，原来这都是幻觉，原因在于直播间长期挂着高价值福袋，来薅羊毛的人特别多，而真正来买东西的人则少之又少。

5 月，陈向东坚决要求，把福袋的活动停了，大家也有预期，流量应该会掉下来，可能会从一两千掉到五六百。但实际情况堪称惨烈，那些上百元的空气炸锅，888 元的电饭煲一旦不再发放，羊毛党一哄而散，在线人数直接掉到了一二十人。

这时，大家才意识到，建立真正的能力有多么重要。基于这个认知，高途佳品一直坚持自然流运营，因为只有在不投流的前提下，才能甄别什么是真正的好内容。

只是，在接下来的半年里，高途佳品经过了一段漫长的冷启动期，在此期间，直播间的在线人数长期只有几十人。

每天从晚上 6 点到 12 点，主播们轮番上阵直播，但几乎是在对着空气卖货，在线人数最少的时候只有七八个，成交量也寥寥无几。

那是一段令所有主播都刻骨铭心的记忆，作为食品带货主播，他们连样品都不敢吃。

因为供货商不可能再寄样品过来了，这也不难理解。全网有难以计数的直播间，如果每个直播间都合作，寄样品，供应商们累也累死了，赔也赔死了。有段时间，高途佳品的直播间只卖一样东西——厄瓜多尔大白虾。

你都能想象当时的情景有多尴尬，主播们把车轱辘话来回说，全天说，直到语言越来越苍白。

中间，其实有过几次热度起来的机会。例如，在日本排放核污水期间，当时很多消费者对于海产品的质量有所担忧，而高途佳品刚好在售卖厄瓜多尔大白虾，川川作为核物理专业毕业生，顺势给大家科普了核污染的知识，让直播间的热度迅速提高，在线人数又被拉回了几千。

但是等到舆论平息，高途佳品的在线人数又一次回到了谷底。

那段时间，夏天非常担心，主播团队会崩掉。在这期间，也确实有个别主播离开了直播间，有的选择了辞职，也有一些人，选择回到教育线上，当回老师。

就连主播浩天也在直播间坦承，自己有段时间确实考虑过放弃直播带货，回去继续教育工作。

高途佳品的主播绝大部分都是主讲转型，尤其是浩天，原来就已经是很有名的语文老师。他本来对自己的要求就很高，用主播主管夏天的话说，是"把野心写在脸上的人"。但正是这样的人，在发现自己的状态达不到预期时，会特别痛苦。

"团队不能散，请大家再坚持坚持。"夏天无数次和团队说。与此同时，她还要求大家要准备好，因为机会是给有准备的人的。在抓住流量机遇之前，主播们需要准备好小作文、金句，3分钟一个金句，5分钟一个亮点，更重要的是准备好心态，否则就会像之前一样，人一多就紧张，说话的语速都变快了。其他部门也是一样，商品端要准备好丰富的货盘，运营端要提供足够的支持。

其实陈向东也不知道，漫长的冷启动期会在哪天结束。他又不是算命大师，但他确实有点像尤达大师，"要么去做，要么放手，没有尝试一说"。

在长达一年的冷启动期里，陈向东在高途佳品身上，投入了几千万元，相当于每个月都有几百万元的资金净流出。其中，绝大部分的支出产生在人力端，直播电商公司一般采取的薪酬结构是高绩效制度，即主播收入与GMV直接相关，但高途佳品的GMV长期不理想，为了保证主播们的收入，高途佳品沿用了教育线的薪酬体系，主播们拿课时费，讲一场有一场的钱。

与此同时，虽然团队人员规模从高峰期的 270 人削减到了 100 多人，但这样的规模，相对于 GMV 来说，仍然是超配的状态。因为陈向东知道，这件事还远不到山穷水尽的时候，还没到穿不上裤子的时候，他是不可能放弃的。既然不放弃，就要为了起量的那一刻做好准备。

那一刻终于在 12 月 11 日晚上来临。由于东方甄选发生了小编事件，导致董宇辉的大量粉丝为其抱不平，而后愤然取关东方甄选直播间。当晚，共有 30 万人涌进了高途旗下高途佳品直播间，同时在线人数一下子从几十人拉到了上万人。

也就是从这一晚开始，高途佳品的流量开始呈现数量级的增长，12 日，高途佳品直播间的在线人数基本稳定在了万人以上，到了第三天，也就是 12 月 14 日，高途佳品的粉丝量突破 100 万，单日直播间最高在线人数近 18 万，全天观看人次超过了 1355 万，单日 GMV 更是超过了 1180 万。

很多网友共同见证了一个新顶流的诞生，并将发生在高途佳品身上的奇迹称为"泼天的富贵"。

12 月 11 日之后，几乎每 5 分钟，就有一个新的供应商提报商品，有路子的供应商还会托朋友找到陈向东，表达跟高途佳品长期合作的意愿。

此时，孙中科他们研发的系统终于起到了大作用，当流量的洪峰来临，一家公司的系统能力终究会受到考验。而主播们在一次次的冷场中，锻炼出来的处变不惊的能力，也终于帮他们接住了这拨流量。截至 12 月 31 日，高途佳品的粉丝量达到 256 万。

"会讲相声的语文老师"浩天很快便脱颖而出，成了全网上升速度最快的达人之一。而高途佳品，作为继东方甄选之后的第二家教培系直播电商公司，也在短短几天内一举成名。

纷至沓来的网友们见证了这场大逆转，但很少有人知道，在春天来临之前，白雪曾经覆盖在这个直播间身上，雪太深了，以至于你都看不见它，并以为它根本就不存在。

但陈向东总是能看到，看到春天会在冰雪消融后来临，看到美好会在艰难的路上发生。

2023 年 9 月，高途的 BOC 成员去了西班牙开会。一天晚上，陈向东提议去找个能看到马德里夜景的楼顶餐厅。大家走到了广场上，但找了一圈，也没发现这样的餐厅。陈向东就指着其中一栋楼说，你们看，那个楼上一定有，上面有人。走过去一看，还真的是这样。那天晚上，大家一起坐在楼上，吃饭、喝酒，俯瞰下面，灯火闪烁，一切都美妙极了。

后 记

为什么这个运气属于高途

我不曾觉得高途是一家被上帝眷顾的公司。

2019 年春天，我第一次见到 Larry，他跟我说，高途马上要去纽交所上市了，着实把我吓了一跳。不怕他听了生气，当时我真的以为这家由这位新东方原执行总裁创办的明星公司，已经消失在了瞬息万变的商业长河当中。从业快 20 年了，看了太多灯火下楼台的故事，我积累的认知是——所谓时势造英雄，运气要是没了，故事也就结束了。

当即，Larry 邀请我加入高途，负责公司的公关业务。但由于那时我还在《中国企业家》杂志执行总编任上，仍有很多未竟之事，就拒绝了他。直到 2020 年 3 月，我才正式加入了高途，也终于对这家公司前五年的故事有了更多的了解。

这家创立于"大众创业、万众创新"时代的明星公司，虽然获得了史上最大一笔 A 轮融资，但几乎立刻就置身于最惨烈的商业战争——教育 O2O

大战中。和外卖、打车等高频业务不同，线下教育既低频，又容易脱媒，换句话说，选择这条路，基本算是望山跑死马。果然，高途很快耗尽了几乎所有子弹，也在创业的第三年走进了至暗时刻。

此后，这家公司就消失在"黑暗森林"当中。很少有人知道，它在2017年就跑通了在线直播双师大班课模式，并把握了微信裂变的流量红利，于2018年就实现了规模化盈利，直至2019年，重塑后的高途在纽交所上市，几乎算得上横空出世了。

当你以为它已经躲过了所有坏运气后，考验马上就来了。

在我入职的第二个月，香橼开始对高途做空。其实2月份的时候，已经有一家叫灰熊的做空机构对高途做空了，但是在美股，做空本来就是常事，所以谁也没太当回事。谁知道，自4月份之后，各家做空机构先后下场，几乎是要对高途的股票赶尽杀绝，而我也毫无准备地，参与到了这场空前绝后的做空大战中。

这场大战最终以空头的丢盔弃甲而结束，但是在这场战争中，高途，包括Larry个人的名誉受损也是事实。那些甚至不了解公司一鳞半爪的看客、追随做空机构博利的散户，在网络上展开过一系列的污名化行为。即便作为加入公司仅仅几个月的新伙伴，那时我也感受到了什么叫众口铄金，并因此出离愤怒。现在想想，Larry，以及那些从创业第一天就在这家公司奋斗的老伙伴们，是何种心情？

因为连续轧空，高途的股价一度飙升到149.05美元，按理说，也算是因祸得福。与此同时，当年因为疫情，在线教育行业大爆发，高途也终于彻彻底底地站上了时代的风口。

但你以为好运气会一直伴随这家公司吗？

2021年7月24日，"双减"政策正式出台。如本书的第二章所写，在这一天之前，我们部门曾经按照Larry的要求进行了局部优化，但是仅仅隔了一个周末，我要做的，就不是去收缩 HC，而是解散整个公关部。差不多一个月后，我也离开了高途。

说真的，那段时间，我真的觉得运气糟透了。

直到 2023 年 6 月 16 日，高途九周年的纪念活动，Larry 也邀请我来参加。当我再走进这家公司，才发现，原来发生在这里的一切，和我的想象相去甚远。

我第一次萌生了要记录高途故事的想法。在媒体从业 20 年，我遇到过形形色色的企业，但很难说自己真正懂得企业。直到在高途工作的那段时间，才算对企业有了真实的体感。感谢 Larry 的支持，让我能够将高途的故事续上。也感谢那些毫无保留，与我分享的伙伴，他们让我有机会，以十年的维度去理解一家企业的命运，以及这个命运与运气有什么关系。

还记得当时上班的时候，总听 Larry 说，高途撞上了千载难逢的大运气，但是在我看来，明明不是这样。好像它每隔几年，就要过一个大坎。我想起过希腊神话里的西西弗斯，总觉得高途就像那个推着石头上山的人，每次你以为要到达山顶了，石头就会滚下来。

后来，我在 Larry 的一份发言稿中，也看到了这个故事。他讲了这个故事的后半段："后来众神发现西西弗斯居然把每一天往山顶上推巨石当成了他的日子，当成了他的日常，当成了他人生真正的意义的时候，众神觉得这种惩罚其实对他就没有什么意义了，于是就重新让他回到了天堂。"

你看，同样一个故事，我和他看到的就不一样，要不怎么说，决定人跟人之间最大差异的就是认知呢？我从这个希腊神话中看到的是坏运气，它会让人徒劳无功；但 Larry 看到的是努力的花会在某一天结果。"我们的日子、我们生活的每一天，某种意义上讲就是我们的青春年华的每一天。我们要怎样做，才能在这里真正过好我们的日子，彼此不辜负，彼此配得上。"

后来，在高途佳品的故事里，我获得了这个知真。

2022 年 11 月 16 日，高途佳品成立。在很多访谈当中，伙伴们都很坦诚地告诉过我，自己曾经并不看好，甚至连 Larry 自己也说，一家公司要做一项创新业务，如果不是 CEO 来做的话，90% 都会失败，但即使是他来做，高途佳品大概率也会失败。

但是他还是决定去做，因为这就是高途必须"滚上山的石头"，否则它将错过短视频直播时代，那么就日复一日地滚好了。这句话并不夸大，在随后的一年时间里，每天从晚上 6 点到 12 点，高途佳品都会直播，哪怕直播间的在线人数只有十几个。

2023 年 12 月 11 日起，高途佳品迎来了爆发，直播间同时在线人数一度突破了十万。在媒体沟通会上，有媒体说，高途佳品的爆发具有一定的偶然性。Larry 没有否认这一点，他说高途之所以能够成为一家目前还不错的公司，是因为高途撞上了移动互联网和中国伟大的国运。同样道理，高途佳品如果要想真正成功，就一定要撞上一个大运气，这个运气什么时候来，不知道，但是运气就在那儿。

陈向东从不怀疑"成事在天"。从河南最贫困的潭上村出发，他一步步走过来，生逢创业年代，赶上了消费互联网最好的几年，又与科技改变教育的奇点时刻适逢其会，创办高途，一路走到了第十个年头，这中间不可能说没有一点运气的成分。

但这个既定的运气，对于躬身入局的每个人都是公平的，为什么大家的结局不同呢？就像人工智能的爆发一定是历史的必然，但不是每家 AI 公司都能成为英伟达。

答案就写在吉姆·柯林斯的书中。他说过，那些成功的人都往往会把他们的成功归结为运气，但运气就在那儿，为什么这个运气不是你的？

反过来说，为什么运气属于高途？

因为"成事在人"啊。回头来看，高途在每一次幸运时刻之前，都已经做好了准备。比如说，在拥抱创业年代之前，陈向东已经积累了对于在线教育行业足够多的认知和资源，这也让他在创业之初，就能攒出一个豪华团队，并且被投资机构追着跑。同样，在高途站上在线教育的风口之前，这家公司已经跑通了在线直播双师大班课模式，并且实现了规模化盈利。2019年，仅融资A轮的高途，在仅仅88天的筹备期后，就完成了IPO，那也是因为早在创业的第一天起，陈向东就已经按照上市公司的标准在要求公司。

当然，"双减"还是给高途带来了巨大的考验，但同样也让这家公司来到了最好的时刻。现在的高途，有最厚的人才密度，最有效率的组织，以及久经考验的团队，并且它又开始盈利了。你知道吗？早在第二次创业的时候，高途就已经获得了盈利性增长的知真。

所以到了2023年，当政策所带来的改变已经越来越在预期范围内，高途又重新吹响了冲锋号，从此要"敢于冲锋，敢于胜利"。

2024年2月27日，高途公布了2023年的业绩，显示当年公司实现净营收29.608亿元，同比增长18.5%，同期公司的现金收入达33.39亿元，更是同比大幅增长了31.7%。

写这本书的过程，也是我寻找答案的一次旅程。当我再次走进这个组织，发现创业的激情仍然涌动在这个组织当中，希望写在每个人的脸上。如果要说一切和两年前有什么不同，我明确地感觉到，再次相逢的老伙伴们，都变得比以前更加从容了。如果说在行业爆发期时，他们的脸上都写满了豪气，那么现在，他们的脸上全是勇气。

豪气和勇气是截然不同的。很多时候，豪气是那种"完全不管不顾，老子天下第一"的天真，但勇气却是在面对现实之后，还敢于革自己的命。

我想，是勇气让这些人走过了创业后的至暗时刻，也穿越了"双减"后的幽暗隧道，一路向东。从第一次创业到第三次创业，不断迭代，不断刷新，创造全新的自我，但永远向着北极星。

就像 Larry 认为的那样，自己和公司都足够地幸运，当一个企业家知道自己只为一件大事而来，那他的公司就能够永远在路上。

王芳洁

2024 年 3 月于北京